北京学研究基地科研项目研究成果

U0739323

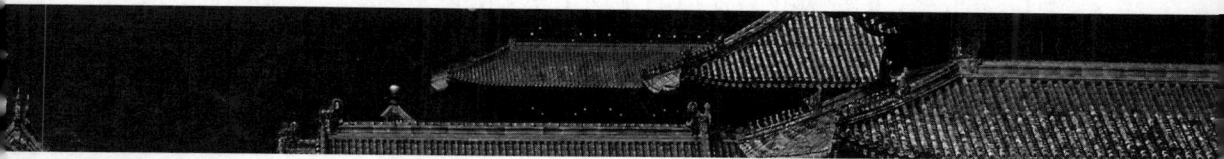

北京『两轴』与全国文化中心建设

郑 珺◎编著

中国财经出版传媒集团

经济科学出版社

Economic Science Press

图书在版编目（CIP）数据

北京"两轴"与全国文化中心建设／郑珺编著.
—北京：经济科学出版社，2018.8
ISBN 978 - 7 - 5141 - 9730 - 3

Ⅰ. ①北… Ⅱ. ①郑… Ⅲ. ①区域文化 - 文化
中心 - 建设 - 研究 - 北京 Ⅳ. ①G127.1

中国版本图书馆 CIP 数据核字（2018）第 208398 号

责任编辑：侯晓霞
责任校对：杨　海
责任印制：李　鹏

北京"两轴"与全国文化中心建设
郑　珺　编著
经济科学出版社出版、发行　新华书店经销
社址：北京市海淀区阜成路甲 28 号　邮编：100142
教材分社电话：010 - 88191345　发行部电话：010 - 88191522
网址：www. esp. com. cn
电子邮件：houxiaoxia@ esp. com. cn
天猫网店：经济科学出版社旗舰店
网址：http://jjkxcbs. tmall. com
北京密兴印刷有限公司印装
710 × 1000　16 开　15.75 印张　220000 字
2019 年 8 月第 1 版　2019 年 8 月第 1 次印刷
ISBN 978 - 7 - 5141 - 9730 - 3　定价：48.00 元
（图书出现印装问题，本社负责调换。电话：010 - 88191510）
（版权所有　侵权必究　打击盗版　举报热线：010 - 88191661
QQ：2242791300　营销中心电话：010 - 88191537
电子邮箱：dbts@ esp. com. cn）

前　　言

　　北京是中华人民共和国的首都，是全国的政治中心、文化中心，是世界著名古都和现代化国际城市。《北京城市总体规划（2004 年—2020 年）》明确提出，在北京市域范围内，构建"两轴—两带—多中心"的城市空间结构。"两轴"即北京城市传统中轴线（南北轴线）和长安街沿线（东西轴线）。按照中央对北京做好"四个服务"的工作要求，北京以建设世界城市，弘扬历史文化，保护历史文化名城风貌，形成传统文化与现代文明交相辉映、具有高度包容性、多元化的世界文化名城为努力目标。

　　北京有着 3 000 余年的建城史和 860 多年的建都史，是世界历史文化名城和中国四大古都之一。在中国历史上，都城往往集中了一个国家的物质与文化精华，是文明的体现。《史记·儒林列传》中即有"故教化之行也，建首善自京师始，由内及外"之说，意为实施教化自京师开始，首都为全国的模范。北京是中国文化面向世界的窗口，历史文化积淀深厚。伴随着封建王朝的更替，北京在传承中华文明的同时，其文化中心的地位也逐步确立和巩固，并发挥了重要作用。

　　自元大都以来，北京城形成了以城市南北中轴线为核心的格局，中心突出、东西对称、起伏有序。1912 年长安左门和长安右门两边的红墙拆除以后，随着长安街的贯通，一条与中轴线垂直的东西走向的横轴开始出现，成为同样重要的轴线。随着时代的变迁，以天安门为核心的北京城在古今文明、中西文化交汇中逐渐形成多元融合的态势，以故宫为代表的中轴线上的建筑展现着中华民族 5 000 年历史和文明的神韵，以长安街为东西轴线的横轴体现着北京作为现代化大都市的风采。在这两条轴线上发生了许多重大的历史事件，记录着北京发展的步伐，见证着首善之区和中华人民共和国的过去、现在和未来。从历史发展脉络研究北京"两轴"在全国文化中心建设中的价值，以史鉴今，总结经验教训，将有助于我们紧密围绕建设首都、创建世界城市的总体要求和社会经济发展重点目标、重点任务，有效地推动、促进和服务于发挥全国文化中心示范作用，为建设更加繁荣、文明、和谐、宜居的首善之区作出更大贡献。

目　　录

第一章 "两轴"形成的历史轨迹

一、北京的历史沿革

北京是一个充满吸引力、世界知名的城市。

北京之所以吸引世人的目光，在于它是伟大祖国的首都，是各族人民向往的地方；北京知名是因其为历史文化名城，而且是世界著名的历史文化名城，承载着厚重的中华文明。从国内外文化名城的比较来看，北京是古代东方最具代表性的城市，也是现代最具吸引力和亲和力的城市。北京的魅力来源于悠久的历史和灿烂的文化。

（一）北京地区人类活动的起源

北京的历史发展进程十分久远，可以概括为一条基本曲线：即这里的人类活动由点到面，由低级到高级，连续不断；城市发展由小到大，由边缘城邑发展成地区重镇，再由地区重镇发展为都城，继而成为全国的首都；进入21世纪，北京又向世界城市迈进。

北京地区人类活动的历史有多久？有说距今70万年，有说距今50万年，还有文献表述为距今20万～30万年。根据北京周口店"北京人"遗址考古发掘来看，在距今20万年到70万年前的断代土层中发现了"北京人"

活动的遗迹，特别是用火的遗迹和人类的遗骨。发现人类遗骨的证据表明，北京地区人类活动的上限至少可以追溯到 50 万年前，这是有考古实物支撑研究的结论。有些专家根据火烧后的灰烬层，用新的鉴定方法（铝铍埋藏测年法）进行鉴定，得出的结论是北京地区最早的人类活动距今 77 万年。专家们认为，那个时期北京地区气候属于"冰期"，也就是气候偏冷时期，他们推断火烧后的灰烬是古人类主动用火遗留的灰烬层，而不是过去认为的自然火留下的灰烬。

北京人头像

北京地区人类活动的历史遗迹是连续不断的，这是北京历史文化悠久、积淀深厚的一个显著特征。北京除了有距今 50 万年的"北京人"遗址外，还有距今 10 万~20 万年的"新洞人"遗址，距今 3 万年左右的"山顶洞人"遗址，距今 1 万~2 万年的王府井古人类文化遗址，距今 1 万年的门头沟区"东胡林人"遗址，距今 8 000 年左右的房山区"镇江营人"遗址，距今 6 000~7 000 年的平谷区上宅人类活动遗址，距今 4 000~5 000 年的昌平区雪山人类活动遗址等。其中在"北京人"遗址发现了完整的早期人类头盖骨，这对研究远古人类进化非常重要；在"山顶洞人"遗址发现了早期人类使用的骨针、装饰品（类似项链）、祭奠先人的赤铁矿石粉等，对于研究早期人类使用工具、审美、人文以及宗教信仰等具有重要的价值。值得一提的是，近年来人们发现在周口店出土的赤鹿角上面绘制了鸟、太阳等原始符号和图案，被有关专家学者认为这是中国最早表达人类信仰的证据。出土于北京王府井的古人类文化遗址非常有价值，表明人类活动范围已经从西部山区扩展到平原。门头沟区东胡林人遗址对考古研究具有重要意义，因为1万年前正是北京地区古代人类从旧石器时代向新石器时代过渡时期，也就是人类已经从打制石器向磨制石器过渡，同时开始掌握制陶技术。东胡林人使用过的石器、陶器清晰地体现了北京地区人类的进步。平谷上宅人类活动遗址表明人类已经进步到定居生活，有了半地穴式住房和农耕、畜牧生产活动。由此可见，北京地区人类活动的历史是连续不断的，发展进步的脉络非常清晰，一直延续到五帝时期，即中华民族5 000年文明曙光的出现之际。这一特点使北京在世界历史文化名城中脱颖而出。

（二）北京城的历史演进

1. 北京城起源于蓟城

"蓟"这个名称，最早见于《礼记》中的《乐记》篇："武王克殷，反商，未及下车，而封黄帝之后于蓟。"讲的是周武王消灭了殷商势力之后，立即着手分封黄帝的后代于蓟的事实。这就是说，至少在西周初年的时候，今天的北京城附近就已经有了一座被称为"蓟"的城市。

周武王分封蓟国的时候，还在北方分封了另一个诸侯国，就是燕国。燕国的都城位于今北京西南的房山区琉璃河董家林村附近，它与北面位于今北京城西南一带的蓟城，南北相距约百里。当年燕与蓟是两个各自独立的诸侯国，各自有各自的都城。

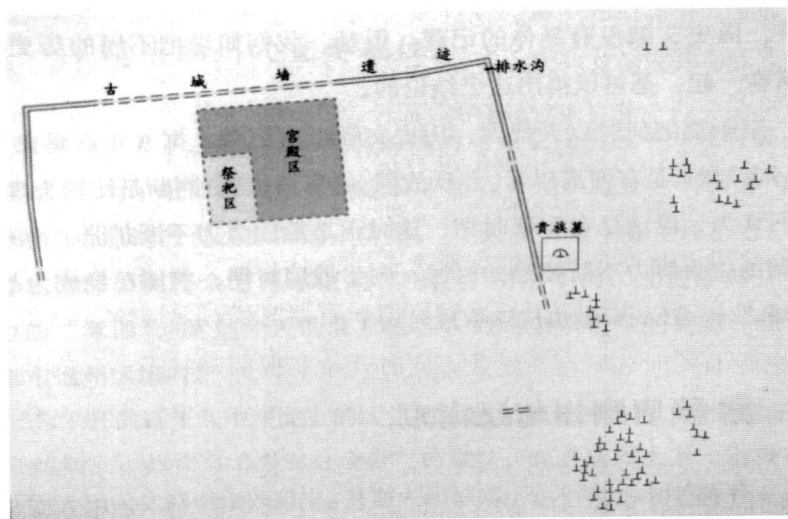

琉璃河遗址平面图

到了东周时，北京周围地区的政治格局发生了很大变化，那就是燕国兼并了蓟国，并且将国都迁移到蓟城。《韩非子·有度》记载："燕襄王（公元前657～前618年）以河为境，以蓟为国。"就是说东周燕襄王时，燕国的南疆以当时的黄河为界，它的国都是蓟城。从此以后，就有了"燕都蓟城"的说法。后来北京又被称作燕京，也是来源于此。

燕国将都城由今琉璃河董家林村附近的古城迁到北面的蓟城，这其中有它的地理意义。董家林古城位于太行山东侧古代南北交通大道上，是从中原北上蓟城所必经之地；它的腹地面积大于蓟城，农业经济比蓟城一带发达，而且靠中原近一些，更容易接受中原先进文化的影响。但是，董家林古城在交通和战略上的位置却远不如蓟城，因为蓟城所处的位置，既是南北大道北方的终点，又是大道分歧后进入北京山后地区交通线的起点，实质上蓟城是当时燕山南北交通的枢纽。交通区位条件是燕国在兼并蓟国之后迁都到蓟城的主要原因。

根据最新研究成果，武王克商分封蓟国发生在周武王十一年，即公元前1045年。据此，到2019年，是北京城建城3064周年。

蓟城地处华北平原北端，土地、水资源丰富，农作物以黍、稷、豆、麻等为主。到战国时期，由于铁器的推广和牛耕的出现，农业有了进一步发展，畜牧业也十分兴旺。战国时期，蓟城商业发达，有定期的集市，除本地和中原的商人以外，还有来自中国东北、朝鲜等的商人。货币已经广泛使用。蓟城成为北方各民族共同的经济中心。

如今，从宣武门外的宣南文化博物馆可以进一步了解古代"蓟"的历史文化，其中还比较详细地介绍了"蓟"的文化渊源。

公元前226年，秦军攻下蓟城，蓟城作为燕国都邑的历史从此结束。

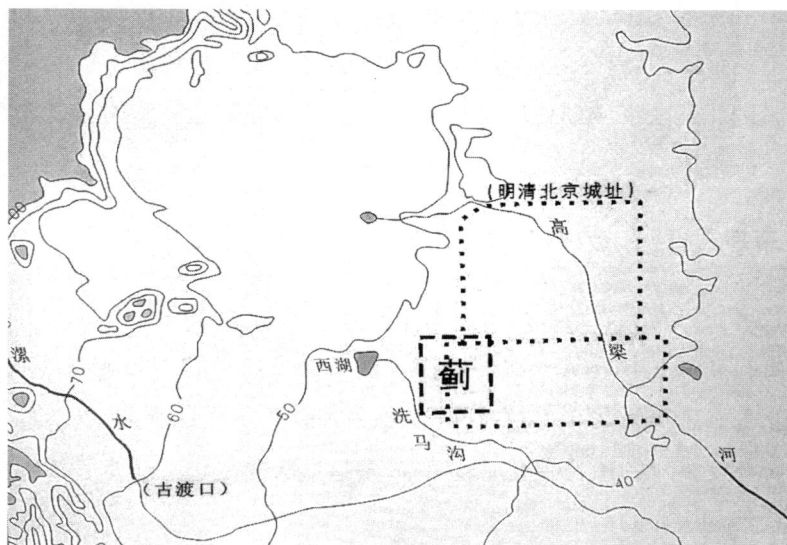

蓟城位置图

2. 秦幽州城与辽代陪都

秦代实行郡县两级行政制度，原来的燕国被分为六郡，其中广阳郡的治所（即地方政权驻地）位于蓟城。秦汉至五代的1 000多年间，广阳地区行政建制多次变化，有燕国、燕郡、广阳郡、广阳国、广有郡、涿郡、幽州等不同名称，不过治所一直保持不变。唐玄宗开元十八年（730年），分割幽州东部的渔阳、玉田、三河三县另置蓟州（今天津蓟县），后世"蓟"的名称逐渐用来专称今天津蓟县地区，原来的幽州蓟城大多称"幽州城"，一般不再专称"蓟"。公元936年，后唐河东节度使石敬瑭为取得北方少数民族契丹的支持，承诺将燕云十六州割让给契丹太宗耶律德光，公元938年，幽州城被辽占据。

契丹统治者在吞并燕云十六州后不久，便改国号为辽，建都临潢府（今内蒙古自治区赤峰市巴林左旗林东镇南郊），并于公元938年在幽州城建立陪都，更名为南京，又称作燕京。契丹政权利用南京城的优越经济条件和有利的地理形势，把它作为辽在华北的政治中心和向南进攻中原的据点。辽南京城基本上还是沿用唐代幽州城的布局，只是把城墙重加修筑。当时契丹人笃信佛教，因此辽南京城到处佛刹林立，其著名的寺院——兴国寺就建在今天的中山公园附近。

3. 帝都之始——金中都

辽代末年，女真族在长白山、黑龙江一带兴起。公元1115年初，完颜部首领阿骨打正式建国称帝，国号为金，建都会宁（今黑龙江阿城区）。金灭辽、北宋后，金贞元元年（1153年）金主完颜亮正式迁都燕京，改名中都，北京定都860多年的历史便是从金中都算起。从此，北京开始了作为中国封建王朝统治的中心的历史。

金中都既是金朝在北京原始聚落的旧址上发展起来的最后一座大城，又是向全国政治中心过渡的关键，同时在北京城市建设史上还起了承上启下的作用。

中都城并不是简单地沿袭旧日的燕京城，而是参照北宋京都汴梁城的规制，进行了大规模的城市改造和扩建。

金统治者为效仿北宋汴梁，同时也为了扩大都城规模，设计上力求使皇宫居于城市之中，因此将旧城向东、西、南方向扩展，而北面的城墙基本不变。经过扩建，中都的皇城便居于大城的中央了。如今长安街木樨地的南面

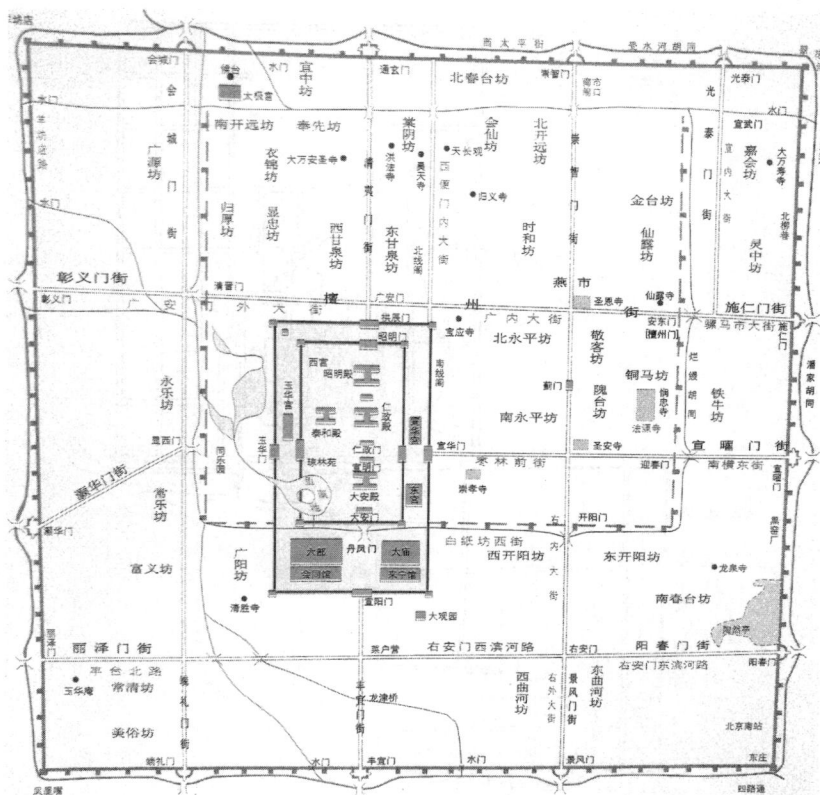

金中都城复原示意图

仍有一个叫会城门的地方，就是金中都北城墙最西侧的城门原名。

4. 帝都的兴盛——元、明、清时期的北京

公元1215年，蒙古军队攻进了中都城，金代皇宫毁于战火成为废墟。此后中都城改称燕京。忽必烈继承汗位后，从蒙古高原的都城和林（今蒙古国哈尔和林一带）来到燕京。由于燕京旧城已毁，忽必烈决定在东北郊另选新址兴建新都城，名为大都。

元大都的营建有一个显著的特点，即"先有规划，然后建城"，是按照《周礼·考工记》规制建设的最完备的封建都城。纵贯全城的中轴线和长安街

7

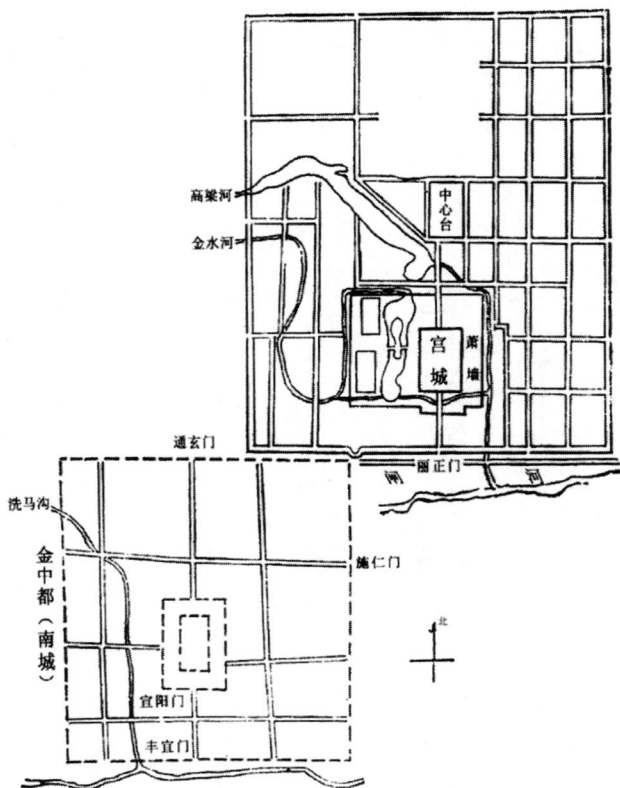

元大都与金中都位置关系示意图

的雏形——顺城街以及棋盘般交错的道路，使城市具有方位明确、左右对称，城市街巷、建筑井然有序的格局，从而奠定了北京旧城的基础，而且使今日的北京城成为世界上独一无二、规划完整的历史文化名城，开启了北京作为全国政治中心的历史。

元大都的规划建设与金中都不同，没有旧城的基础，没有框框和限制，完全是在一片平地上以更高的标准规划建设的新城。当时新城的规划建造达到了中国古代城市建设的最高水平，而且为明清北京城市发展奠定了基础。从元大都城的城墙城门来看，城四角有角楼，每个城门上有城楼，外面有护城河。它和我们今天看到的明清北京城墙还不一样。从蓟城到元大都,城墙基本是夯土筑成的。这种城墙建造方法是先挖地基,两边立挡板,然后填土,夯实,再填黄土,再夯实,夯一层周边的挡板提高一层。夯筑后,挡板拆除,一座梯形(基座宽、上面窄)的土城墙就形成了。要了解元大都城墙遗迹,可以到安定门、德胜门外的北土城,现在那里修建了元大都城垣遗址公园。

明北京城城址向南进行了扩展。第一次扩展是在明洪武初年,明军占领大都城后,将北城墙向南移了五里;第二次扩展是在明永乐年间,因为扩建北京城时感觉城南空间狭小,不好安排皇城前面的广场和衙署,于是将元大都城南城墙向南扩展了二里。元大都的南城墙在哪儿?就在今天的长安街一线。现在天安门的位置,就是元大都南城墙正中间的大门——丽正门的位置。从徐达攻占元大都城将北城墙向南压缩五里,到明永乐年间南城墙向南扩充二里,基本奠定了明清北京内城规模。到明嘉靖年间,又修建了北京外城。原计划外城拱卫内城,外城环绕内城,后因财力有限,外城只在内城南部修建,仅将天坛、山川坛(先农坛)包容到城内,地坛、日坛、月坛未能包括城内。这样就形成了北京城继续南扩的布局,从而使北京旧城呈现出"凸"字形城市平面布局。

清军入关后,仍决定定都北京,清朝统治者完全沿用了明朝北京城的布局,城市建设未做变动,只是对建筑物做了一些重修和局部的、小范围的改建、增建工作。

当然,清代在两百余年间对北京城的建设也并非毫无建树,它曾经投入巨大的财力,营建了规模空前、华丽非凡的"三山五园",即玉泉山静明园、香山静宜园、万寿山清漪园(颐和园)、畅春园、圆明园。清代帝王在这些地方观览山水、处理朝政。清代发生的许多重大历史事件都与这一带的园林有密切关系。北京西郊的皇家园林是中国园林艺术的集大成者,吸收了南方和北方的园林建筑成就,还借鉴了西方的建筑风格,成为中国皇家园林的典范,也为今天北京城市的整体布局创造了良好的条件。

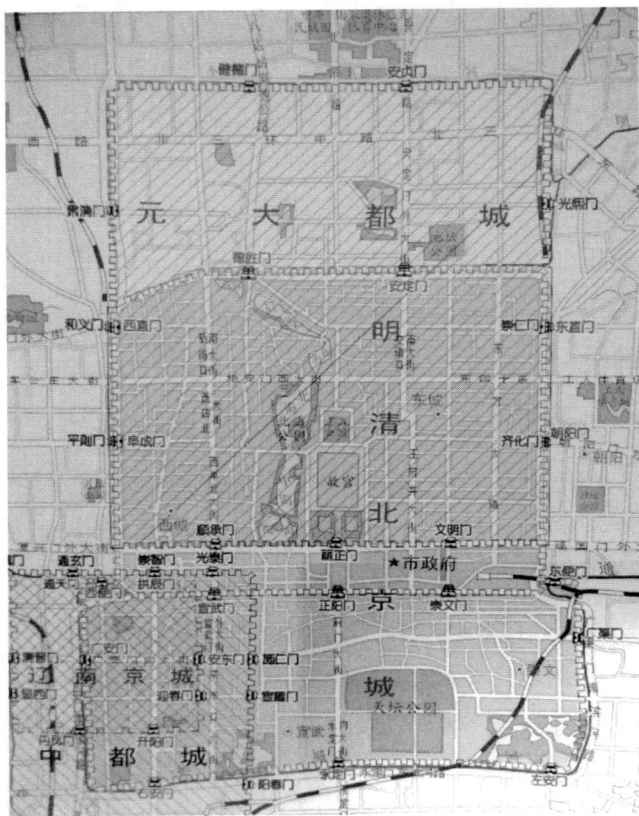

北京城址变迁图

5. 民国时期的北京

1912 年，随着宣统皇帝退位，帝制结束，北京的城市性质发生了变化，从封建帝都开始向近代城市转变。民国时期，对皇城和内城进行拆除城墙打通道路的改造。紫禁城拆除了宫城外东、西、北三面与护城河之间的值围房，拆除了神武门与景山之间的建筑，包括北上门及北上东、西门，打通了紫禁城北侧的东西大道。皇城在 1915 年拆除了中华门内千步廊及东、西三座门，开辟了天安门前的东西大街，1917 年拆除了东安门以南的皇城，1923 年起拆除了东、西、北三面皇城，在南墙打开南池子大街南口和南长街南口，打通了皇城的交通。对于整个北京城，1915 年起拆除了九门瓮城，修建了环城铁路，打通了长安街东、西两端及正阳门、宣武门之间的城墙，修建了启明门（建国门）、长安门（复兴门）、兴华门（和平门），打通了北京城内外的交通。

1912 年，清帝退位后按照《优待条例》仍居禁宫内廷，翌年，国民政府成立了故宫博物院，开放了太和殿、中和殿、保和殿三大殿。1924 年溥仪被冯玉祥赶出故宫，1925 年故宫其他部分也向公众开放，此后皇家禁宫相继开放。1914 年开放社稷坛为中央公园，1924 年开放太庙为和平公园。1913 年开放了中轴线左右的天坛、先农坛，1925 年开放地坛为京兆公园，日坛、月坛也相继开放，至此皇家神坛禁地都被打开了。1914 年颐和园、玉泉山开放，1925 年北海开放，1928 年景山开放，1929 年中南海开放。昔日的皇家宫殿、园林、坛庙向普通市民开放，从形式上、精神上都打破了几千年来至高无上的皇家尊严。

1928 年 6 月，南京"国民政府"改北京为北平特别市，北京不再是国家的首都。由于国家内忧外患，城市的建设与发展基本上处于停滞状态。当时的北京虽已走上了近代发展之路，城市建设有一些局部地区的小规模改建，但从整体上看，基本还维持着封建帝都时的旧貌。

近代以来，西方的建筑技术和材料逐步传入中国，近代建筑风格逐渐在北京兴起，其中西洋建筑最集中、最典型的地区是东交民巷使馆区。这里的建筑体现了不同地区、不同时代的西洋建筑特征。民国时期，北京又陆续兴建了一批新式建筑，如北京饭店、新世界商场、正阳门外的劝业场等，这些新式建筑进一步打破了古城原有的建筑风格，给北京增添了一些西方近代建筑的文化色彩。

6. 人民的首都北京

1949 年 1 月 31 日，北平和平解放，千年古都回到了人民手中。北平的和平解放使这座历史文化名城完整地保留了下来。1949 年 2 月 3 日，人民解放军举行了盛大的进驻北平的入城仪式。入城部队从永定门进入，沿着永定门大街、前门大街浩浩荡荡、庄严威武地向前行进。9 月 27 日，政协第一届全体会议表决通过决议案：中华人民共和国国都定于北平，自即日起北平改名为北京。10 月 1 日，中华人民共和国成立，在中国共产党的领导下，人民翻身做了主人，北京的历史也揭开了崭新的一页。

如今，北京作为中华人民共和国的首都已经走过了半个多世纪的历程，这在北京城市整个发展历史长河中虽然很短暂，但是翻天覆地的变化却是任何一个时期都无法比拟的，北京地域面积扩展到 16 410.54 平方公里，全市共辖 16 个区，常住人口已达到 2 170.7 万人①，鳞次栉比的现代化建筑使古老的北京焕发出更加生机勃勃的神采。每年千亿元以上的固定资产投资②既拉动了北京经济的快速增长，又为北京日新月异的变化奠定了物质基础。2008 年第 29 届奥运会的成功举办，更是北京发展的加速器，北京正在以惊人的速度不断向前发展。

二、北京历史文化的源头

从燕国分封，辽代建陪都，金代建首都，到元代成为全国的政治和文化中心，北京历史文化的发展就像长江、黄河，越流越宽阔，越流越澎湃。在元、明、清三代形成的京师文化，成为整个中华民族文化中最具代表性的地域文化，其影响之广远远超出了北京的地域范围，不断向全国乃至国外传播和进一步发展。因此，北京历史文化所产生的重要作用与影响，不是一般意义上的地域文化所能够相比的。

----

① 《北京概况》，北京市人民政府网，http：//renwen. beijing. gov. cn/bjgk/default. htm，2018 年 2 月 8 日。
② 根据"1985～2008 年，全社会固定投资累计完成 30683 亿元"计算，参见当代中国城市发展丛书《北京》上，当代中国出版社 2011 年版，第 172 页。

（一）多元交融的文化风貌

北京地区位于华北平原的最北端，有着十分优越的自然环境。北面群山环抱，南面诸水横流。平原地区适宜于农业耕作，山区的矿产资源和果木资源也很丰富。同时，北京地区交通发达，为商业的繁荣提供了便利的条件。

在如此山水环抱的土地之上，随着人口的迁徙，逐渐形成了多元的文化风貌。在西周分封燕国之前，这里生活的民众以黄帝后裔为主，形成古老的蓟文化。随着燕国的分封，一大批民众从关陕一带到此居住，成为北京地区最早的集体移民之一。此后，从秦汉到明清时期，一直有各地民众迁移到这里定居，如唐朝曾把一大批东北的少数民族安置在这里；金朝迁都时，又把一大批女真贵族和民众迁到这里；元朝定都前后，也将西北边疆地区的民众迁入京城定居；明朝定都北京前后，又将山西、江南等地的大批民众迁居于此；而清朝定都北京之后，则将大批居住东北的八旗民众迁入北京城。此外，燕山以北的鲜卑族和契丹族等少数民族的势力也一度进入中原地区：鲜卑族建立了北魏等割据王朝；契丹族则建立了辽王朝；蒙古族部落建立元王朝。因此，北京地区形成了多元交融的文化风貌。

（二）北京历史文化变迁

北京历史文化的发展历程十分久远，早在距今 77 万年前，这里就有了人类活动的遗迹，此后陆续出现了"山顶洞人""东胡林人"等，距今约 5 000年，北京地区的农耕文化已经初具规模。

黄帝及其后裔生活在北京地区，他们创造的文化成为中华文化的一个重要组成部分。黄炎之间的阪泉之战，发生在北京延庆县阪泉村附近。

汉唐时期，北京地区以边塞军事文化为特点。这个时期，北方的游牧民族连年对长城沿线城镇发动侵扰，幽州城成为防御和反攻的军事要塞。《燕歌行》《从军行》《出塞行》等乐府诗描写了燕地之战。其中，以唐代高适的《燕歌行》最为著名，诗中写道："汉家烟尘在东北，汉将辞家破残贼。男儿本自重横行，天子非常赐颜色。摐金伐鼓下榆关，旌旗逶迤碣石间……少妇城南欲断肠，征人蓟北空回首……"

隋唐时期，幽州成为镇抚整个东北地区的重镇，征战连年不断。杜甫曾作《前出塞九首》和《后出塞五首》。唐代中期"安史之乱"之所以爆发，究其始因是北方契丹的势力日益强大，中央政府不得不投入越来越多的兵力加以镇抚，使得掌握幽州军权的安禄山的势力也越来越强大，使其有机会起兵叛乱。

五代时期，契丹统治者利用石敬瑭争夺皇位的契机夺得了燕云十六州，使得燕京地区在此后的数百年间一直处于少数民族政权统治之下，并给这里的地域文化发展带来了巨大的影响。在辽代的燕京地区，一方面，从后晋那里上承唐朝文化发展的余绪，仍是以农耕文化为主体；另一方面，增加了契丹族所具有的游牧文化特色，形成农耕文化与游牧文化并存的二元文化发展特色。在金代的中都地区，一方面，辽代燕京的文脉与南宋文化相互融合；另一方面，金中都地区的中原文化又与女真族的少数民族文化相互融合，为这里的文化发展提供了新的动力。北京地区逐渐发展成为整个北方地区的文化中心。

元朝时期，北京地区成为整个中国的文化中心。元太祖的南伐西征，使得蒙古政权接触到了中原地区的农耕文化、西域的伊斯兰文化和欧洲的基督宗教文化。元太宗即位后，采取一系列"汉化"举措，从立国号到建年号，从制礼乐到祭祀祖先、社稷等，皆是因袭了农耕文化的传统。元世祖即位后，进一步推动"汉化"深入，促进多元文化融合。这时的元大都已经成为世界各种文化汇聚的地方。作为中华民族传统文化代表的儒、释、道三教仍然占据主导地位，作为少数民族文化代表的游牧文化和藏传佛教文化也在这里占有了一席之地，甚至域外的伊斯兰文化和基督教文化也不远万里来到这里，并且在此有了初步的传播。

明代初年定都南京，北平府只是一座北方军事重镇。直到燕王朱棣发动"靖难之役"，北京再次成为全国的政治和文化中心。而这时的北京城已经不再有前朝多元文化的局面了，单一的农耕文化成为主旋律，藏传佛教文化、伊斯兰文化虽还有一些痕迹，却很难恢复到元代的规模，也难以再产生较大的社会影响。但是，就农耕文化的发展而言，北京逐渐形成的京师文化则达到了一个新的高峰。不论是《永乐大典》的抄录，还是佛教《大藏经》（通称北藏）的刊印，都是发生在北京的重大文化事件。明朝的儒学家们也把宋儒的理学发展到一个新的高峰。京师文化开始成为北京文化的核心，而其中宫廷文化又占据了主导地位，宫廷的文化时尚很快就会变成整个京城的文化时尚，又很快传播到全国各地去。

清朝，虽然是由少数民族统治者所建立，但是在文化传承上却延续了以中华民族农耕文化为主体的多元文化。其主要特点有：

其一，皇家园林文化的发展超过了以往各个朝代，达到了空前绝后的程度。最著名的圆明园不仅传承了中华园林艺术的珍贵结晶，而且加入了西方园林艺术的特色，堪称当时世界园林的典范，可惜在此后英法联军入侵时毁于战火。

其二，王府文化的发展是以前所没有的。在清代之前，元明两朝实行分封制，分封的宗王在成年后都要派到全国各地，不许留在北京，故而各地皆建有豪华的王府。清朝分封的宗王都被留在京城，建有豪华的王府供其居住，形成了独特的王府文化，曹雪芹所著《红楼梦》中的大观园，其实就是北京王府文化的缩影。

其三，会馆文化的发展达到空前的程度。会馆的出现是在北京成为京城之后的事情。在明代，北京的会馆数量较少，影响也不大；而到了清代，北京会馆的数量不断增加，规模不断扩大，功能也越来越多，从外乡人驻京的生活场所，到同行聚会、议事和娱乐的场所，再到知识分子与官僚谋划政治活动的社交场所，许多重要的政治、经济和文化活动，都是在这里进行的。

其四，庙会文化越来越繁荣。京城商业文化的繁荣，除了固定的商业贸易场所之外，更是反映在非固定的庙会活动之中。在北京城内外，庙会就是城市居民们的"赶集"活动。固定的店铺往往只买卖单一的商品，而庙会则是百货云集的场所，所谓的"逛庙会"，其文化特色不是商品的买卖，而是随意的"逛"，老百姓既可以选购庙会中五花八门的商品，又可以欣赏全国各地前来赶庙会的戏曲娱乐活动，形成独特的庙会文化，并使文化发展出现多次高潮。

清朝末年，西方军事侵略和文化传入开始对中国发动双重冲击，北京作为全国的政治和文化中心首当其冲，中国文化被动地发生着现代化转型。教育方面，废除科举制，兴办现代学校，京师大学堂和清华学堂（又称留美预备学堂，即清华大学的前身）成为中国现代大学的重要名片。社会生活方面，北京城里的西洋式建筑越来越多，西服革履的人越来越多，西洋餐厅也变成时髦人士宴请朋友的最佳场所，就连中国人最为重视的婚嫁仪式也被有些人改为西洋式的婚礼，还有些则是西洋式与中国传统式婚礼的结合。而西方语言的大量传入也给中文语库中增添了许多新的词汇。中国社会向近代转型的结果，就是封建帝制被推翻，清王朝的灭亡，建立了"中华民国"。

辛亥革命以后，几乎所有新文化的代表人物都曾经在北京生活过，北京成为新文化运动的重要场所，也是中国现代化进程中的重镇。

三、中轴线的起源及演变

中国古代建筑中具有轴线的历史十分悠久。据辽宁省考古工作者发掘报告，1979 年 5 月，在辽宁西部与内蒙古接壤的喀喇沁左翼蒙古族自治县东山嘴发现了 5 000 年前的大型石祭坛。石祭坛布局有轴线，石制建筑分两翼排列在呈南北方向的轴线上。现在我们看到的天坛、紫禁城和明十三陵的建筑布局，以及寺庙、道观等建筑都具有中轴明显、左右对称的特点。

中国古代城市布局有中轴线的历史也十分悠久。据《周礼·考工记》记载："匠人营国，方九里，旁三门，国中九经九纬，经涂九轨，左祖右社，面朝后市，市朝一夫"。表明早期的城市街巷规划是横平竖直，方向是正南、正北、正东、正西。根据封建帝国"唯我独尊"和"王者必居天下之中"的思想，皇宫或主要宫殿往往坐落在中轴线上，位居城市中心。以宋都城汴京（今开封市）为例，一条长达5公里的御路成为都城的中轴线。这条御路从外城南薰门向北，经过长长的市街，到龙津桥；过了龙津桥，才能看见内城朱雀门；过了朱雀门、州桥，又经过长长的市街，才抵达宫城宣德门，整座宫城位于中轴线的北端，是整个城市的核心。

金中都就是仿宋汴京建造的，一条通向皇宫的御路与宫城构成了城市中轴线。从中都城南门丰宜门向北，过龙津桥、宣阳门（也称丹凤门）、千步廊御道，直抵宫城南门应天门；过应天门，便进入宫殿群，轴线上依次排列着大安门、大安殿、宣明门、仁政门、仁政殿、昭明宫、昭明门，一直到宫城北门拱辰门；出拱辰门又是一条笔直的大街，一直通向中都城北门通玄门。

（一）元朝时期中轴线的建设

宋嘉定八年，即元太祖成吉思汗十年（1215年），元军攻克金中都，将金朝的宫殿付之一炬，除离宫大宁宫（今北海琼岛）外，金中都全部化为灰烬。

元至元四年（1267年），元光禄大夫刘秉忠和回族建筑学家也黑迭儿受命督修元大都宫殿。此时，琼华岛上的广寒殿刚刚落成不久（该殿为元世祖忽必烈于1264年下令建造），周边水景宜人（即现在的北海和中南海）；琼华岛所在的海子北半部（即今积水潭和什刹海）是漕运的终点，事关元大都的水运供应，交通地位十分重要。考虑到上述两地的位置不便随意变动，故将琼华岛及其所在的海子命名为御园及太液池，并以琼华岛为中心，以其所在海子的最东边湖岸（今鼓楼万宁桥位置）为元大都的中轴线基点向南北直线延伸，北京城城市中轴线就此形成。

元大都的建设严格遵循《周礼·考工记》中规定的"左祖右社，面朝后市"的都城格局。元大都南北中轴线确定之后，便以琼华岛所在海子南北之间的分界点与中轴线的垂直连线，作为宫城北侧通道的中线。在此通道以南为宫城，通道以北是漕运终点码头及闹市区，初步形成了《周礼·考工记》所记载的"面朝后市"的城市格局。

在通惠河与中轴线的交点以北（今鼓楼位置），垂直于中轴线向东、向西各修建了一条道路，并在此路北侧的中轴线上建一座中心阁。此中心阁作为元大都中轴线的北端结束点，与中轴线南端结束点——丽正门遥相呼应，从而形成一组相对完整的中轴线建筑。

城市中轴线确定之后，元大都的城市格局基本形成。按照"面朝后市"的都城规划布局思想，宫城位于南面，商业中心位于北面。

（二）明清时期中轴线的建设

明清北京城中轴线布局不仅受元大都中轴线的设计影响，而且全面继承了唐、宋、金、元都城轴线设计的精华，把中国城市中轴线设计推向一个新的高峰。

明洪武元年（1368年），明将徐达攻入元大都城，元大都改名为北平府。明洪武三年（1370年），北平府成为燕王朱棣的封地。由于元大都城北空旷萧条，距宫城过远，不易防守，故燕王朱棣下令将元大都南城墙南移2.5公里，新城墙即为明清北京城的北城墙，并在正对元大都北城墙的健德门和安贞门处开设两个城门，即德胜门和安定门。

明建文四年（1402年），燕王朱棣即帝位。永乐元年（1403年），北平府改名为北京。自此，朱棣便开始在北京大兴土木，在城中央新建"紫禁城"，为迁都北京作准备。由于将元大都北城墙向南移了2.5公里，因此明北京城规模缩小不少，尤其是宫城前的空间显得过于局促。为扩大都城空间，明永乐十七年（1419年），朱棣下令将元大都的南城墙拆除，并在其南侧约1公里处新建南城墙。明永乐十八年（1420年），将元大都城中轴线的北端点——中心阁改建为鼓楼，并在鼓楼以北大约190米处兴建了钟楼。至此，北起钟楼、南至正阳门的北京中轴线长度达到4.8公里。[①]

明嘉靖年间，明朝屡受北方少数民族侵扰，为了强化京城军事防御体系，朝廷决定兴建北京外罗城。外罗城首先从南城外修起，外城南城墙建成后，因财力不足，无力修建北城，只得向北与内城的东南、西南两角衔接，并在东、西两角设置东、西两个便门，其建制小于在此之前兴建的北京城所有的城门。明嘉靖三十二年（1553年），北京外罗城全部建成。外罗城与原有的长方形城市的南部连成一体，原有的面积较大的北城地区称"内城"，新建城墙所围起来的地区称为"外城"。

外罗城南城墙的修建使北京城市中轴线又向南延长了，其南端点为永定门，北端点为钟楼，中轴线总长达到约7.8公里。[②] 至此，北京城市中轴线上由永定门、正阳门、大明门、承天门、端门、午门、皇宫宫城、玄武门（宫城北门）、景山、北安门及鼓楼、钟楼组成，既整齐而又高低有序、独具特色。这条7.8公里的中轴线也被称为皇城古都的"龙脉"，是世界上现存的最长的城市中轴线，非常壮观且极富韵律感。

明朝灭亡后，清朝对北京旧城延续使用，只是将中轴线上的一些重要建筑更换了名称，并没有改变明朝时中轴线上建筑的规模和范围。

明清北京城中轴线的创新设计表现在：

---

① 郭超：《北京中轴线变迁研究》，学苑出版社2012年版，第203页。

② 李建平：《北京中轴线的文化积淀与特色》，载《北京联合大学学报（人文社会科学版）》2015年第2期。

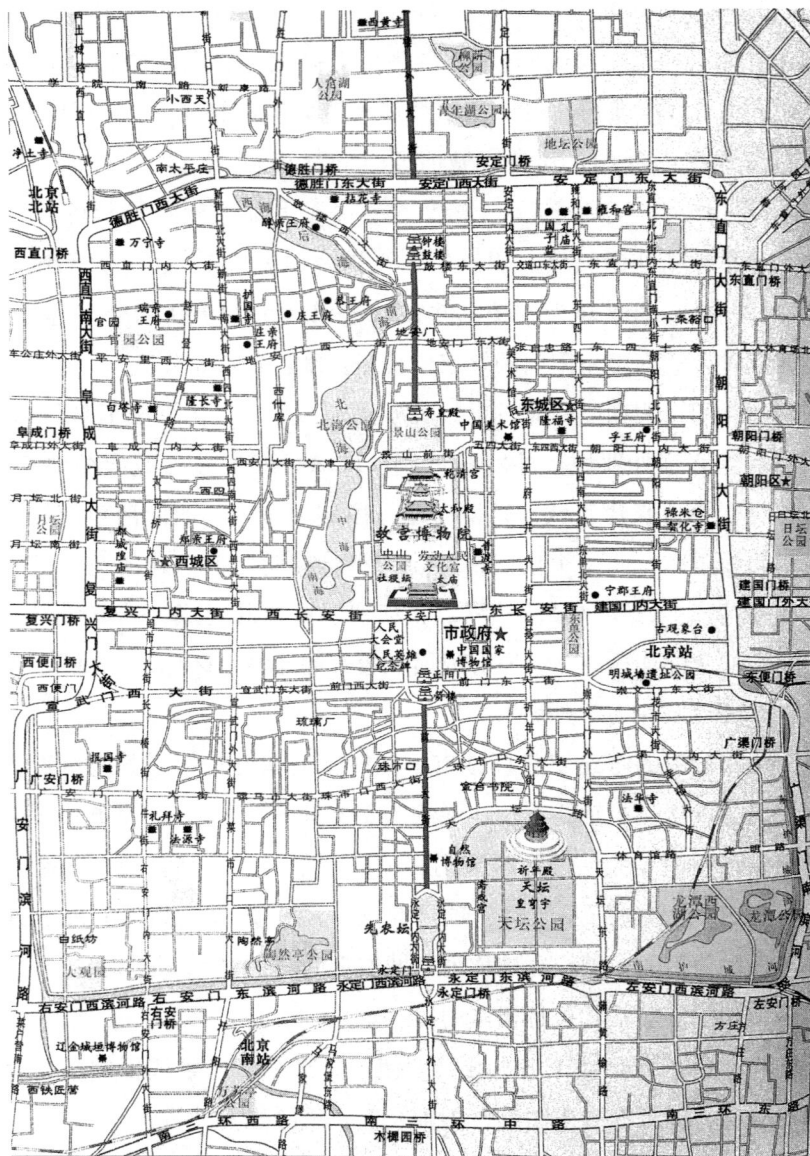

清代北京的中轴线

第一，向南继续伸延外城中轴线，使进入皇城的路拉得更长，表现手法更细腻了。从永定门进北京城，迎面是一条笔直的大道，经过天桥，才能望见正阳门。据黄宗汉先生主编的《天桥往事录》记载，天桥是一座单孔石拱桥，桥身很高，由桥南看不见正阳门，由桥北望不见永定门。过了天桥，经过长长的市街，才能到达内城正门正阳门箭楼。然后是正阳门、中华门、天安门、端门、午门，这五层门各不相同，但都在中轴线上，层层城楼，增加了进入紫禁城的神秘感。

第二，巧妙地把天坛、先农坛安排在中轴线起点两侧，把"左祖右社"更紧凑地安排在紫禁城前面、天安门两侧。天坛和先农坛都是南方北圆的平面布局，一个是"天人合一"的祭天祈谷场所，一个是以农为本的皇帝藉田典礼的场所，既对称又显得富于变化。历代"左祖右社"一般安排在城市东西两侧，如元大都太庙在城东齐化门内，社稷坛在城西平则门内。明清北京城将太庙和社稷坛安排在中轴线两侧，使中轴线左右对称之感更为增强。

第三，利用修筑紫禁城及护城河（俗称筒子河）挖出的泥土，巧妙地在紫禁城后堆积成景山。这一有意安排，既是对元朝宫殿起到"镇山"作用，又给紫禁城宫殿群起了倚山效果，另外，丰富了中轴线上建筑的内容，增加了城市的制高点。清乾隆年间在景山五座山峰上分别修建了五座亭子，为城市风景起到画龙点睛的作用。

第四，紫禁城位于中轴线中心，外环皇城、内城、外城，使"王权至上"的思想通过城市规划布局得到更充分的展示。由此可见，明清北京城的中轴线设计是把千百年来中国封建文化和智慧都浓缩在这条轴线上，把中国古代城市轴线设计推向顶峰。中国古代各种样式的建筑在中轴线上都有展示：城楼有天安门城楼、午门城楼、神武门城楼、正阳门城楼、箭楼、鼓楼、钟楼，景山前还有一座"绮望楼"等；桥有天桥、大石桥、金水桥、万宁桥，样式各不相同；殿堂有太和殿、中和殿、保和殿、乾清宫、交泰殿、坤宁宫，故宫御花园里还有钦安殿，景山后面还有寿皇殿，样式也不一样；等等。

（三）中华人民共和国成立后中轴线的建设及发展

中华人民共和国成立后，对明清北京城进行了大规模改造。随着现代化建设的步伐加快，道路拓展速度加快，古都北京原有的城市纹理得以拓展，形成新的文化大街。这些大街有长安街、景山前街、平安大街、两广路等。这些街区均与中轴线呈"十"字相交叉。其中，长安街横穿皇城前门（天安门），平安大街横穿皇城后门（地安门），景山前街横穿皇城。这三条街区进一步凸显了北京城市脉络。

然而，随着北京城市规模的不断扩大，元明清时期形成的北京城市中轴线不再高大、威严，中轴线被多条城市干道割裂开来，中轴线两侧拔地而起的高楼大厦使得传统中轴线在现代化建设的潮流中不再突出。

亚运会和奥运会的成功举办，使北京城市中轴线的建设再次引起了世人的关注。奥林匹克公园是在1990年亚运会期间中轴线延伸后的又一次扩展。此次延长的中轴线，从北五环至南五环，全长25公里，北端的奥林匹克公园和南端的南五环首次被纳入其中。永定门的重建使得一度被破坏的中轴线得到恢复甚至延伸。

北京中轴线是历史发展的结果。没有创新，城市就不会得到发展，现代北京的中轴线应该汇集各个历史时期的重要建设成就，在尊重历史的同时根据社会发展需要积极创新。

四、长安街的起源及演变

（一）元、明、清时期的长安街

长安街的雏形始于元大都南城墙内的顺城街，至元八年（1271年）建成,宽度大约为 20 米,长约 6.8 公里,街南为大都的南城墙,城外是宽约 30 米的护城河。南城墙有三个门:东为顺城门,西为文明门,中央为丽正门,均与顺城街连通。在顺城街西段路北(今六部口西)建有庆寿寺(双塔寺)。

1368 年,明太祖朱元璋在南京应天府称帝,将元大都更名为北平,就是平定北方的意思。"靖难之役"后,明成祖朱棣即位,年号为永乐,将都城由南京迁至京师,并改北平为北京。为了营建北京城,从全国各地征调了数十万工匠和上百万民工,还有大批驻军,相继完成了外城、皇城、宫殿和坛庙钟楼的建设,北京城的轮廓发生了改变。曾经的元大都南城墙被拆除,改作了城内的道路。明永乐十五年(1417 年),皇城的正门——承天门建成,取"承天启运,受命于天"之意,这就是最早的天安门。永乐十八年(1420 年),历时 14 年建成的规模宏伟的紫禁城出现在北京的中心。在皇城的最南端建有大明门(清代改名大清门,1912 年改称中华门),即今天毛主席纪念堂的位置。大明门左右两侧各伸出两道红墙,以红墙和宫门合围为一个"T"字形广场,这个封建皇帝的宫廷广场封闭而严密。沿广场的边缘筑有红墙,红墙内侧并建有"连檐通脊"的千步廊,是封建皇帝举行盛大庆典等重要活动的场所。广场北至天安门及两侧皇城南墙,天安门前有一条东西走向的宽敞的"横街",该街东西各有一门,即长安左门与长安右门,据说其名得自盛唐时代的都城长安,取长治久安之意,长安街便以此得名。

明代的长安街特别是承天门附近分布着最重要的官署机构。承天门东侧为太庙,是皇室供奉祖宗牌位、年节大典祭祀先人的地方,也是保存最完整的明代建筑群之一,西侧为社稷坛,是皇帝祭祀土地神和五谷神的地方。广场两侧的宫墙之外,东侧有宗人府、吏部、户部、礼部、兵部、工部、鸿胪寺和钦天监等,西侧有都督府、太常寺和锦衣卫等。这些中央行政机构通过宫廷前的广场与宫城连为一体,象征着封建皇帝拥有的至高无上的权力。

在广场上还定期举行一些隆重的活动,如被称为"金殿传胪"的科举揭榜仪式和每年的"秋审"和"朝审",因此长安左门和长安右门又有"龙门""虎门"之称,显示出封建皇帝主宰一切的权威。而皇帝的登基大典或册立皇后等则要在承天门举行隆重的颁诏仪式。

清军入关后,仍决定定都北京,清朝统治者完全沿用了明朝北京城的布局,城市建设未做变动,只是对建筑物做了一些重修和局部的、小范围的改建、增建工作。顺治八年(1651年),长安左门、长安右门改名为东长安门、西长安门。在今北京饭店前,建东长安牌楼,在今府右街南口,建西长安牌楼。在今东单和西单还建有东单牌楼和西单牌楼。东长安门以东到东单牌楼称为东长安街;西长安门以西到西单牌楼称为西长安街。此外,在东长安门之东、东长安牌楼以西(今公安部办公大楼门前)建有三座门,称东三座门;在西长安门之西、西长安牌楼以东(今国家大剧院门前)也建有三座门,称西三座门。

西三座门

清代官署机构大多沿用明代建制旧址。大清门千步廊以东官署基本未变,西侧的官署变化较大。因兵制不同,清代不设五军都督府,废除了锦衣卫,空出来的地方部分改建为民居,部分安置为三法司。在原明朝锦衣卫的旧址自南而北依次是大理寺、刑部、都察院、太常寺和銮仪卫。隶属于都察院的京畿道御史衙门、巡城御史、编修法律的律例馆都迁到近正阳门内，靠近刑部诸机构，使职能相近的官署机构较为集中。

清代还特设理藩院，掌管蒙古、西藏、新疆和其他少数民族事务，位于东长安街北侧、皇城东南角墙外。此外，东长安街还有皇史宬、詹事府、贡院、观象台，西长安街还有西苑（今中南海）、行人司、升平署、庆寿寺（双塔寺）等。

明清时期的长安街与其他街道一样为土路，皇帝经过前要先"黄土垫路、净水泼街"，平时则是"无风三尺土，有雨一街泥"。1905 年，东长安街修成石碴路，1907 年，西长安街也修成石碴路。

清末，列强入侵北京，对北京城造成了严重破坏。1858 年的《天津条约》和 1901 年的《辛丑条约》签订后，清政府允许外国使节进驻北京，自此天安门以东、崇文门内大街以西，北至东长安街，南到皇城根，被划为东交民巷使馆区和外国兵营。该地区由各国自行建造，因此东交民巷地区出现了为外国人服务的一些城市设施，如邮局、旅馆、医院、舞厅和西餐厅等，建筑也形成了各国的特色和风格。

（二）民国时期的长安街

封建社会时期，皇城为禁地，不准车马行人往来，在东、西三座门外侧各树立了一座巨大的石碑，碑上用汉、满、蒙、回四种文字书刻"文武官员至此下马"，以显示天子居所的庄严神圣。因此，一直以来东、西长安街被皇城分隔成东、西两段，互不相通，北京居民东、西城之间的交通往来必须经由北安门（今地安门）或正阳门（今前门）绕行，十分不便。

辛亥革命以后，封建统治阶级被推翻，伴随着帝国主义的侵略和国内资本主义的发展，旧的城市布局逐渐与经济基础不相适应，长安街的格局亦随之被打破。为了方便交通，1912 年长安左门和长安右门边的红墙被拆除，仅剩门阙。从此，天安门广场向普通百姓开放，东西长安街得以贯通。1913 年开辟了府右街，1914 年打通了南长街和南池子；1917 年为了方便百姓来往，长安街改为柏油路，成为一条主要交通道路。

这一时期的长安街曾改过名称。辛亥革命成功后，人们出于对孙中山先生的热爱与拥戴，将天安门前一段天街改名为中山路。后来，袁世凯窃据革命成果，辟中南海为大元帅府，开中南海门为新华门，新华门前的一段西长安街被改名为府前街。

北洋军阀统治时期，主要的办事机构也多分布于长安街上，如大总统府、副总统府、交通部、平政院、大理院、总检察厅、高等审判厅、宪兵营，等等。1924 年北京开始通行有轨电车，第一条线路由前门经过西长安街到西直门。1930 年东西长安街都有了有轨电车。1928 年国民政府迁都南京后，北京改称北平。当时的北京虽已走上了近代发展之路，城市建设有一些局部地区的小规模改建，但由于国家内忧外患，城市的建设与发展基本上处于停滞状态，长安街沿线风貌基本没有变化。

1937 年日军侵占了北平，为了满足其殖民统治的需要，对北平的经济、社会及自然资源等进行了详细调查，并编制了都市计划大纲。在布局上，将北平分成旧城区、西部新市区、东郊新市区和通县工业区，因此出现了旧城与新建区的交通联系问题。1939 年时为了适应东、西城郊工业的发展和交通需要，在北平城东西两端各辟出一门，东侧为启明门（即今建国门），西侧为长安门（即今复兴门）。虽然是为了交通的便利，但实际上这两条路都是只有五六米宽的小巷，通行依然不便。后来又修建了向东西两侧延伸的道路延长线，分别是从建国门到西大望路和从复兴门至玉泉路。这一时期长安街的名称消失了，东、西长安街分别被更名为东、西三座门街，日伪时期出版的地图上是找不到东、西长安街的名称的。

抗日战争胜利后，国民政府接收了北平。国民政府统治时期的北平仍然民不聊生，长安街上摊贩林立、垃圾如山，天安门城楼也破旧不堪。鉴于当时的国内政治、军事形势，1946 年，北平市政府编制了《北平都市计划大纲草案》，长安街基本沿袭了日伪时期的旧貌。解放战争时期，由于解放军对北平的包围，国民党军在东单崇文门内大街西侧，拆掉部分民房，修建了小型机场。

到 1949 年北平解放前，长安街及其延长线尽管是北京的主要交通干道，但其通行状况并不顺畅。从东单到南长街附近为宽 15 米左右的沥青路并有一部分慢车道，从南长街以西到西单为 12 ~ 24 米的沥青路，东单到西单有一条有轨电车线经过。东单到建国门是经过裱褙胡同和观音寺胡同两条各宽 5 米的小路分上下行相通，建国门至大北窑以东为宽 7 米的路面；西单到复兴门是经过旧刑部街和报子胡同两条各宽 5 米的小路分上下行相通，复兴门至公主坟以西为上下行各宽 6 米的两幅路，中间有隔离带。

（三）中华人民共和国成立前的长安街

1949 年 1 月，平津战役进入尾声，为了使北平这座举世闻名的古都免遭破坏，解放军在围城后，派出代表同傅作义接触。在人民解放军的强大压力下，由于中共的耐心工作和各界人士的敦促，傅作义终于决心顺应民意，命令所部出城听候改编。1949 年 1 月 31 日，解放军进入北平接管防务，北平宣告和平解放。2 月 3 日，人民解放军举行了盛大的入城仪式，入城部队由永定门入城，经前门、东交民巷、崇文门内大街向北到北新桥转向西，过太平仓后与另一路从西直门入城的部队会合折向南，经西四、西单、西长安街、和平门、骡马市大街，由广安门出城。

2 月 12 日，20 余万人在天安门广场集会，热烈庆祝北平和平解放，叶剑英市长发表讲话："让我们在自由的天空、自由的城市里边，来庆祝北平人民自己的伟大胜利。这是北平人民第一次获得真正的自由和民主，北平的和平解放，为中国人民解放事业创造了新的榜样。这是与中国共产党正确的领导，人民领袖毛泽东的战略天才以及人民解放军的英勇善战不可分离的。"大会以后，举行了盛大的群众游行。

此后，接管政权的北平人民政府开展了对旧城的整治工作，很快使市容环境和城市基础设施大为改观。1949 年 3 月，北平人民政府组建了清洁运动委员会，组织群众在全市范围内突击清运垃圾，城市面貌焕然一新。

刚解放时的天安门及其广场年久失修，破烂不堪，面目皆非。

庆祝北平解放大会

城楼的梁柱上积存着厚厚的鸽粪，门窗残破不全，城台上尽是断砖残瓦，城墙上的油漆斑斑驳驳，屋顶长满蒿草。金水河里的淤泥污物散发着臭味；广场上杂草丛生，凌乱荒芜；广场东侧房屋低矮破旧，电线凌乱不堪；广场西侧坑洼不平，积水发臭。作为将要举行开国大典的场所，天安门广场需要进行彻底的修整。

北平各界人士怀着主人翁的责任感，投入到紧张的修整天安门的劳动中，争先恐后地为中华人民共和国的诞生做贡献。市建设局以修整天安门广场为中心工作，集中了全局的主要技术干部和绝大部分的施工工人共 500 多人，调集了局里大部分的机械投入施工。他们推、平、清、运，日夜奋战，劳动热情十分高涨。4 000 多名男女学生及教员、儿童，700 多名华北人民政府干部，300 多名邮政工作人员，以星期六突击义务劳动的形式协助完成了此项工程。

1949 年天安门广场整修

由于上下齐心，施工进度迅速，天安门广场修整工程按期竣工。经过北平军民的突击劳动，运走了广场中堆积如山的垃圾，扫除了天安门城楼上的鸽粪，栽植了许多花草树木，开辟了一个面积 16 000 平方米、能容纳 16 万人的广场，修建了一座高达 22.5 米的升降国旗的旗杆。有关单位还绘制了毛泽东油画肖像，绘制了"中华人民共和国万岁！""中央人民政府万岁！"的巨幅横标，制作了天安门城楼上的大红灯笼，把天安门城楼布置得更加庄严雄伟。

经过清洁大扫除运动和修整天安门广场工程，北平这座文化古城一洗往日脏乱不堪的城市形象，变得干净、整洁、卫生和文明。1949 年 9 月 27 日，中国人民政治协商会议第一届全体会议通过决议，中华人民共和国国都定于北平，自即日起北平改名为北京。10 月 1 日，北京市 30 万军民齐集修整一新的天安门广场和东西长安街，具有划时代意义的中华人民共和国开国大典在这里隆重举行。获得新生的古城洋溢着勃勃生机，以崭新的精神风貌，与来自国内外的八方宾客，共同见证了中华民族历史上这一辉煌的时刻。

(四)中华人民共和国成立后的长安街

中华人民共和国成立以后,人民政府十分重视城市建设,先后多次对东、西长安街及其延长线进行改建、扩建,使其成为城市的东西轴线和宽阔的交通干道。

1950 年 6~9 月,为迎接中华人民共和国第一个国庆日,北京开始兴建林荫大道工程。东起东单路口,西至府前街东口(今一六一中学高中部),全长2.4 公里。在原 15 米宽沥青路面的基础上,在南河沿以东的北侧和南河沿以西的南侧,各修了一条 15 米宽的新路。新路与旧路之间的隔离带可以行驶有轨电车,沿路种植了 4 排高大的乔木,形成了规模可观的林荫大道。

1952 年 8 月,为国庆游行和疏导交通的需要,拆除了原来仅存的长安左门、右门门阙。鉴于东、西长安街的交通流量日益增多,1954 年 8 月拆除了西长安牌楼,随后又拆除了东长安牌楼。

1952 年拆除长安左门

随着北京东、西郊建设的蓬勃开展,为了沟通城郊之间的联系,1956 年

7月西长安街以西五条小巷（即旧刑部街、报子街、卧佛寺街、邱祖胡同和坑沿井胡同）之间的2 500余间房屋全部被拆除，从而拓宽了马路，路面为宽35米的沥青路，称为复兴门内大街。1958年，东单以东五条小巷（即东观音寺、西观音寺、笔管胡同、鲤鱼胡同和官帽胡同）的3 000余间房屋也被拆除，将路面拓宽为35米，称为建国门内大街。与此同时，拆除了东、西长安街上的有轨电车轨道，将全部架空线路转入地下。

1958~1959年，北京市政府对建国门至八王坟之间的道路予以扩建，从原来10米宽的路面扩建为30米宽的路面，之后，两侧又加铺了各宽7~8米的非机动车道。

1959年5~9月，南池子至南长街段被扩建为宽80米的游行大道，南池子至东单路口地段扩建为44~50米宽的沥青混凝土路面，新华门以东至南长街段的道路也相应拓宽。此前，长安街的地下管线种类很少，解放前只有自来水管、电信管道和雨水污水河流管沟三种管线，东西延长线上只有部分自来水管道和电信管道。中华人民共和国成立后，随着城市建设的发展和道路的拓宽、打通，路面和步行道下面逐步埋设了各种管线。1950年，在修建林荫大道时地下相应增修了雨水管。1955年，拓宽西长安街道路时修建了雨水干管和污水管。1959年，建成了从第一热电厂向西经建国门、天安门到民族饭店的全市第一条热力干线，同时还完成了由热力干线到人民大会堂、革命历史博物馆、北京火车站、民族文化宫和民族饭店等建筑的热力支线和热力点工程。1959年2月煤气干线工程正式开工，东起焦化厂，向西经西大望路、建国门、东西长安街直到民族饭店，全长21公里。1959年底人民大会堂、革命历史博物馆、北京火车站、民族文化宫和民族饭店等大型建筑陆续开始供气，从此结束了北京市没有大型煤气设施的历史。

1959年中华人民共和国成立十周年庆典之前，天安门广场又进行了一次大规模扩建，广场面积由11公顷扩大到40公顷，全部铺装了混凝土方砖。在天安门城楼前铺砌了长390多米、宽80米的花岗石路面，与宽阔的广场连成一体。东、西长安街经过三次拓宽修建，街道宽阔平坦，车行道宽47~80

米,最宽处为 112 米,是目前世界上最宽的街道。同时,对地下管线进行了规模较大的建设。在长安街北侧新建了北京市第一条综合管道,东西长 1070 米。综合管道为宽 3.4 米,高 2.3 米的砖砌可通行方沟,沟内铺装了热力、电信、电力、广播等多种管线,并预留了上水管的位置。在天安门广场的周围及长安街沿线新建了雨水、污水、上水、电信、电力、照明、煤气、热力 8 种管线,共长 110 千米。

1959 年,长安街已经基本完成了道路的打通和拓宽工作,开始进入以两侧建筑物的建设为主的发展阶段:长安街两侧共建设了纺织部、燃料部、外贸部、内贸部、人民大会堂、革命历史博物馆、人民英雄纪念碑、电报大楼、民族文化宫、民族饭店、北京饭店西楼、北京火车站 12 座大型建筑,其中人民大会堂、革命历史博物馆、电报大楼、民族文化宫、北京火车站被列入国庆十大工程之中。

20 世纪 60 年代,鉴于国内政治、经济形势的变化,北京的城市建设进入了低潮期,长安街基本上没有重大工程建设。1966～1976 年,长安街建设基本处于停顿状态。值得一提的是,1969 年复兴门至石景山地铁主体工程完工后,在复兴门至公主坟地铁加强层上面修建了 35.2 米宽的水泥混凝土路面。1964 年,在万里副市长主持下,市政府发动了北京市规划局、北京建筑设计院、北京工业建筑设计院、清华大学、中国建筑科学研究院和北京工业大学 6 个单位,分别编制了长安街规划。此次规划的编制采取集思广益、民主讨论的方法,收到了良好的效果,进一步完善了长安街的规划,很多当时的指导思想至今仍有重要参考价值。

1976～1978 年在天安门广场建设的毛主席纪念堂,是这期间长安街沿线最重要的建筑工程。修建毛主席纪念堂的同时对天安门广场也进行了扩建,修建了纪念堂广场和 30 米宽的纪念堂广场东侧路、西侧路,两条路均铺装沥青混凝土路面,其外侧铺装方砖步道。同期实施的市政管线工程除修建东西向横贯广场的市政综合管道干线外,还铺设了纪念堂配套的煤气、热力、给水、排水、电信等多种管道 70 多千米。毛主席纪念堂竣工后,天安门广场面积扩大到44万平方米，整个广场开阔、庄严，气势恢宏。

20世纪60～70年代，长安街上又完成了电报大楼、北京饭店东楼等建筑工程。1978年第二热电厂开始对外供热之前，市政府开始建设相应的热力干管，其中一条是经白云路沿复兴门外大街向西，经木樨地向北；另一条是经白云路沿复兴门外大街向东，经复兴门至民族文化宫与先期建成的第一热电厂热力干线连通，全部工程于当年11月建成并投入使用。

1982年，北京市城市总体规划方案被重新编制，1983年7月，中共中央、国务院原则批准了《北京城市建设总体规划方案》，为适应新的建设形势的需要，进一步落实《北京城市建设总体规划方案》的要求，加快天安门广场和长安街的建设步伐，20世纪80年代，天安门广场进行了较大规模的整治。1983年4月，市政府决定拆除玉带河南岸金水桥两侧的4座灰色观礼台，新辟总建筑面积5 000平方米的4块绿地。1987年天安门广场东北角、西北角各建成地下人行通道1座，使得行人可以安全快捷地进出天安门广场，解决了天安门前行人横穿东西长安街与机动车干扰的问题，提高了道路通行能力。80年代，长安街沿线新落成的建筑有中国工艺美术馆、中国人民银行总行、民航营业大厦、北京音乐厅、中国社会科学院、海关总署、东单电话局、国际饭店、对外经济贸易部（今商务部）等。

1991年，北京市对1983年城市建设总体规划方案加以修订，与以往各次总体规划的不同之处在于：一是跨世纪的规划，这是首都第二个50年的规划；二是第一次按照市场经济体制的要求研究城市建设方向，不同于以往计划经济体制下的城市建设。1993年，国务院同意了修订后的《北京城市总体规划》。此时，对外开放、建设国际化都市的规划战略以及房地产开发热潮兴起，使城市建设规模持续增长，长安街也不例外地受到市场经济大潮的冲击。主要表现为：外资及国内外金融机构入驻长安街，建设内容以商务写字楼及配套商业娱乐设施为主，建筑形象强调时代感和商业经营目的。20世纪90年代，长安街沿线先后建成了长安俱乐部、纺织部办公楼的改建（现中国纺织工业联合会办公楼）、北京贵宾楼饭店、中粮广场、恒基中心、全国妇联办公楼、交通部、光华长安大厦、东方新天地广场、华诚大厦、北京邮政通讯枢纽、中国教育电视台、远洋大厦、国际金融大厦、中国工商银行、中国银行、北京图书大厦、中宣部、国家电力调度中心、首都时代广场等。

为迎接新中国成立 50 周年大庆，北京市委、市政府决定对长安街及其延长线进行全面整顿：拓宽改造了东单、西单路口，并完成了路口四角禁左绕行环路。东单到建国门路段道路由 35 米宽拓展为三幅路 50 米宽，并完成了大北窑立交桥匝道。复兴门至建国门路段两侧的步道凡不足 6 米宽的一律改造为 6 米宽；建国门、复兴门以外路段两侧步道凡不足 5 米宽的一律改造为 5 米宽，凡路边、人行过街桥边无步道或虽有步道但不足 2 米宽的一律修成 2 米宽步道。东单至西单路段两侧的步道和天安门广场两侧的步道采用花岗石铺装，西单到复兴门至公主坟和东单到建国门至大北窑路段两侧的步道采用彩色混凝土步道砖铺装。天安门广场东西两侧各修建一块宽 30 米、长 160 米的大绿地。埋设了热力等部分地下管线，并将全部地下线路埋入地下。整顿了交通、广告牌、商亭、垃圾箱等设施，改造并增加了绿化，改善了夜间照明设施，增加了部分座椅、沿街雕塑，等等。经过整治，长安街东至通州运河广场，西达石景山区首钢东门，路面宽度为 50～120 米，长度达 47 公里。

进入 21 世纪，北京的城市建设进入了新的时代。2010 年 6 月，长安街西延道路工程规划方案获得批准，长安街向西延长到门头沟的三石路与规划中的石龙西路相接处，整个长安街共长 51.4 公里。2011 年，长安街西延工程规划初步确定，工程东起古城大街，向西经首钢主厂区，上跨丰沙铁路、永定河及六环路，终点至三石路，全长约 6.4 公里，道路标准为城市主干路，红线宽 60～100 米，规划横断面采用三幅路形式，古城大街至六环路西侧路安排四上四下八条机动车道（含外侧两条公交专用车道），六环路西侧路至三石路安排三上三下六条机动车道（含外侧两条公交专用车道）。西延工程穿过首钢老厂区，跨过永定河，直到门头沟。建于 1978 年的首钢东门虽然历史并不久远，但它见证了中华人民共和国的工业建设，是人们对那个历史年代的记忆。新首钢迁到曹妃甸后,老首钢东门被列入工业文化遗产。

2013 年,备受关注的长安街西延线项目破土动工。长安街西延道路的辅路系统及雨水、绿化、照明、交通工程、环保和工程改移等也同步实施,百里长街终于真正名副其实。不断延伸的长安街,不仅从空间上拓展了首都的功能,还从政治、经济、文化等诸多方面带动了首都的进一步发展。

第二章 南北轴线
——中轴线上的建筑

中国建筑大师梁思成先生是这样赞美中轴线的："一根长达八公里，全世界最长，也最伟大的南北中轴线穿过了全城。北京独有的壮美秩序就由这条中轴的建立而产生。前后起伏，左右对称的体形或空间的分配都是以这中轴为依据的。气魄之雄伟就在这个南北引伸、一贯到底的规模。"[①] 北京城中轴线作为中国古代规划与建筑的活化石，其历史价值、文化价值、艺术价值，不仅在中国，而且在世界上都是独一无二的和无与伦比的，堪称是中国贡献给人类的历史文化遗产。

一、中轴线的规划建设

北京城中轴线是北起钟楼北街丁字路口，南至永定门，全长近 8 000 米，由数十个空间区域和主要建筑所组成。有学者认为它是明代开始规划的，有学者认为是元代开始规划的，还有学者认为是元明两代规划的，那么这些空间区域到底是什么朝代规划的呢？

今天北京中轴线是在元大都城规划时奠基的，从元大都的城市布局来看，

---

① 梁思成：《北京——都市计划的无比杰作》，载《新观察》1951 年第 7～8 期。

大都城的规划布局也受到唐宋都城的影响，尤其是贯穿城市南北的城市中轴线的影响。

元大都奠基的北京城市传统中轴线，在北京城市规划、建筑史上具有承前启后的划时代意义，既是北京帝都的龙脉，也是明清北京城市规划的脊梁，是北京城市历史最鲜明、最重要的文脉。比较早关注北京旧城中轴线的李建平研究员说："老北京城中轴线以其独特的历史地位和丰富的文化遗存，构成了古都风貌骨架，是古都的龙脉和文脉。"京城文化名人赵大年曾写道："中华图腾是龙，京城的中轴线是龙脉，这首尾呼应的建筑群就是龙的脊梁。"北京师范大学北京文化发展研究院刘勇教授认为："中轴线凝聚了北京这座城市文化历史发展的精髓，它不仅是北京城市布局中的一条道路，更是关乎北京人文历史、道德教化、风俗民情乃至社会发展的一条命脉。"他还认为："抓住中轴线，就抓住了北京的魂，把中轴线讲清楚了，北京城这盘大棋就全活了。"

北京城有一条长达7.8公里的中轴线，是北京作为历史文化名城的重要载体。作为古都，北京城古都风貌主要有城墙城门、胡同、四合院、商铺。这些建筑的基础色调是灰墙灰瓦；而另一重要载体，也就是体现帝王都城、贯穿北京旧城南北的城市中轴线。这条中轴线南起永定门，途径天桥、正阳门、大清门、天安门、端门、午门，一直延长到皇帝的金銮宝殿太和殿、中和殿、保和殿，然后是皇帝皇后的寝宫乾清宫、交泰殿、坤宁宫，进入御花园还有宗教建筑钦安殿，再向北是皇宫后门神武门、景山万春亭、皇城后门地安门、万宁桥、鼓楼、钟楼。全长7.8公里的中轴线上不仅建筑形体突出、高大，而且在城市中心区域呈现红墙黄瓦，彰显北京古都风貌的鲜明特征。北京旧城中轴线被誉为北京城市的脊梁，城市的精、气、神，北京城市的文化脉络——龙脉。

在中轴线上有许多著名建筑，如果按类别划分，可以分为路（如御路）、街（如前门大街、棋盘街、鼓楼大街）、围合空间（如天安门广场、午门前的广场、太和广场）、楼（如正阳门城楼、箭楼、天安门城楼）、宫殿（如太和殿、中和殿、保和殿）、桥（如金水桥、万宁桥）等，可以说内容十分丰富。梁思成先生还曾经这样描述北京的中轴线："北京在部署上最出色的是它的南北中轴线，由南至北长达七公里余。在它的中心立着一座座纪念性的大建筑物。由外城正南的永定门直穿进城，一线引直，通过整个紫禁城到它北面的钟楼鼓楼，在景山巅上看得最为清楚。世界上没有第二个城市有这样大的气魄，能够这样从容地掌握这样的一种空间概念。更没有第二个国家有这样以巍峨尊贵的纯色黄琉璃瓦顶，朱漆描金的木构建筑物，毫不含糊的连属组合起来的宫殿与宫庭。环绕着它的北京的街型区域的分配也是有条不紊的城市的奇异的孤例。"①

为了便于了解中轴线上的主要建筑，可以将它们分为三个部分，即南段建筑、中段建筑、北段建筑。南段即从永定门到正阳桥，中段即从端门到寿皇殿，北段即从地安门到钟楼。近代以来，特别是中华人民共和国成立后天安门广场范围内的建筑体系变化很大，其所包含的历史文化内涵更加纷繁复杂，为此由正阳门到天安门的主要建筑群将在第四章中单独详细介绍。

二、从永定门到正阳桥

1. 永定门

永定门是北京城中轴线的南起点，由城楼、箭楼、瓮城组成。城楼为三重檐歇山顶，面阔七开间，进深三开间。箭楼为单檐歇山顶，正面箭窗两层，每层七孔，城台下有门洞。瓮城近似方形，外角为小圆角。

城楼始建于明朝嘉靖年间。明嘉靖四十三年（1564年）为增加外城防范功能，在城楼外增建瓮城，瓮城墙南面开门洞，与城楼门洞相对应。1644年，清建都北京之后，曾经将北京各城门上用汉字题写的明代匾额撤下，改用满、汉两种文字题写的匾额。清乾隆三十一年（1766年）重修永定门时增建箭楼，同时将城楼规制提高，使永定门成为外城七门中规格最高的一座城门。辛亥革命推翻清朝统治之后，民国初期内务部总长朱启钤请杭州名士邵章先

---

① 梁思成：《我国伟大的建筑传统与遗产（续完）》，载《人民日报》1951年2月20日。

生为北京各城门重新题写了汉字名称,并制成石匾镶嵌。

1949 年 1 月北平和平解放后,解放军的入城仪式就是由永定门进入,经永定门内大街、天桥、前门外大街,至正阳门箭楼前接受检阅。1950 年,为打通北京环城铁路,将瓮城拆除。1957 年,为扩充通向永定门外的交通大道,将城楼、箭楼拆除。2004 年,为实现"新北京、新奥运"战略构想,又仿照清朝乾隆年间的样式,根据 20 世纪初对永定门的测绘,重新复建了永定门城楼。

中轴线南端起点——复建的永定门

重建后的永定门城楼上镶嵌楷书"永定门"石匾,是仿照明代原配石匾雕刻的。说起这块石匾,还有一个故事:在重建永定门城楼的前一年——2003 年,人们在先农坛北京古代建筑博物馆门口的一株古柏树下,发现了一块保存完好的永定门石匾。据考证,这块石匾正是明嘉靖三十二年(1553年)始建永定门时的原配石匾。现在人们看到的,重建的永定门洞上方所嵌石匾上的"永定门"三字,就是仿照这块石匾雕刻的。永定门重建使用的城砖,是原来嘉靖年间制造的永定门老城砖。这些嘉靖年间制造的老城砖在永定门拆除近半个世纪后,又重新砌在新建的永定门城楼上。重建时,围绕永定门城楼,还修建了一座小巧精致的公园——永定门公园。公园树木种植有序、排列整齐，城楼广场白栏环绕、平滑如镜。公园与两旁的天坛和先农坛辉映相交，与北面的前门大街和正阳门城楼相视对望。重建后的永定门城楼已经成为名副其实的北京"城市标志性建筑"，见证着北京城市历史的变迁。

说到永定门，不得不提燕墩，燕墩又称"烟墩"，位于永定门外铁路南侧，大约距永定门400米。与大名鼎鼎的永定门相比，它的知名度可就小得多了。但是，作为北京城南端的地标性建筑，其历史价值和文物价值也是独一无二的。

燕墩是一座下广上狭、平面呈正方形的砖制墩台，台底各边长14.87米，台面边长13.9米，台底至台面高约9米。台顶四周原有高约1米的女儿墙，现已毁没。墩台西北角有石门，入门后拾级而上直通台顶。台顶正中是一座正方形石坛，坛上立有清乾隆皇帝御制碑一座，高约8米，碑身平面为正方形。碑上刻有乾隆皇帝撰写的《帝都篇》，是北京市著名碑刻之一。

燕墩始建于元代。据文献记载，早期的燕墩只是一座土台，位置在大都丽正门外。至明嘉靖三十二年（1553年）北京修筑外城时，才包砌城砖加以保护。

1984年，燕墩被列为市级文物保护单位。1985年，用仿制的木质红漆门替代了"文化大革命"时期被损毁的石门。1990年，对台顶、石碑碑身进行了维修、防护处理。2004年，设置规划面积1.19万平方米的燕墩公园。2012年，燕墩与北京中轴线上其他建筑一起参与北京中轴线申遗工作。

天坛与先农坛共同组成了中轴线南段东西两侧最辉煌、占地面积最大的古建筑群。特别是天坛，占地面积达270万平方米，比故宫的面积还要大3倍，是我国现存最大的古代祭祀性建筑群。

天坛最初叫天地坛，是明、清两代帝王祭天和祈祷丰年的地方，嘉靖十三年（1534年）改名天坛延续至今。1961年，天坛被中华人民共和国国务院公布为第一批全国重点文物保护单位之一。1998年，天坛被联合国教科文组织确认为世界文化遗产。

天坛的主体建筑是祈年殿，又称祈谷殿，采用上殿下屋的构造形式。大殿建于高 6 米的白石雕栏环绕的三层汉白玉圆台上，为砖木结构，殿高 38 米，直径 32 米，三层重檐向上逐层收缩作伞状。28 根楠木巨柱环绕排列，支撑着殿顶的重量，堪称古代建筑的巅峰之作。

祈年殿南面是皇穹宇，是存放圜丘祭祀神牌位的处所。始建于明嘉靖九年（1530 年），初名泰神殿，嘉靖十七年（1538 年）改称皇穹宇。皇穹宇是一座单檐的圆形殿，饰以蓝瓦、金顶和朱红色的柱和窗，坐落在洁白的单层须弥座石基上，造型精美。

皇穹宇的南面是圜丘，为帝王祭天所用，据说是依“天圆地方”的概念建为圆形。圜丘是一座汉白玉的三层白石圆坛，嵌放在外方内圆的两重围墙里。圜丘上层中心是一块圆形石，外铺扇面形石块 9 圈，内圈 9 块，以 9 的倍数依次向外延展，栏板、望柱也都用 9 或 9 的倍数，象征“天”数。

先农坛始建于明永乐十八年（1420 年），嘉靖九年（1530 年）改建为天神、地祇二坛。明、清两代不断有新增建筑，但民国以后先农坛逐渐衰败，很多建筑被拆除。1916 年，先农坛被辟为城南公园。1936 年，在原址东南角盖起北平公共体育场，后更名为先农坛体育场。现在先农坛建筑群设有北京古代建筑博物馆。

帝王祭祀先农和亲耕的传统可以追溯到周朝，但那时并不是每年举行。明清两代，每年仲春亥日，皇帝率百官到先农坛祭祀先农神并亲耕，成为国家重要的祭祀典礼。皇帝要在先农神坛祭拜过先农神后，在俱服殿更换亲耕礼服，随后到亲耕田举行亲耕礼。亲耕礼毕后，在观耕台观看王公大臣耕作。秋天，亲耕田收获后，将谷物存放在神仓院，供北京九坛八庙祭祀使用。

先农坛主要建筑有：庆成宫、太岁殿、神厨、神仓、俱服殿，另有坛台四座：观耕台、先农坛、天神坛、地祇坛。观耕台前有一亩三分耕地，为皇帝行藉田礼时亲耕之地。

2. 天桥

据黄宗汉先生主编的《天桥往事录》记载：天桥是一座单孔汉白玉石拱

桥，三梁四栏，桥身很高，由桥南向北看，看不见正阳门；由桥北向南看，看不见永定门。在北京古代社会里，高拱形的天桥坐落在中轴线南部，桥下流水潺潺，荷花茂盛，不时有游船经过；桥上是皇帝去天坛祭天的必经之路，祭天的仪仗队伍经过时，旌旗招展，黄盖耀眼，十分壮观。平日，平民百姓、达官贵人，或步行，或骑马，或乘轿，只能从天桥两侧搭建的木桥上经过。民国以后，来来往往的人群与东西两边熙熙攘攘的集市交织在一起，非常热闹。清光绪三十二年（1906年）修正阳门至永定门之间的马路，将原来路面上的大石条起掉，铺成碎石子马路，天桥桥身也为适应马车、汽车通行而降低，变成矮桥。1929年，正阳门外大街开始修建有轨电车，又一次将天桥变成平桥，桥栏板仍存。1934年，展宽正阳门至永定门道路时，将天桥彻底拆除。由此，天桥在人们的视野中消失了，但是作为一种文化现象（地名）保留至今。

天桥老照片

3. 前门大街

前门大街北起前门月亮湾，南至天桥路口，路口以南称天桥南大街。其实，前门大街这个称呼虽然由来已久，但直到1965年才被正式定名，此前都是民间的俗称。明、清两代至民国时期这里正式的名称是正阳门大街。明成祖迁都北京以后，这条大街就成为历代皇帝去天坛、先农坛祭祀的必经御道。明嘉靖二十九年（1550年）建外城之后，这段大街成为外城最主要的南北向街道。

由于正阳门是京师的正门，因此前门大街比其他城门大街宽。明北京城又突破了元代所遵循的"前朝后市"的定制，正阳门周围及其以南的大片区域逐渐形成了大商业区。清代以来前门大街两侧更是陆续形成了诸多专业集市：鲜鱼市、肉市、果子市、布市、草市、猪市、粮食市、珠宝市等。商业的繁荣聚拢了旺盛的人气，随之大街两侧的胡同内出现了许多工匠作坊、货栈、车马店、旅店、会馆以及戏园等。临街的席棚之房逐渐改建成砖木结构的正式房屋。这里聚集了全聚德、便宜坊、都一处、瑞生祥、九龙斋、瑞蚨祥、同仁堂、六必居等众多的名家旺铺。清末，前门大街已有夜市。

在前门大街的东侧有一个欧式建筑，即北京人俗称的前门老火车站，真正的名字叫"正阳门东车站"，位于天安门广场东南角、前门箭楼东侧，为欧式建筑。火车站始建于清光绪二十七年（1901年），落成于1906年，至今已有110余年历史。

建成后，前门老火车站成了当时全国最大的火车站，车站站房建筑面积3 500平方米，站内设三座站台，长377米，候车室总面积1 500平方米。当时，这里成为了北京与外省联系的最大的交通枢纽。该建筑经历了从清末民初、北洋政府、日伪统治、国民党统治到中华人民共和国成立的不同历史阶段，站名也从正阳门东站、前门站、北平站、北平东站到北京站，经历多次演变，1959年9月15日新北京站开通运营后，这座建筑完成了它作为铁路车站的历史使命。

20世纪60年代初，老车站首先被改造成铁道部科技馆，不久之后又被收归北京铁路局，改建成北京铁路工人文化宫，候车室则被改造成剧场使用多年。20世纪90年代，这里又改成老车站商城。

2001年7月12日北京市人民政府公布将"京奉铁路正阳门东车站旧址"批准为"北京市文物保护单位"。前门老火车站也成为"北京铁路博物馆"

供游人参观。

4. 正阳桥牌楼

说"正阳桥牌楼"人们可能不清楚，但老北京人一提前门大街上的"五牌楼"几乎人人都知道。实际上，牌楼是正阳门外正阳桥的牌楼，始建于明代。明正统年间，对北京内城九门城楼重新进行了修建，并在各城门外设置了牌楼。九门当中在八座城门外设置的是三牌楼，只有在正阳门外设置的是五牌楼。这是因为正阳门被称为"国门"，又是内城九门当中的正门。正阳桥牌楼为木质结构，六柱并排，成五开间；牌楼立柱为街道上常用的"冲天柱"形式，柱下有汉白玉石基座，雕刻有石狮子，牌楼中间的开间最大，两侧依次缩小；牌楼中间正好压在城市中轴线上；在牌楼中间上方用满、汉文字书写有"正阳桥"。

正阳桥牌楼、正阳门箭楼

5. 正阳桥

正阳桥位于北京旧城中轴线正阳门前护城河上，是中轴线上的重要景观。

原来，北京旧城在明朝正统年间修建城楼、箭楼和疏通护城河后，在内城九门外护城河上均建有大石桥，一般为单孔大石桥一座，只有正阳门前为并排三座大石桥，中间的桥被称为"御路桥"，专供皇帝出行。这样的建筑规制既表明正阳门作为国门的特殊地位，又为皇帝出行安全提供方便。

正阳桥

三、从端门到寿皇殿（不含正阳门至天安门区域）

1. 端门

端门位于天安门与午门之间，建于明永乐十八年（1420年），是紫禁城皇宫建筑群的重要组成部分。端门的建筑造型、比例结构与天安门一样的，分为台基、城台、大殿三个部分。

台基为汉白玉须弥座，高出地面1.59米，四周是刻有荷花宝瓶图案的汉白玉栏板，在栏板之间的栏柱上是雕成莲花瓣状的花饰。

城台是用大城砖垒砌的。城砖之间是白灰膏、江米汁灌浆的实心城台。在城台中间对称开五个券形门洞，中间的门洞最大，门洞的中心正好在中轴线上，与天安门的门洞、午门门洞连成一条线；其余四个门洞在中间大门洞两侧依次排开，与天安门是一模一样的。

城台上的大殿为重檐歇山顶，两侧有金灿灿的山花。重檐的屋顶覆盖黄色琉璃瓦，有"九脊封十龙"的说法，即正脊1条，垂脊8条，共为9条；在正脊与垂脊上共有10个龙吻，龙吻是指宫殿屋顶正脊两端龙头造型的琉璃装饰物，因其造型是张开嘴的龙头，嘴又正对着屋脊，故称龙吻。端门上的龙吻高约3米，宽2米，重约4吨，为宫殿中大型龙吻。

城台上大殿面阔9间，进深5间，共有60根红漆楠木大柱子，36扇门窗。门窗均为中国传统的菱花格式。在屋檐下有彩色斗拱，斗拱下面是额枋，额枋上面有金龙彩绘，古称"金龙和玺"彩绘。大殿顶部还有一组组造型为龙的图案。

端门是"天子五门"中不可缺少的一道皇宫大门。据《周礼》记述，周朝宫室外部作为防御和揭示政令的阙（门）要有五重，即"天子五门"。这五门分别是：皋门、庙门、库门、应门、雉门。"皋"取其远，门在最外；"庙"取其大，门在二重；"库"取其藏，门在三重；"应"取其治，门在四重；"雉"取其文明，门在最里面。明朝在规划营建南京皇城和北京紫禁城时，继承了"天子五门"规制，建有端门。至于端门是五门中哪一重门，有不同说法。一种说法认为北京皇宫天子五门是指正阳门、大明门、天安门、端门、午门，端门在四重；一种说法认为北京皇宫天子五门是指大明门、天安门、端门、午门、太和门，端门在三重。

端门是各种文献中介绍最少的一道皇城城门。老北京人只知道北洋军阀统治时期的京城大盗燕子李三晚上栖息在端门城楼上，却不知道端门的具体作用。在明清两代，皇帝要出巡或去坛庙祭祀，在离开皇宫之前，先要登上端门进行祈祷，希望外出有一个良好的开端。皇帝出巡、祭祀回来的时候，有时也要登上端门进行祈祷，表示有始有终，有一个美满的结局，即美好的终端。在端门大殿内还有一口大钟，皇帝在出巡或回来时都要鸣钟，以此增加威严和壮观的气氛。

　　还有人认为，端门是等级和礼仪的象征，有"礼仪之门"的称号。端门位于天子居住的皇宫前面，这本身就是中国封建社会最高的礼仪。在皇帝进出时也表现出等级和礼仪。例如，端门中间的大门洞，只有皇帝出行时才开启，只有皇帝的仪仗或皇帝大婚的花轿才能行走。而两侧的门洞为宗室王公和三品大员行走，最外面的两个门洞，是供四品及以下官员行走。

　　端门大殿在明清两朝是存放皇帝出行仪仗的库房。在大殿内的仪仗只有在皇帝出行时才抬出来，皇帝出巡回来后还要存放在大殿之内。这些仪仗在1900年八国联军进北京时被劫掠，由此，我们今天已经看不见昔日保存在大殿内完整的仪仗了。据有关史书记载，皇帝出巡的仪仗是非常讲究的，大致包括的种类有旌旗、伞盖、扇、兵器等。端门现在是国家重点文物保护单位，于2000年6月对外开放。

2. 午门

　　午门是紫禁城的正门，始建于明永乐十八年（1420年），平面呈"凹"形，沿袭了传统宫城正门的建制，如唐朝大明宫含元殿以及宋朝宫城丹凤门

午门

的形制。午门下面为城台，高 12 米（与天安门、端门约同等高），正中开三门，两侧各有一门（称左掖门、右掖门）。这种形式使人的目光在正面（南面）看午门是 3 个方形门洞，而从背后（北面）看午门是 5 个圆形门洞，这就是中国古代建筑当中的"明三暗五"和"方圆结合"手法的运用。城台上是城楼，正中重檐庑殿顶，九开间，门前左设嘉量，右设日晷；两翼各有廊庑 13 间，为十三太保象征；廊庑两端建有重檐攒尖顶方亭，左置钟，右置鼓，在重大典礼时钟鼓起鸣，是天子城门中最高等级。

午门的文化内涵也十分丰富。根据其造型，古书里也称其为"雁翅楼""五凤楼"。在方位上又被称为"朱雀门"，与紫禁城后门神武门（明朝称玄武门）相互呼应，符合古代《礼曲》曰"行，前朱鸟而后玄武，左青龙而右白虎"。这里的"朱鸟"与"朱雀"是相同的。午门象征朱雀也是一种文化传统，这是因为在中国古代，朱雀代表四个方位中南方之神。古人将天上星星分为 28 宿，其中南方有 7 宿，均与鸟形有关。按照五行之说，南方属于火，火为红色，所以就把南方之神定为朱鸟或朱雀。还有专家研究认为，南方之神为朱鸟或朱雀与早期的氏族部落信奉的图腾有关，在南方氏族或部落中信奉的图腾多为神鸟。在中国封建社会中，坐北朝南的皇城、宫殿多为红色墙身，与朱鸟颜色符合，由此在很早的时候，统治阶级就将朱鸟与宫殿建筑相结合。例如，在司马迁的《史记》中就有皇宫中的南宫为朱鸟的记载。以后，历代皇宫中南面的大门或大殿以朱鸟或朱雀命名就成为一种传统。

午门既是举行盛大庆典的活动场地，又是颁朔、宣旨之门，还有很强的防守功能。午门在古代是皇帝迎接军队凯旋、举行宴会和接受献俘的地方。届时，午门上钟鼓齐鸣，彩旗飘扬，十分壮观。同时午门外又曾经是惩戒大臣过失的地方，明朝曾在午门外杖刑大臣。但是，戏剧里常说的"推出午门斩首"却不是在午门大门外，也不在午门广场中间。这里所说的午门是大概念，即从紫禁城拉出去，到皇城外斩首。明代行刑杀人曾经在西四牌楼，清朝移到宣武门外菜市口。

3. 太和门

太和门是紫禁城中最大也是最重要的一座门，说其是门，实际上是一座崇基殿宇。太和门为单檐歇山顶，黄琉璃瓦，七开间中间开三门（也有人认为是九开间，包括了两边的夹间）。太和门建筑在石台基上，台基上是丹陛，汉白玉石栏板、望柱雕刻得十分精细。门前各有大铜狮子一对。这对铜狮子也是中轴线上最威武的狮子。如果你细心对比就会发现：从正阳门开始，一座座大门前的狮子是呈现层层上升的态势。正阳门前的狮子为石头雕刻，形象大气、威武；天安门前的石狮子为汉白玉雕刻，精细、华丽、优美；而到太和门前的狮子，已经变为铜制，更加威武、雄壮，透着皇家的霸气；再到乾清门前，是鎏金的铜狮子，造型安详、和谐。

太和门始建于明朝永乐年间，是紫禁城大殿的大门，其命名与紫禁城大殿的名称密切相关。永乐年间大殿称"奉天殿"，大门称"奉天门"，又因是大臣们朝见皇帝必经的大门，也称"大朝门"。明朝嘉靖年间大殿改称"皇极殿"，大门也改称"皇极门"。到清顺治年间大殿又改称"太和殿"，大门也改称"太和门"。

太和门是明朝"御门听政"的地方。皇帝在此召见内阁大臣，询问朝中事务，直接处理朝政。据说，明朝"御门听政"制度很严，听政时朝臣不仅要提早到来，等待皇帝问话，在整个听政期间还不能随便走动、咳嗽等，必须严格按品级站立两旁等候。

4. 太和殿

太和殿始建于明朝永乐年间，初名奉先殿，明朝嘉靖年间改称皇极殿，清顺治二年（1645年）改称太和殿。太和殿为重檐庑殿顶，殿顶满铺黄色琉璃瓦，面阔九间，进深五间。也有人认为是十一间，即包括了大殿两边的夹室，算起来为十一间。太和殿可以说是紫禁城内最尊贵、最高大、最重要的宫殿。老百姓称之为皇帝的"金銮宝殿"。

太和殿内有 72 根大柱子支撑巨大的屋脊，其中有 66 根为红漆大柱，还有 6 根盘龙金柱位于大殿正中。每根盘龙金柱高 10 米，柱子周长 3 米，柱上盘龙缠绕，柱下用沥粉贴金绘制出海水江崖，气势宏伟、磅礴。在大殿屋顶正中有盘龙藻井，形状为倒垂金龙戏珠。这种藻井在世界文化遗产中都是文化珍品。藻井下面正对着的是皇帝的宝座。皇帝的宝座也称"金銮宝座"。因为这个宝座不仅安放在中轴线上，还在太和殿正中的木制台基上。木制台基是须弥座式，中间摆放着皇帝专坐的龙椅，龙椅前面摆设有香炉，还有宝象、甪端、仙鹤等吉祥饰品。这样，不管是谁要见皇帝，从进入太和殿开始，就必须仰望着皇帝，而皇帝永远是俯视他的臣民的。

太和殿

在太和殿前的丹陛上，东有日晷，西有嘉量，还有铜鹤、铜龟。日晷是古代的计时器，嘉量是量具，也称"官斗"。这两样东西摆在宫殿前面，就是帝王的标志，就是皇权的象征。至于铜鹤、铜龟则是长寿和长久的含义，表示王朝统治将有万万年之久。在太和殿举行大典时，丹陛上香炉内飘出阵阵檀香，烟香在汉白玉石望柱之间，铜鹤、铜龟、日晷、嘉量周围环绕，仿佛进入仙境一般。

说到太和殿的基台，也大有讲究。太和殿的基台与中和殿、保和殿的基台连成一体，从平面看，呈现"土"字形，表示天下的土地均归皇帝所有。还有一种说法是根据中国传统文化"五行"学说，认为金、木、水、火、土，土居中央，土能生万物，具有长久的生命力。而皇宫的大殿理应在中央，而且应该长久下去。太和殿基台为三层，层层递高，均有汉白玉雕刻的栏板和望柱，非常壮丽。尤其是每层丹陛间的排水系统，在出水处雕刻有龙头，每当下大雨时，积水从龙头从张开的嘴中喷出，场面十分壮观。

游人在观察太和殿屋脊时还会发现，太和殿屋脊的脊兽与其他宫殿也不一样。一般皇家宫殿屋脊上的脊兽最多为9个，即在仙人之后有龙、凤、狮子、麒麟、天马、海马、押鱼、獬豸、斗牛。而太和殿屋脊上的却是10个，这10个脊兽分别是：龙、凤、狮子、天马、海马、狻猊、押鱼、獬豸、斗牛、行什。龙、凤象征皇家的富贵与吉祥；狮子为百兽之王，象征皇家的威武和不可侵犯；天马、海马象征皇家威德能通天入海；狻猊是传说中的一种猛兽，能食虎豹，象征皇家威武和征服一切；押鱼可以兴风作浪，呼云唤雨，灭火消灾；獬豸也是传说中的异兽，能辨曲直，用角去顶坏人、佞臣，象征皇家正大光明，办事公正；斗牛勇猛、忠厚，敢于斗争，象征皇家优秀品质；行什为带着一对翅膀可以飞翔的猴子，这种猴子生性聪颖、灵活，象征皇家充满智慧。

太和殿是皇帝登基、举行大的庆典和向全国颁发政令的地方，每次举行大的庆典活动，还要奏"中和韶乐""丹陛大乐"，演奏乐舞和仪仗队伍从太和殿前一直排到太和门外，场面十分壮观。

5. 中和殿

中和殿为正方形，上面是四角攒尖顶，上置镏金宝顶，圆形；顶为黄色琉璃瓦，殿身为红色菱花窗门。中和殿始建于明朝永乐年间，称华盖殿，明嘉靖年间改称中极殿，到清顺治二年改名为中和殿。中和殿是皇帝出席大典前休息和做准备工作的地方。有时皇帝也在此殿召见庆典执事或大臣，询问一些事项。观察中和殿的建筑形式，会发现尽管在皇宫之中，建筑形式也不呆板，样式都不雷同，每座建筑都有区别与不同。如太和殿为庑殿顶、中和殿为方形四角攒光顶，保和殿又为重檐歇山顶，这种变化使三大殿在建筑形式上呈现跳跃式起伏，充满动感，这对我们今天千篇一律地建设方格式楼房应该是一种审美的启迪。

6. 保和殿

保和殿始建于明朝永乐年间，时称"谨身殿"，到嘉靖年间改称"建极殿"，清顺治二年改称"保和殿"。保和殿为歇山重檐大殿，上铺黄色琉璃瓦。大殿九开间，进深五开间，是前朝三大殿最后面的大殿。保和殿在建筑上采用减柱造法，建筑学上称"减柱造"。这种做法是在建筑大型殿宇时，将殿前的金柱或后金柱减去，使大殿室内显得更加宽敞，采光更多，更加明亮。

保和殿也是皇帝举行重大活动的场所。清代皇帝多次在保和殿举行宴会，招待外藩使者，为公主举办大婚典礼。然而，保和殿最重要的还是皇帝在此举行"殿试"。何谓"殿试"？在中国封建社会人们要走仕途，除了世袭以外都要经过考试。这种考试是从基层开始的，在经过"童试""乡试""会试"之后，考生在考取"秀才""举人"和"贡士"后才有资格推荐参加"殿试"。"殿试"是由皇帝亲自出考题，要求考生面对面回答问题。凡是通过"殿试"的考生，可分为三个等级。第一等级可以获得进士及第，但是只有三名，分别为"状元""榜眼""探花"。第二等级为进士出身，第三等级为"同进士出身"。第二、第三等级名额根据情况有多有少，名额不确定。凡是通过"殿试"的考生，均可称是"天子的门生"。

7. 大石雕

大石雕在保和殿后面的御路上，故此也有书中称"保和殿大石雕"。这块大石雕是中轴线御路上众多石雕中最著名的。大石雕的历史非常悠久，据说在宫殿还没有修建时，大石雕作为备料已经放到了现在的位置。因大殿（即太和殿，时称奉天殿）在建造时向南移动，大石雕体积太大，移动到太和殿前面已经不方便了，最后只好放在保和殿后面。大石雕石料来自北京西南的房山大石窝，根据专家测算，大石雕在雕琢前的石材至少有 300 吨重，紫禁城距离大石窝有一百多里地，在没有起重机的古代，人们是怎样把这么重的石材运到紫禁城的？根据一些专家推测，搬运巨石的方法是利用冬季路面结冰时，在巨石下面放上圆木，前面有人来拉动，后面有人推和撬动，才能使巨石移动。为此，沿途要打井泼水，遇到障碍物还要清理拆除，使用的人力、物力可以想象蔚为可观，这仅仅是搬运过程。整块大石雕的雕刻也非同一般，我们现在看到的雕刻已经是清乾隆二十五年（1760 年）重新雕刻的，上面的图案是九龙戏珠，衬景是海水纹、云纹和海崖。有关专家评定，这是中国最大、最精美的石雕艺术品。

8. 乾清门

以乾清门为界，在紫禁城中分为南北两个部分，南面为前朝，北面为后宫，乾清门是皇帝后宫的大门。乾清门面阔七间，进深三间，为单檐歇山顶，黄琉璃瓦，在殿宇式建筑下面有须弥座式白石基台，高出地面 1.7 米。大门两侧有八字墙。与一般民宅不同的是八字墙高大，为琉璃影壁形式，中间有团龙图案。门前还有鎏金的铜狮子和防火用的鎏金铜缸。有关铜缸，在紫禁城中多处可见，这是古代宫殿里的主要防火设施。有人统计过，紫禁城内共有 308 尊大缸，一般都放置在宫殿前面，称为"门海"。每尊大缸可装水 3吨。大缸有两种，一种为铜制，一种为外表鎏金的铜制。鎏金铜缸是少数，只摆在重要宫殿和大门前面。

乾清门前是一个东西长 200 米，南北宽 50 米的狭长广场，更加烘托了乾清门的威严气氛。

乾清门也称"御门"，这是因为从清朝开始，"御门听政"的地点由太和门移到了乾清门。清代康熙、雍正、乾隆三朝在乾清门"御门听政"基本保持定期举行。以后，因"御门听政"使得皇帝和大臣们都比较辛苦，到清朝后期被废除。

9. 乾清宫

进了乾清门，迎面就可以看见乾清宫。乾清宫面阔九间，重檐庑殿顶，黄琉璃瓦，是典型的皇家正殿建筑，也是后宫中最高大、最重要的建筑。

后三宫是指乾清宫、交泰殿、坤宁宫。这三座宫殿也建造在一个"土"字形台基上，但是比前朝三大殿的台基要低。前朝三大殿的台基高8.13米，而后宫三座宫殿的台基高仅有2.86米。这就造成从平面视觉上感觉三大殿高，后三宫低，出现一个强烈的起伏变化。但人们在游览紫禁城时并没有太大的感觉，这就是建筑设计的奥妙之笔。当人们爬到景山顶上，置身于万春亭之中就会感觉到这种奥妙的实际作用。从景山向南望去，只见一片金灿灿的宫殿屋脊，却看不见宫殿的墙身和人员走动，这就是传说的紫禁城核心建筑在最隐蔽处，是"沙锅底"式建筑。这种巧妙的安排更增加了皇宫建筑的安全感和神秘感。

后三宫与前朝三大殿在台基上还有一处不同，那就是一进乾清门，你就会踏上一条砖石甬道。这条甬道不仅把你的视线一直引向乾清宫正殿，而且不用再上下台阶。这条甬道宽10米，长50米，人走在上面却感觉很长、很宽。这条甬道是专供皇帝行走的，也正好在中轴线上，是中轴线上御路最突出的部分。

在文化内涵上，后三宫也有说法。永乐年间修建皇宫时，是按中国文化传统，以天为乾，地为坤。"乾"代表男人，在皇宫中就是皇帝；"坤"代表女人，在皇宫中就是皇后。由此，将后宫前殿命名为乾清宫，后殿命名为坤宁宫，表示的就是皇帝和皇后的居室。到明朝嘉靖年间，为了表示后宫中皇帝和皇后的和谐、美满，又根据《易经》中"天地交泰"一说，在两宫之间修建了交泰殿。这样，就形成了前朝有三大殿，后宫也有三座宫殿的完整布局。

说到乾清宫，宫内的"正大光明"匾不能不提及。此匾由清朝初年顺治皇帝亲笔题写。康熙晚年，因立太子一事让皇帝大伤脑筋，同时还引发皇子对太子位置的争夺。因此雍正皇帝继位后，针对前朝暴露出来的对皇位继承权的明争暗斗，改"公开立储"为"秘密立储"，即在皇帝活着的时候，不公布皇位继承人，而是将皇位继承人秘密书写在诏书上，藏于"正大光明"匾后面，待皇帝驾崩后，由亲近大臣取下诏书，公布皇位继承人。由此，乾清宫又是清代秘密立储制度诞生的摇篮。

乾清宫

10. 交泰殿

交泰殿也是方形的亭式建筑，面阔与进深均为三间，上为四角攒尖顶，最上面是鎏金宝顶，黄色琉璃瓦下是红色墙身和门窗，与中和殿的区别在于亭式建筑没有外廊柱，是封闭式的亭式建筑。在明代，这里也是皇后的寝宫，但是皇后一般不住在这里。这里保存着清代的皇家玉玺、自鸣钟和古代的计时器——铜壶滴漏。

11. 坤宁宫

坤宁宫始建于明朝永乐年间，垂脊重檐歇山顶，黄色琉璃瓦，面阔九间，正中开门，分东西暖阁，是皇后的寝宫。到清代对坤宁宫房屋布局作了调整，按满族习俗将西边的房间改造为祭祀场所，将东面的房间改为暖阁，作为皇帝大婚的洞房。清代有4个皇帝在此举行过婚礼，分别是顺治皇帝、康熙皇帝、同治皇帝、光绪皇帝。参观坤宁宫的游人会发现，坤宁宫的窗户是直棂吊窗，窗户纸糊在窗外，与其他大殿菱花格式固定的窗户完全不同，这也是清朝入主紫禁城后，按照满族人在东北生活居住的习俗而作的改动。

12. 天一门

天一门为钦安殿前的大门，也是中轴线上建筑体积最小的一道门。每年立春、立夏、立秋、立冬四个节气皇帝要在钦安殿设道场，同时在天一门内设坛焚香，祈祷玄武之神（北方水之神）保佑皇宫消灭火灾。在古代社会中，由于宫殿建筑集中没有现代防火设施和避雷设施，火灾是皇宫中最大的灾害威胁，明朝从修紫禁城开始，就不断发生火灾烧毁宫殿的事情，为此将玄武大帝的祭祀场所放在中轴线上，而且到清朝也没有改变，说明皇帝对火灾的恐惧和重视。

13. 钦安殿

钦安殿位于故宫御花园正中，始建于明永乐年间，为明初营建紫禁城时的重要建筑之一，也是中轴线上唯一的宗教建筑。钦安殿坐北朝南，建筑在高台之上，面阔五间，进深三间，黄琉璃瓦重檐盝顶。殿内为祭祀道教之神的场所，供奉的主神是玄武大帝（也称玄天大帝、玄天上帝）。玄武为北方之神，龟蛇合身之形。按中国传统文化五行学说，北方属于水，水为黑色。又传说，玄武是玉皇大帝派到北方镇守的统帅，是道教的护法神之一，故此殿内玄武的造型为脚踏龟蛇，手持宝剑的武士。据传，在朱元璋平定天下和朱棣夺取皇权的过程中，玄武之神都曾出现相助过，所以在皇宫中要敬玄武之神，而且要在紫禁城北面居中的位置设置钦安殿。由此，玄武又成了皇宫中的保护神。据传说，明朝嘉靖年间紫禁城中着了一场大火，有太监看见玄武之神出现在钦安殿东北角，调动北方之水灭火，并在钦安殿东北角台阶上留下两个脚印，这个传说更增加了钦安殿的神秘色彩。据说在钦安殿前的石刻上还能找到一些附会的依据。例如，在石刻中就雕有鱼、鳖、蟹、海妖和水怪等。

14. 顺贞门

顺贞门在紫禁城御花园最北面，是在北宫墙正中上开三门的形式。因其门正好位于中轴线上，也具有代表性。顺贞门正对着神武门门洞，一般是关闭的，只是在皇后外出去先蚕坛躬桑祭神时才开启大门，其他事由均走旁门。然而，顺贞门最出名的是皇宫定期选来的秀女要进此门，并在此门前面排队候选。由此，每当如花似玉的少女列队来到时，沉寂的御花园后墙就会热闹起来，出现一道靓丽的风景线。

15. 神武门

神武门在明代称"玄武门"，因清朝康熙皇帝名"玄烨"，按中国封建社会的避讳制度，将"玄武门"改为"神武门"。玄武为古代北方太阴之神，按五行之说，北方属于水，故此又称为水神，是明朝皇宫灭火去灾的保护神。清朝改称"神武"，其文化内涵既有有相同之处，又有不同之点，神武是宫城御林军后军之称。

神武门

神武门始建于明永乐十八年（1420）年，清代康熙年间重修。城墙五开间，为重檐歇山顶，下面为高大的城台，中间开门洞。在清代，皇帝外出去西苑、皇后去先蚕坛、皇帝迎娶嫔妃和备选秀女均走此门。

16. 绮望楼

绮望楼位于景山向阳一面的山脚下，位于中轴线上，建造于清乾隆十五年（1750年），坐北朝南，为歇山重檐顶，黄琉璃瓦，三楹五开间，二层楼式，楼下有月台，三出陛，汉白玉石栏板，楼内供奉孔子神位。在乾隆年间，景山前面是皇家办的官学场所，在绮望楼东南侧原有八旗子弟学校，今已无存。"绮"为美丽的意思，这座楼也确实是景山一处美丽的风景。

17. 景山

景山在许多人的眼中只不过是一座人工土山，然而这座山却见证了明清两代多起重大历史事件。

景山山高42.6米，海拔88.35米，为明清时期北京城的最高点。景山所处的位置本是一片平坦的原野，1163～1179年，金世宗完颜雍兴建以琼华岛为中心的太宁宫，开挖"西华潭"（今北海），将所挖淤泥堆积成土山。元世祖忽必烈营建大都时，将土山圈入皇城之内，命名为"青山"，在青山上下广植花木，作为皇家的后花园，并在山南修建了延春阁。

明代时景山有三个名字。第一个名字叫"镇山"。明永乐十八年（1420年），在元大都的基础上完成建都工程，将拆除的元代皇城渣土和开挖紫禁城筒子河的泥土堆积在青山和延春阁旧址之上。统治者认为如此一来就会彻底破坏元代的"国运风水"，镇住前朝气数，因此土山又名"镇山"。第二个名字叫"万岁山"。明代除了在山坡遍植松柏，四周种花植树外，还饲养了成群的鹤、鹿，以寓长寿之意。在重阳节到来之时，皇帝还要携后宫嫔妃及内臣登山远眺，以求消灾免祸、长寿万岁，故取名"万岁山"。第三个名字叫"煤山"。土山为何称为煤山？几百年来有不同说法。其实，"煤山"之称与一次重大历史事件有关。1449年"土木之变"后明英宗被俘虏，瓦剌部首领也先以送明英宗回朝为借口，大举进犯北京。兵部侍郎于谦力主积极备战。瓦剌军队包围了北京，百姓因此不能出城砍柴，无法取暖做饭。为安定民心，于谦遍告全城百姓，土山底下全是煤。百姓信以为真，积极协助于谦抵抗瓦剌的进攻，终于保住了北京。因为此山是在皇城之内，百姓可以遥遥看到，却不能上山验证真伪，也就信以为真，于是代代相传其为"煤山"。

清代，万岁山改名为景山。山脊上五座亭子为乾隆十五年（1750）修建，从东向西依次排列为"周赏""观妙""万春""辑芳""富览"。其中，万春亭居中峰，方形，三重檐，四角攒尖顶，黄琉璃瓦绿剪边顶，雄伟壮观；观妙、辑芳两亭为八角形，重檐，绿琉璃瓦黄剪边顶；周赏、富览两亭圆形，蓝琉璃瓦褐剪边顶。亭建成后，每座亭内立铜铸佛像一尊，为五方佛，保佑着紫禁城的江山社稷。五方佛正中为毗卢遮那佛，也称"大日如来佛"，在万春亭内。另外四尊佛从东向西，第一尊为宝生佛，在周赏亭内；第二尊为阿门佛，在观妙亭内；第三尊为阿弥陀佛，在辑芳亭内；第四尊为不空成就佛，在富览亭内。五方佛在1900年被八国联军掠走四尊、毁一尊（即毗卢遮那佛）。现万春亭内的毗卢遮那佛像为新铸造。

万春亭

景山最为奇特的景象是 20 世纪末人们利用航空遥感发现的景观。航空遥感的照片隐约发现，从空中看景山整体酷似一尊体态雍容、面带微笑的坐佛。这一发现，更增加了北京帝都文化的神秘感。

18. 寿皇殿

寿皇殿始建于明朝万历年间，在这里设置灵堂，举行大规模的祭祖活动。到了清代，则在这里祭拜九坛八庙之神灵。其中九坛是属于帝王祭祀神灵的地方，八庙则是帝王祭祀祖先的场所。寿皇殿是八庙中的重要代表，显示了古人对祖先的尊崇和中华民族"敬祖"和"孝道"的传统美德。

现存寿皇殿是一组完整的祭祀建筑群，布局严谨，建筑华丽。明代的寿皇殿并不在今天的位置上，而是略向东偏。到了清代，随着寿皇殿职能的变化，地位逐渐提高。

与清代的寿皇殿建筑有所不同，明代整个建筑群为单重宫墙，前后四重建筑均为歇山顶，包括宫门五间、戟门五间、燎所东西各一、前堂五间和左右朵殿、正殿五间和东西配楼；在寿皇殿建筑群南广场东西各设一座三洞四柱九楼牌楼。清乾隆年间将寿皇殿建筑群移到了皇城中央的南北建筑中轴线上，与皇宫保持一致。同时将寿皇殿改为"明堂九室"；将单檐歇山顶改为重檐庑殿顶，黄琉璃瓦，红色殿身，面阔九间，进深三间，前后带廊,；将七级高的普通基座改为十二级的高大须弥座，并且在殿前设置了宽大的月台，围以汉白玉石栏，东西两侧有配殿。这样就使寿皇殿的规格达到了皇家建筑的最高等级。

寿皇殿前面为寿皇门，也是殿宇式建筑。寿皇门前面是建造在院墙上的三座门，均为券门。在三座门前面还有一对石狮子和三座牌楼。1956 年，在周恩来总理、北京市市长彭真、副市长吴晗的建议和督促下，寿皇殿改建为北京市少年宫。

四、从地安门到钟楼

1. 地安门

地安门是北京中轴线上的重要标志性建筑之一，是皇城的北门，天安门是皇城的南门。南北互相对应，寓意天地平安，风调雨顺。

地安门，始建于明永乐十八年（1420 年），是皇城的后门，明称北安门，与天安门、东安门、西安门共同构成京师皇城四个城门。明弘治十六年（1503 年）重修，明隆庆五年（1571 年）再次重修。清顺治九年（1652 年）改称地安门。

地安门为单檐歇山顶，黄琉璃瓦，红墙身，面阔七间，中间开三门，为方形门洞，与皇城南门——大清门圆形门洞形成对照，表明"天南地北、天圆地方"。在地安门内大街两侧有米粮库、油漆作坊、花炮作坊等，在中轴线两侧建有左右对称的雁翅楼各一座。

地安门不仅是紫禁城的交通要道，而且在地安门四周还设有十二监、四司、八局，统称二十四衙门，为紫禁城的后勤保障机构。

地安门

地安门在历史上发挥过重要作用。明清两代皇帝北上出巡，大多要出地安门；皇帝亲自到地坛祭祀时也必须走地安门。地安门属于皇城禁地，普通百姓不得随便出入，当年地安门外还有一块石碑，上书"官员人等，至此下马"，并且只允许从侧门出入。

中华人民共和国成立后，为了疏导交通，1954年底动工拆除了地安门。

2. 万宁桥

万宁桥俗称"后门桥"，位于地安门到鼓楼的中间位置。桥始建于元代，因为建在万宁寺前，由此得名"万宁桥"。因桥位于皇城后门外，又俗称"后门桥"，旁边是什刹海，因此俗称"海子桥"。

万宁桥

万宁桥是元代大运河漕运的始点。桥下装有水闸，以保证南来粮船直驶大都城内。沿河北来的船舶可直抵海子内停泊。时大都居民也称这里为海子闸，后改名为澄清闸。桥为单孔汉白玉石拱桥，长10余米，宽近10米，桥面用块石铺砌，中间微拱。桥的两侧建有汉白玉石护栏，雕有莲花宝瓶等图案，20世纪50年代石桥面铺设沥青，河道填平建房。桥身下半部分被掩埋在路基之下，仅存桥两侧的栏板。1984年被列为划定保护范围及建设控制地带，主要保护其侧墙及望柱栏板，未另划保护范围。2000 年北京市对后门桥进行了整治修缮，对毁坏的桥栏杆按旧样作了修整，桥洞下和河岸边的水兽被原地保留，并疏通了河道。同时，恢复原来桥名"万宁桥"，建碑于桥畔。

因桥位于中轴线上，位置十分重要。根据北京旧城中轴线天南地北的传统观念，天桥在南，称"天桥"；万宁桥在北，又有"地桥"之说。明代以后，通惠河漕粮船不经过玉御河进入什刹海，万宁桥改为单孔石拱桥，桥栏为汉白玉石栏板，雕刻古朴大方。据传说，20 世纪 50 年代，后门桥曾出土石鼠一对，在桥两侧，与正阳门瓮城内的石马组成北京城市中心的"子午线"（鼠在地支中为"子"，马为"午"）。另一传说是桥下刻有"北京城"三字，每当夏季雨水多的时候，水位上涨到"北京城"三字时，就表明北京可能发大水，提醒当局要采取措施，据说这种做法在当时起到了一定的作用。

3. 火德真君庙

火德真君庙（即火神庙）位于地安门外大街万宁桥北侧，始建于唐贞观六年（632 年），至今已经有 1 300 多年的历史。初建时的火神庙规模很小，经元顺帝至正六年（1346 年）、明万历三十三年（1605 年）和清乾隆二十四年（1759 年）三次大规模的重修，始有今天的建筑规模。

明代皇帝笃信道教，火神庙渐受重视。明万历年间，由于皇城内多处建筑连年发生火灾，造成了很大的经济损失，民间流传这是国之将绝的不祥之兆，这给皇室和京城民众带来了心里恐慌。万历三十三年（1605 年），皇帝下旨重修火神庙，新建后阁，并钦赐琉璃瓦用以压火。庙内前殿的"隆恩"匾额、阁楼的"万岁景灵阁"均为万历皇帝的御笔。天启元年（1621 年）熹宗朱由校刚即位就获悉明军在辽沈战场被后金打败，立刻命令掌管礼乐郊庙社稷事宜的太常寺官员每年农历六月二十二日祭祀火德之神，以挽救明朝危局，以后则为常例，皇家祭祀正式确立下来。

清康熙二年（1663 年），祭火神正式列入了国家祀典，清代把国家祭祀分为大祀、中祀和群祀三个等级，火神位于第三等级群祀之内。清顺治八年（1651 年）和乾隆二十二年（1757 年），两位皇帝颁旨重修火神庙，庙门及后阁改加黄琉璃瓦。

如今的火神庙，主体基本保存完整，建筑特色鲜明，黄、绿、黑三色琉璃瓦俱全。这里的黑瓦还有其特殊的含义——黑为玄色，而北方属玄色，五行从水，故而以黑瓦覆顶，取意以水镇火。

长期以来，火神庙形成了自己所特有的民间风俗，其中影响最大的要数六月二十二日火神圣诞之盛况了。明清两代皇帝每年都要遣太常寺官员前往致祭，有了皇室的"光顾"，无论是在京城还是在外地的达官贵人，也都纷纷到火神庙进香，在祈求平安的同时借机与皇室接近。

清末及民国年间，火神庙则又连年举行中元法会，由大户人家出资建造巨大的"普渡船"，在庙外甬道上焚化，以超度故去的亲人。经过了千余年的风风雨雨，昔日殿堂庄严、流光溢彩的"敕建火德真君庙"，如今只有那些房顶的琉璃瓦和火神殿内幸存的藻井可以诉说当年火德真君庙的兴盛了。

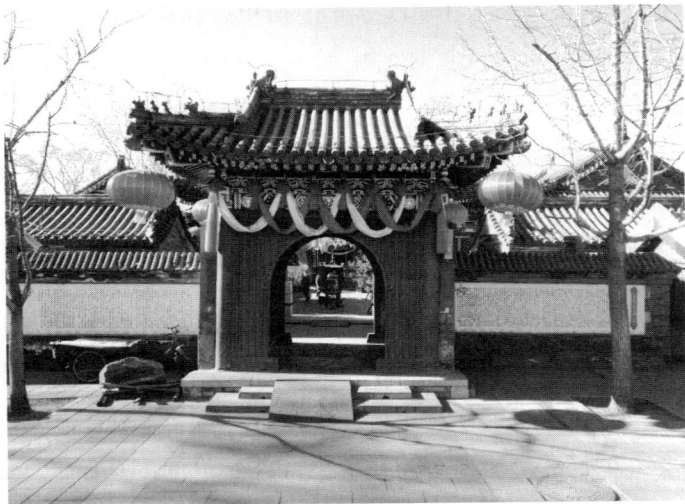

火德真君庙

4. 鼓楼

鼓楼为古代京城的报时台，元代的鼓楼建于元至元九年（1272 年），是楼台式建筑，木结构，原名齐政楼。齐政，取七政之义。何谓七政？一说是指日、月、金、木、水、火、土；另一说是指春、夏、秋、冬、天文、地理、人道。明永乐十八年（1420 年）重建鼓楼，样式保留至今。鼓楼为歇山式重檐屋顶，上铺灰筒瓦，绿琉璃瓦剪边；楼体为木结构拱券式楼阁（外观两层，实为三层，三层为暗层），高约 47 米，面阔五间；楼下面有高 4 米的砖台，使鼓楼显得更加雄伟壮观。

鼓楼

鼓楼是古都北京中心区的高大建筑，也是计时、报时中心。计时用"铜壶滴漏"。铜壶设在二楼"漏壶室"。据说，清代乾隆朝以后，铜壶滴漏被搁置，改用"时辰香"计时。报时用鼓。鼓设在一层，有 24 面大鼓，一面特大的大鼓（用一整张牛皮绷制而成），总计 25 面鼓。最大的一面鼓用来报时，其余 24 面鼓用来报一年 24 个节气。1900 年，鼓楼内的鼓遭到八国联军的破坏。由此，在 1924 年陈列八国联军侵占北京的罪证和照片时，鼓楼一度改称"明耻楼"。

铜壶滴漏，简称"滴漏"，也有文献称"漏壶""漏刻"，是我国古代主要的计时器之一。中国古代有三种计时器物：日晷、时辰香、滴漏。日晷制作简单，但阴天、雨天和夜晚无法使用；时辰香耗费大，还需要有人看守；滴漏计时准确，但制作复杂。滴漏起源甚早，《周礼》中已有记载，以后历代不断改进，到唐朝已经有比较完备的四级制滴漏。北宋景祐三年（1036年）研制成功保持漏壶水位平衡的平水壶（滴漏中的一个重要部件），大大提高了滴漏的计时精度和准确性，由此元、明、清宫廷一直沿用滴漏计时。古代北京有两处安放滴漏，一处在紫禁城交泰殿，一处在鼓楼。目前，鼓楼已经恢复了报时鼓和节气鼓的陈列，并定期有击鼓表演，同时复制了铜壶刻漏。新仿制的刻漏分为天池、平水、万分、收水四个部分。天池在最上面，方形，为储蓄水壶；平水和万分也是方形，为中间的滴漏壶；最下面是收水壶，为圆形。

5. 钟楼

钟楼始建于元至元九年（1272年），后毁于火。意大利旅行家马可·波罗在《马可·波罗游记》一书中曾有对钟楼的描述。明永乐十八年（1420年）在元大都钟楼旧址上重建，原为木结构建筑，不久又毁于大火。现存样式为清乾隆十年（1745年）重建。重建时为了防火，整个建筑采用砖石无梁拱券式结构，重檐歇山顶，灰筒瓦，绿琉璃瓦剪边，楼高约48米，楼周围有汉白玉石栏杆。钟楼下面为砖石台基，使钟楼显得高耸、俊俏。钟楼的功能也是报时，兼有报警功能。

钟楼内的大钟很有名。原来的大钟是铁质的（现存大钟寺），后更换成铜钟。史学家认为，钟楼在中轴线顶端，钟楼大钟的铸造，既有报时的作用，还是明朝皇权定鼎北京的象征。铜钟体高5.55米，直径3.4米，重约63吨，敲击时声音纯厚绵长，圆润洪亮。这口巨大的铜钟上还铸有"永乐×年×月吉日制"字样，是中国最大的报时古钟。

钟楼内的大钟出名还由于它出自鼓楼西面的铸钟厂，传说铸钟师傅为铸大钟，牺牲了女儿的生命。为附会民间这种传说，在钟楼旁还真的建有"金炉娘娘庙"（现已毁）。

有关钟楼报时，老北京人也有一讲，叫"紧十八，慢十八，不紧不慢又十八"。这里的"紧"和"慢"讲的是敲钟的频率，或称节奏感。三个"十八"正好是54下钟声。敲击两遍正好是108下。现在北京高大建筑物多了，现代城市噪音也大了，钟声似乎听不到了。而在古代，北京多是四合院和小胡同，悠扬的钟声能传遍京城。北京城门的开启、百姓的生活作息在很大程度上都是依据钟楼的钟声来判断。

钟楼

五、历史的延伸

《北京城市总体规划（2004年—2020年）》中所规划的"中轴线"，已经不仅仅局限于传统的7.8公里范围内了。在新的历史发展阶段，这条中轴线又分别向南、北延伸了数公里。从南五环到北五环，跨度超过20公里的新中轴线与同时向东西两端延伸的长安街，构成了21世纪北京城新格局的基础。

新中轴线规划由三段组成,自北向南分别是:以记忆奥林匹克运动在北京为主题的北中轴线——"现代轴线";以回忆六朝古都北京历史为内涵的传统中轴线——"历史轴线";以迈出永定门为标志反映北京未来发展广阔空间的南中轴线——"未来轴线"。三段轴线空间上依次衔接,文化上又有机连接,既体现并保护了北京的古都风貌,又与时俱进地记录并展现了飞速发展的国际化、现代化的新北京。

传统中轴线设计理念上突出帝王统治思想,帝王要占据中轴的中心,并且以一系列重点建筑物串联起轴线、其他建筑东西对称地分布在中轴线两侧。中轴线中心的紫禁城,是普通百姓不能进入的禁区,更加神化了皇权的至高无上。而作为中华人民共和国的首都,北京城市建设始终贯穿"人民至上"的思想,秉承这一理念,新的南、北中轴线被设计为宽敞笔直的大道,而且是城市交通的主干道,任人民自由通行。新中轴线的特定位置由标志性建筑(群)表征出一个个的"节点",同样坚持"对称""开阔""加强并烘托中轴"的原则,继承发展了传统中轴线的设计理念。

1. 奥林匹克公园

北中轴线的端点是奥林匹克森林公园的主山,取名"仰山",与"景山"呼应,暗合了《诗经》中"高山仰止,景行行止"的诗句,而且,还可以联合构成"景仰"一词,符合中国传统文化对称、平衡、和谐的意蕴。明清皇城以景山为屏障,而新的中轴线以森林公园仰山为屏障,文化韵味上一脉相承,既符合中国园林的营造传统,又与北京周边大自然的环境相得益彰,令人叫绝。

奥林匹克中心区国家体育场("鸟巢")和国家游泳中心("水立方")两座标志性建筑矗立在中轴线两侧,夜晚的照明设计一红、一蓝相互呼应。而在光线充足的白天,一圆、一方的外形对比虽然强烈,但是却给人一种刚柔相济的和谐美感。

国家体育场

国家游泳中心

2. 北土城

位于北中轴线上的元大都城垣是北京现存最古老的建都遗迹之一,老百姓俗称其为"土城",又因其地理位置在北三环以外,也称其作"北土城"。

北京地铁十号线有"北土城"的站名，就缘于其很长一段是穿行在大都城垣之下。北土城 1957 年被列为北京市重点文物保护单位，1988 年 3 月 10 日，北京市人民政府批准在这里建园并正式命名为"元大都城垣遗址公园"。2003 年国庆节前夕公园改建工程全部完工并向游人免费开放。

公园东西总长达 9 公里，占地面积 110 万平方米，园内景观内涵丰富，景色宜人。公园绿化覆盖率高达 73%，以小月河为主体建成的景区湿地面积超过 17 000 平方米，是北京城区内面积最大的人工湿地。

公园以现存城墙为重点保护对象，创作了若干组主题雕塑，再现了元大都时期的历史风貌。

3. 鼓楼外大街

北中轴线与三环路相交于安华桥，安华桥向南直到北二环鼓楼桥的大道现名鼓楼外大街，因其位于鼓楼以北而得名。这条大道的南段开辟于 20 世纪 50 年代，而北段是当时工人日报社和解放军某部的属地，并没有路。1990 年作为亚运会的配套工程，这条路才被打通建成。现在，这条路成为沟通北二环、三环乃至四环的重要通道。

由于历史的原因，这里并没有成为繁华的商业区，道路两侧为建成年代不一的市民住宅小区。值得一提的是，位于道路西侧的人定湖公园和位于道路东侧的柳荫公园、青年湖公园给这段区域提供了三片水系，形成了北京旧城以北的"新三海"，正好与旧城内的"六海"相呼应，为新北京城增添了水文景观。

4. 木樨园

木樨园这个名称来源于一种植物——苜蓿。苜蓿是重要的饲料植物，原产地伊朗，传说中国引入苜蓿始自汉代：《汉书·西域传》记载"汉使采苜蓿归，天子益种离宫别馆旁"。到了明代，北京城门外附近地区都有军队种植的苜蓿，作为皇家御马的饲料。至民国时期，苜蓿逐渐讹化为"木樨"两字。

阜成门外西南（今复兴门外）的木樨地和永定门外的木樨园，均因明朝时为军队种植苜蓿之地而得名。

木樨园是北京城南部比较繁华的地段，木樨园世贸商业中心是北京市总体规划确定在南城兴建的"唯一市级商业文化服务中心"。在新的城市总体规划中，结合木樨园商业中心区的建设，这里将形成新型的城市公共空间。

5. 大红门

大红门原指皇家苑囿南海子的正门。大红门始建于明代永乐十二年（1414 年），当时扩建南海子时在东、西、南、北四个方向上各开有一个门：分别称东红门、西红门、南红门、北红门，其中北红门为正门。清代乾隆年间又增开了 5 个门，在北红门东边所建的一个门称小红门，因此原来的北红门也被大家称为北大红门，后来习惯上直接称作大红门。

南中轴线与四环路相交的立交桥被命名为大红门立交桥，这里在新的城市规划中将塑造重要的城市景观。

6. 南苑

南苑因有永定河故道穿过，形成大片湖泊沼泽，草木繁茂，又称"南海子"。自元代起这里成为皇家猎场，明代更是圈墙一百二十里将此地辟为皇家苑囿。明、清两代多位皇帝到南苑打猎和阅兵。现存于北京故宫博物院的清代宫廷画《康熙南巡图》绢本第一卷，以宏达的气势、精确的笔法全景描绘了康熙二十八年（1689 年）正月初八康熙皇帝从京师出发南巡的情景，从中可以让今天的人们直观地领略当时从永定门一直到南苑行宫的风华旧貌。

清末南苑逐渐没落，清末南苑开始兴建兵营，中国陆军第 29 军的军部曾设在南苑，1937 年 7 月 28 日，发生了南苑抗战，大批日军进攻南苑军部，副军长佟麟阁、师长赵登禹都牺牲在南苑地区。现在北京城内还有两条路专门以他们的名字命名，以此纪念抗日战争中牺牲的英烈。

作为南中轴线的端点，新的北京城市规划中以大片的森林公园为衬托，与北中轴线端点的奥林匹克公园相呼应，共同连接起新北京的中轴线。四周一望无际的平原，为将来的发展预留出了广阔的空间。

第三章　东 西 轴 线
——长安街上的建筑

一、长安街的规划建设

长安街真正意义上的规划建设是在中华人民共和国成立以后，由于其特殊的地理位置和政治形象，其整体规划几经更替，是北京乃至全国规划次数最多的一条街。长安街的每一次规划都几乎伴随着道路的不断拓宽和延展。

（一）20 世纪 50 年代

中华人民共和国成立后，由于需要建设大批中央机关办公楼，长安街规划建设提上日程。最早建长安街的设想是在 1949 年底至 1950 年初由苏联专家提出来的。计划在东单至府右街南侧和崇文门内大街西侧修建新的行政用房。当时遭到了梁思成、陈占祥的反对，他们认为沿街建设长蛇阵式的办公楼将提高人口密度，增加交通流量，车辆无处停放，且办公楼沿街与尘土噪声为伍，是欧洲式街道的落后做法，实不可取。但是，鉴于当时中央机关急于建设办公用房，而东长安街路南地区原为各国练兵场，崇文门内大街西侧为国民党统治时期修建的简易机场，是城区内不可多得的空地，于是在没有整体规划的情况下，1951 年前后在东长安街南侧相继修建了公安部、纺织部、燃料工业部（后改为煤炭部）、轻工业部和外贸部办公楼。

1953 年是第一个五年计划开始之年，在迫切需要总体规划来指导建设的情况下，北京市委成立了一个领导小组和一个规划工作组，提出了甲、乙两个城市建设总体规划方案。两个方案的规划年限均为 20 年，在城市大布局上没有原则区别，规划城市总人口为 450 万人，城市总用地 500 平方公里。发展地区东到高碑店，南到凉水河，西到永定河长辛店，北到清河镇。1953 年夏季，北京市规划小组在甲、乙两个方案的基础上提出了《改建与扩建北京市规划草案的要点》和方案图，并于当年 11 月报送中央。在中央批复的基础上，1955 年 4 月，经中央同意，市政府聘请了苏联专家工作组来京指导规划方案的继续深入和修改，并抽调人员成立了都市规划委员会。在苏联专家的指导下，都市规划委员会经过大量调查研究，并举行展览广泛听取各方面意见，对规划草案进行补充修订，提出了《北京城市建设总体规划初步方案》，1958 年 6 月以草案形式印发各单位研究执行并同时上报中央。1958 年 9 月修改方案向中央书记处做了汇报，得到原则肯定，1959 年市规划局又做了修改完善。直到 1966 年前的北京城市建设，大体上是依照这个方案进行的。

长安街道路红线宽度、断面形式是 1953 年、1958 年城市总体规划方案研究的问题之一。鉴于伦敦、东京、巴黎、纽约等一些大城市出现的交通拥挤情况，规划主张街道应该宽一些，红线定为 100～110 米。在断面形式上，由于当时正处于抗美援朝战争后期，主要从战备方面考虑，定为一块板的形式，避免阻挡长安街开阔的空间，必要时也可作为飞机跑道。在拓宽长安街时，拆除了挡在街心的双塔寺。为了在街道宽度上保留更多的余地，北京市委决定长安街上安排建筑时先由道路北侧开始，所以电报大楼、水产部办公楼和民族文化宫、民族饭店以及未建成而中途下马的西单百货大楼、科技馆等都建在长安街北侧。

经过多次改、扩建，到中华人民共和国成立 10 周年时，长安街拓展为一条通衢大道，北京城的东西轴线与南北轴线交会于天安门广场，极大地提升了北京的形象。

（二）20世纪六七十年代

20世纪60年代初，国家出现暂时经济困难，中央提出对国民经济实行"调整、巩固、充实、提高"的方针，压缩基本建设规模，长安街沿线一些已拆了房子或已进行基础建设的项目（如科技馆等）也暂时停了下来。到1964年，国民经济调整的任务已基本完成，国家建设又进入一个新的时期。北京市政府于1964年4月组织北京市规划局、北京市建筑设计院、北京工业建筑设计院、中国建筑科学研究院、清华大学、北京工业大学六个单位参加长安街改建规划方案的编制，并邀请全国知名建筑专家来京参加方案的审议。经过热烈的讨论，大家对长安街改建规划的原则取得了基本一致的看法：

第一，长安街应严肃和活泼相结合，除了安排办公楼外，可再安排一些文化和商业建筑，现有长安戏院、东单菜市场等要予以保留。

第二，长安街应该体现"庄严、美丽、现代化"的方针，沿街建筑高度以30~40米为基调，布局要有连续性、节奏性和完整性，轮廓线应简单、整齐，不要有急剧高低起伏。在适当地点，如东单、西单、复兴门和建国门，可安排几个高点。建筑轴线过多会冲淡天安门的主轴线，要从整体布局出发安排个体建筑，新华门前不宜搞大型高层建筑，要多留一些绿地。

第三，在建筑风格上，要处理好民族化与现代化的关系，要在现代化的基础上民族化，力求简洁而不烦琐，大方而不庸俗，明朗而不沉闷，要"古今中外、皆为我用"。

第四，在建筑标准上，长安街为全国、全世界所关注，建筑标准应该高一些，但也不应与人民生活水平脱离太远。北京是样板，如果弄得浮夸就会失去榜样作用。

审议会后，还留下了部分外地专家和在京单位共同编制长安街的综合规划方案，综合方案连同六单位所做的规划方案一并报送市政府。

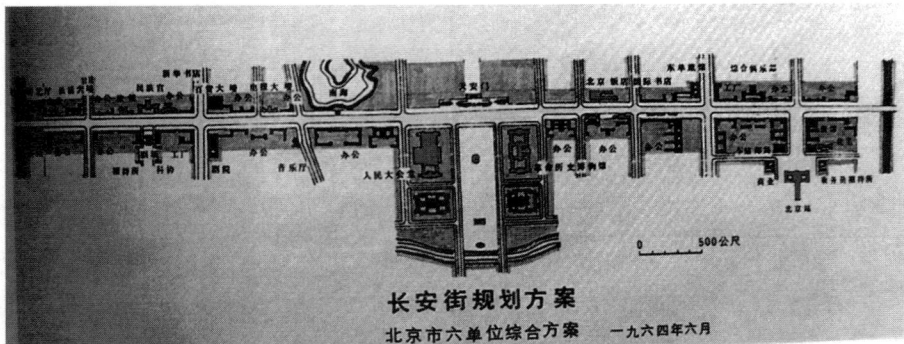

1964 年长安街规划综合方案

这个方案虽然因受"十年动乱"影响未获审批,但为以后长安街进一步规划和建设起了重要参考作用,一些思想至今仍有重要参考价值。

20 世纪 70 年代到 80 年代初期,在东西长安街及延长线上陆续建起了一批行政和公共建筑,如复兴门外的中国海洋局和中国国际贸易促进委员会办公楼,建国门外的中国海关总署大楼,东长安街的北京饭店新楼,复兴门内大街的长话大楼,建国门内大街的东单电话局、中国社会科学院以及建国门外的外交官公寓、国际俱乐部、友谊商店等,街道面貌不断发生变化。

(三) 20 世纪 80 年代

改革开放后,社会政治、经济形势飞速发展,北京的市容市貌也发生了日新月异的变化。在新形势下,北京的城市建设迫切需要编制新一轮城市总体规划,以适应新时期发展的需要。1981 年 11 月,北京市政府决定成立北京市城市规划委员会。1982 年 3 月,北京市城市规划委员会正式将《北京城市建设总体规划方案(草案)》上报市委。经市委常委会、市人大常委会讨论通过,进一步修改后的方案于 1982 年 12 月 22 日上报国务院。1983 年 7 月,中共中央、国务院原则批准了《北京城市建设总体规划方案》并做了 10 条批复,指出:"北京是全国的政治中心和文化中心。北京的城市建设和各项事业的发展，都必须服从并充分体现这一城市性质""北京是我国的首都，又是历史文化名城。北京城市建设，要反映出中华民族的历史文化、革命传统和社会主义首都的独特风貌""要继承和发扬北京的历史文化名城的传统，并力求有所创新"。1990 年，市政府颁布了 25 个街区为"历史文化保护区"，对国子监街、南池子、大栅栏、东交民巷等一批代表传统文化、民族特色与特定时代的街区提出了整体保护的要求。

　　为了适应新的建设形势的需要，进一步落实《北京城市总体规划方案》的要求，加快天安门广场和长安街的建设步伐，1984 年春，首都规划建设委员会组织了有城乡建设环境保护部建筑设计院、中国城市规划设计研究院、清华大学建筑系、北京工业大学建筑系、北京建筑工程学院建筑系、北京城市规划设计院和北京市建筑设计研究院等多个单位参加规划方案的编制，并邀请了在京城市规划、建筑设计、文物保护、雕塑艺术等各方面的专家、教授多次座谈、讨论，最后由北京城市规划院、北京市建筑设计研究院、清华大学建筑学院进行修改与综合，于 1984 年 12 月提出长安街规划综合方案。

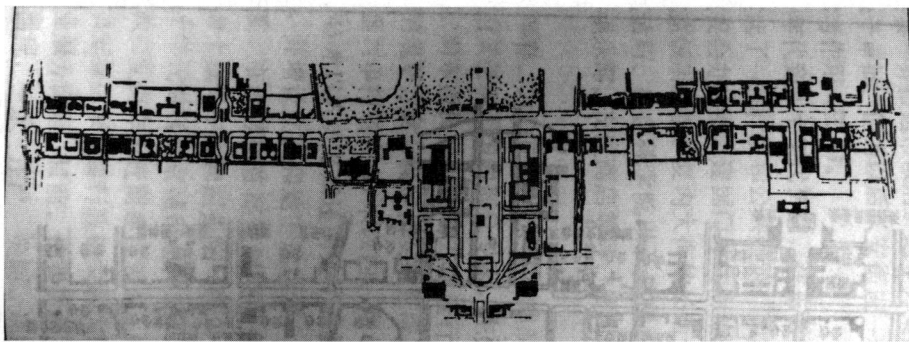

1984 年长安街规划方案

　　综合方案经首都规划建设委员会和北京市委、市政府讨论，原则同意，于 1985 年 8 月 19 日以市委、首都规划建设委员会和市政府的名义撰写的《关于天安门广场和长安街规划方案的报告》正式上报党中央、国务院。这个方案确定的规划原则是：

第一，充分体现首都是全国政治中心和文化中心的特点。主要安排党和国家的重要领导机关，重要文化设施和大型公共建筑，并要为重大集会活动创造条件。

第二，继承和发扬北京历史文化名城的优美风格和建筑艺术传统，并力求有所创新，既要"现代化"，又要"民族化"。

第三，继续保护北京旧城中心地区格局严谨、空间开阔、建筑平缓的传统风貌，严格控制新建筑高度。

第四，贯彻"庄严、美丽、现代化"的建设方针。尽量扩大绿地，植树栽花，使建筑物处在绿荫环抱之中，让街道充满阳光。建设标准应达到世界一流水平。

第五，为各方人士和广大群众提供周到、方便的服务。

第六，把各项基础设施的建设放在优先地位。

此方案的规划设想是：确定长安街红线宽 120 米；天安门广场东西宽 500 米，南北长 860 米。以旧城中轴线为天安门广场主轴，北京站前、新华门和民族宫为三条副轴；建筑高度东单至西单控制在 30 米以内，东单以东、西单以西控制在 45 米以内，保护府右街至南河沿的红墙，北部不建高大建筑；开辟成片绿地，在紫微宫、东单公园、北京饭店对面、新华门对面、西单东北角、民族宫对面以及人民大会堂、革命历史博物馆南侧开辟大块绿地，各建筑之间留出适当绿化空间，使长安街沿线及天安门广场绿地能均匀分布；天安门广场和长安街既要庄严、肃穆，又要方便群众生活、游览和休息。前门、王府井、西单是北京三大商业服务中心，与广场、长安街交会，交会处安排商业、服务业，沿街公共建筑底层向社会开放，长安街两侧辅路多设服务网点，方便群众；东单、西单、建国门、复兴门为四个交通广场。

1985 年规划设想将长安街分三段：天安门广场和府右街到南河沿为长安街中段；南河沿往东到建国门为长安街东段；府右街往西到复兴门为长安街西段。从 20 世纪 80 年代开始，北京的城市建设范围逐步扩大。1982 年，建国饭店出现在长安街的东延长线上；1988 年，中央电视台出现在长安街的西延长线上，此后在长安街延长线两侧，陆续出现了多个大体量的建筑，商业、金融类建筑开始进入长安街沿线。

（四）20世纪90年代

随着改革开放的全面展开，北京社会经济有了空前的发展。伴随着社会主义市场经济体制的确立，对首都的城市规划和建设提出了新的更高的要求，原有计划经济体制下制定的建设规划亟待调整和完善。1991年初，北京市人民政府和首都规划建设委员会决定对1983年7月党中央、国务院原则批准的北京城市建设总体规划加以修订，并责成北京城市规划设计研究院具体组织规划的修编工作。在市政府各委、办、局和中央有关单位的大力支持下，经过两年多的努力，提出了《北京城市总体规划》修订草案，经首都规划建设委员会、市委、市政府、市政协审议修改，市九届人大常委会审查通过，于1992年底报请国务院审批。

与以往各次总体规划不同，本次规划一是跨世纪的规划，规划年限为20年（1991～2010年），某些方面也考虑了21世纪中叶的发展需要；二是第一次按照市场经济体制的要求研究城市建设的方向。规划的具体内容包括：为了使城市性质体现对外开放、建设国际城市的含义，增加了将北京建设成为"世界著名古都和现代化国际城市"的目标，强调增加城市的文化内涵和全方位的对外开放；进一步明确了城市性质与发展经济的关系，提出大力发展高新技术和第三产业；实行城市建设重点要逐步从市区向远郊区转移和市区建设从外延扩展向调整改造转移的两个战略转移，调整城市的规模、结构和布局；完善历史文化名城的保护规划，明确了文物保护单位、历史文化保护区、历史城市风貌保护的具体内容，并提出建设花园式文明城市的设想；把加速城市基础设施现代化建设放在突出位置，并提出了相应对策。

修订后的总体规划报国务院后，建设部受国务院委托，组织有关部门的领导、专家对规划进行了认真评审，1993 年 10 月 6 日国务院正式批复同意修订后的《北京城市总体规划（1991 年—2010 年）》。

这个时期，长安街建设进入高速发展时期，10 年间的建设量为此前 40 年建设总量的 4 倍，长安街及其延长线两侧的建筑格局大体完成，外资及国内外金融机构入驻长安街成为潮流。建设内容以商务写字楼及配套商业娱乐设施为主，建筑形象强调时代感和商业经营目的，使得长安街政治文化的形象定位受到商业经济的冲击。

1998 年，为迎接中华人民共和国成立 50 周年大庆，市委、市政府决定对长安街及其延长线进行全面整顿。1998 年 9 月，市政府发布了《迎接建国 50 周年全面整顿长安街及其延长线实施方案》，经过近一年的时间，1999 年国庆前夕全面完成了整顿工作，长安街及其延长线的面貌为之一新，特别是道路交通面貌、环境景观、照明系统的变化非常显著。

（五）21 世纪以来

进入 21 世纪后，1992 年的城市总体规划中确定的发展目标大多已提前实现。新时期、新形势下的城市发展又出现了一些新情况、新问题。特别是北京面临着承办 2008 年夏季奥运会的重任，还要按照中共中央、国务院的要求在全国率先实现现代化，因此迫切需要从战略性、全局性角度寻求解决问题的新途径、新办法。2002 年 5 月，中共北京市第九次代表大会提出了修编《北京城市总体规划》的任务。在市领导的直接组织下，召开了多次专题会议进行研究，确定了"政府组织、专家领衔、部门合作、公众参与、科学决策"的组织指导原则和工作方针。由中国城市规划设计研究院、北京城市规划设计研究院和清华大学三家承担，并采取中央部门参与、北京市（区、县）部门参与、中外专家参与、广大群众参与的方式，广泛听取各方面的意见建议，同时还与天津市、河北省及周边城市进行了充分沟通。国家建设部全过程参与组织协调。

　　本次修编的《总体规划》突出了五个原则：一是突出了"四个服务"的原则，即为中央党政军领导机关服务，为日益扩大的国际交往服务，为国家教育、科技、文化和卫生事业的发展服务，为市民的工作和生活服务；二是突出了"五个统筹"的原则，即统筹城乡发展、统筹区域发展、统筹经济与社会发展、统筹人与自然和谐发展、统筹国内改革和对外开放的综合发展；三是突出了城市规划的宏观调控和综合协调原则，在城市发展中突出政府社会管理和公共服务职能，高度重视科技、教育、文化、卫生、体育、社会福利等社会事业的发展；四是突出了尊重历史和文化的原则，在把握先进文化的前提下，保护古都的历史风貌，弘扬民族精神，全面展示北京的文化内涵，形成融历史文化和现代文明于一体的城市风格和城市魅力；五是突出了建设资源节约和生态保护型社会的原则，正确处理好经济建设与人口增长的关系、城市快速发展与保护资源环境的关系，充分考虑资源与环境的承载能力，实现城市的可持续发展。2004年11月《北京城市总体规划》编制工作顺利完成，按照法定程序经市人大审议通过后，正式上报国务院审批。2005年1月12日，《北京城市总体规划（2004年—2020年）》经国务院第77次常务会议审议通过。

　　伴随着城市总体规划的落实，长安街的规划建设也进入提高完善期。这一时期，长安街东西两侧的北京商务中心区（简称CBD）和金融街分别完成了规划建设任务。作为北京市第一个大规模、整体定向开发的高端金融产业功能区，金融街已经成为首都金融主中心和国家的金融管理中心；而CBD则是汇集了摩托罗拉、惠普、三星、德意志银行等众多世界500强企业中国总部所在地，也是中央电视台、北京电视台这些传媒企业的新址所在地，更是国内众多金融、保险、地产、网络等高端企业的所在地，是财富的聚焦点，代表着时尚前沿的CBD是无数中小企业创业和成长的摇篮。长安街将这两个代表着北京高端产业的核心区域连接在一起，并伴随着它们的成长而不断展现出其现代化的风貌。长安街就像一面镜子，它的巨变形象地展现着中华人民共和国成立以来发展积累的蓬勃活力。

为进一步提升长安街的环境品质、迎接中华人民共和国成立 60 周年庆典，北京市总结了奥运会环境整治的成果与经验，于 2009 年初开始对长安街进行综合整治，包括路面大修和景观提升两大项工作。与此同时，北京市市政市容管理委员会开始组织编制"迎接 60 周年大庆提升长安街环境景观工作"的规划，涵盖庆典景观、建筑界面、园林绿化等 9 项内容。此次编制的长安街整治规划，遵循了"以人为本，方便通行；规制齐整，简约宜人；尊重现状，适量递减；经济适用，美观大方"的原则。无论是改造还是新增的设施，其选型和设计主要强调满足使用功能和人性化设计，例如电话亭、信息亭等设施从长安街的安全性、使用便利性考虑采取了通透的设计方案。另外，在设施细节上，设计融入了中国传统符号，展现了长安街和北京的传统文化特色。此次规划的编制工期紧、任务重、标准高，而在规划实施的工作开展中，更是对工程的系统性、灵活性、精确性、各部门协同工作能力等各方面都提出了很高的要求。而且，在这次长安街的改造过程中更加强调兼顾经济适用性与文化艺术性两个方面。经过整治，如今的长安街已经成为人们领略古今北京风貌的绝佳之地。

二、东长安街及其延长线上的建筑

长安街是一条横贯东西、气势雄伟、具有重大历史意义的中枢大街，东西长安街仿佛一双巨臂，从天安门广场伸向远方。在这条大街上，集中了众多的党政机关、金融机构、文化设施、纪念建筑等大型公共建筑，是中国政治和文化的形象代表，那些不同时期、不同风格的建筑，默默地见证着中国的过去、现在和未来。

坐落在长安街两侧的几十座建筑凭借鲜明的时代印记及其包含的社会主题，见证了北京城历史的时代变迁，因此长安街也被称为"建筑博物馆"。从天安门到建国门的东长安街上，集中了公安部、商务部、交通运输部、中国海关总署、中华全国妇女联合会、中国纺织工业联合会等行政办公机构；贵宾楼饭店、北京饭店、东方广场、国际饭店、新闻大厦酒店、恒基大厦、中粮广场等商贸设施；北京火车站作为首都最重要的铁路枢纽之一，每天运送成千上万的乘客；还有中国社会科学院、长安大戏院、东单体育中心、东单公园、菖蒲河公园等文化和艺术场所，以及古观象台、王府井古人类遗址、皇史宬、于谦祠等文物古迹。在从建国门到通州的东长安街延长线上，更多、更新的建筑拔地而起，标志着长安街日益走向现代化。

（一）党政机关

1. 公安部

公安部办公大楼位于天安门广场东侧，与天安门城楼、人民大会堂相映生辉，体现了古老建筑与现代艺术的完美结合，是天安门地区标志性建筑之一。

1950 年 4 月，北京市军管会收回了位于东长安街 4 号的一座英国兵营，准备拨给公安部办公使用。这个英国兵营是八国联军占领北京后向清朝政府强迫征用的，北临长安街，南面接近东交民巷、东面毗邻英国驻华使馆、西面是当时的公安街，面向长安街的围墙上还留有作战用的枪洞。公安部接收了这座兵营后，充分利用了当时的房屋办公。此后，先后建造了大礼堂、办公楼等。1958 年，北京市政府另辟使馆区后，英国使馆迁走。公安部办公区逐渐向东扩展到御河桥，形成了现在的办公区域。

随着时代的发展，公安部办公大楼已经改变了原来的面貌，建成了功能齐备、智能化程度高、科技含量高的现代化办公场所。大楼坐北朝南，东西对称，在外观设计方面为了能够更好与天安门周围建筑相协调，外立面造型取自"盛世之鼎"的创意，三门四柱式的总体建筑风格；门头警徽浮雕采用整块石材，庄重威严。中国古典建筑的传统元素在这里得到了精致的体现和拓展，充分展现了传统与现代的相互包容、力与美的和谐统一，文化元素与实用功能相得益彰。种植屋面绿化层次丰富，环境宜人，隔热降尘，既减少了能源的消耗又能改善顶层办公室的办公环境；楼顶设有直升机停机坪，可起降直升机，应对各种突发紧急事件。

公安部办公楼美观大方，庄严肃穆，沉稳内敛而不凝滞，简洁明快而不失典雅，先后获得了"结构长城杯"金奖和"国家优质工程鲁班奖"等多项荣誉。

2. 商务部

商务部办公大楼位于东长安街南侧，与东方广场隔街相对，周边还有北京饭店、东单体育中心等。1949 年 11 月，根据《中央人民政府组织法》，在原华北人民政府工商部及中央商业处的基础上成立了中央贸易部。随着国内外贸易的飞跃发展，为了加强对外贸易、减轻贸易部的工作，更有力地开展国内和国外贸易工作，成立了中央人民政府对外贸易部和中央人民政府商业部，中央贸易部于 1952 年 9 月撤销。对外贸易部作为中国政府主管对外贸易的行政机构，行使管理职能。1982 年 3 月，对外贸易部、对外经济联络部、国家进出口管理委员会、国家外国投资管理委员会合并，成立对外经济贸易部。1993 年 3 月 16 日，第八届全国人民代表大会第一次会议决定，对外经济贸易部更名为对外贸易经济合作部。2003 年 3 月，根据第十届全国人民代表大会第一次会议批准的国务院机构改革方案和《国务院关于机构设置的通知》，组建了商务部，成为主管国内外贸易和国际经济合作的国务院组成部门。

中华人民共和国成立初期，中央贸易部曾修建了两座中式仿古建筑作为办公用房，后几经改造，于 20 世纪 90 年代初兴建了办公大楼，大楼主体由三座板式高层建筑并排组成，总建筑面积 54 148 平方米，分两期建成竣工。一期工程为东楼（17 000 平方米），二期工程为中楼（24 848 平方米）和西楼（12 300 平方米）。随着光阴的变迁，长安街发生了巨大的变化，原来的办公楼从内部功能和外部形象上都已经落后于时代的发展，为了展现出国家级政府重要职能部门的精神气质并与长安街的发展脉搏和谐呼应，商务部办公楼的改扩建工程提上了日程。

2006 年商务部办公楼改扩建工程竣工，突出了商务部作为国家行政机关的社会形象，保留了原有的立面格局，将办公楼原有的立面化零碎为完整，以大气洗练的手笔突出了稳重、庄严的建筑风格，使得 200 多米长的新办公大楼矗立在长安街旁显得沉稳大气、厚重质朴。

3. 交通运输部

交通运输部办公楼位于建国门内大街北侧，1994 年建成（当时为交通部办公楼）。

从 1949 年中华人民共和国政府机构正式设立至今，虽然各部委机构几经整合，但交通部一直作为一个独立的部委没有大的变化。2008 年 3 月，为了配合政府职能转变和理顺部门职责关系，国务院着手实施了新一轮的机构改革。原交通部、中国民用航空总局、国家邮政总局等机构合并成立了交通运输部，主要负责铁路、公路、高速公路、航运、港口、城市客运、民航等工作。2013 年 3 月，铁道部被撤销，其行政职责被划入交通运输部及其下辖的新组建的国家铁路局，企业职责被划入新组建的中国铁路总公司。

交通运输部办公楼建筑面积 47 261 平方米，地下 3 层，地上 12 层，平面略呈"山"字形。建筑设计带有传统风格，正立面设通高群柱，平屋顶作挑檐和小坡檐，其上有 2 座咖啡色攒尖顶。办公楼外立面以大面积的烟色墙面和立柱匹配，体现出一种沉稳的气派。正门以赭红色大理石镶成厚重的装饰框面，虽然并不华贵，但却十分端庄，与政府办公机构的职能非常吻合。

4. 中国海关总署

中国海关已经有 3 000 多年历史，源远流长。从西周时期出现关卡，至清代前期正式设立的闽、粤、浙、江沿海四海关；从鸦片战争后被列强控制实权沦为半殖民地海关到 1949 年 10 月中华人民共和国海关成立，中国海关从一个侧面见证了中华民族的兴衰浮沉。

中国海关是国家进出境监督管理机关，基本任务是出入境监管、征税、打击走私，对外承担税收征管、通关监管、保税监管、进出口统计、海关稽查、口岸管理等主要职责。海关总署是国务院直属机构，统一管理全国海关。

位于东长安街南侧的中国海关大楼是国家海关总署和北京海关合用的办公大楼，1990年竣工。建筑面积27 033平方米，大楼坐南朝北，东西长115米，地下2层、地上12层，为两座塔楼，在第11、第12层将两座楼连接在一起，上面镶嵌着"中国海关"4个金色大字。两幢塔楼顶部为具有传统建筑风格的方形顶亭，饰以深棕色琉璃瓦，亭四周为箭垛式女儿墙。整幢建筑立面呈"门"字形，象征着中国的大门向世界开放。

2010年2月，中国海关博物馆建设项目正式开工建设。中国海关博物馆位于建国门内大街古观象台的西侧，东至小羊毛胡同，西至柳罐胡同，南至大羊毛胡同，北至建国门内大街。2014年3月30日正式向社会开放。馆内有藏品32 000余件。海关博物馆的建成为首都增添了一处新的人文景观，成为展示中国海关历史沿革的平台、对外交流的窗口、开展爱国主义教育和海关职业素质培训的基地，同时也为研究中国近代史提供了新的视角。

（二）商贸设施

1. 北京贵宾楼饭店

北京贵宾楼饭店地处紫禁城东侧旧皇城内，毗邻故宫、天安门广场和王府井商业街。只要登上贵宾楼顶楼平台远眺，皇城的巍峨全貌一览无余，紫禁城金色的琉璃瓦顶在阳光下熠熠生辉，俯视繁华的王府井和长安街，车水马龙交会成国际大都会迅疾的节奏，使人感受着既古老又现代的中国脉搏。

北京贵宾楼饭店是首都旅游集团与香港著名爱国人士、全国政协副主席霍英东博士合资建造的五星级酒店，作为世界一流酒店，贵宾楼以独一无二的地理位置、古色古香的硬件设施和细致入微的个性服务取胜，得到了社会各界的肯定和好评。

贵宾楼饭店

贵宾楼饭店是一座中西合璧、古典与现代完美融合的建筑，也成为中西文化的特殊载体。进入一层大厅，首先映入眼帘的是玉石镶嵌的国画"群仙祝寿图"牙雕"长城万里图""京剧脸谱"……宛如漫游在中华民族的悠久而灿烂的文化长河中。沿着圆柱楼梯盘旋拾级而上，进红墙咖啡厅，15根精美、璀璨的黑色大理石圆柱托起宽敞的玻璃幕墙，视野尽处是一抹红色的宫墙烘托着四柱七楼式的金碧牌楼；与另一侧婀娜多姿的菖蒲河倒映着的金瓦红墙相映成趣。三层上的花园大厅，以两根直径1.8米的白色立柱撑起25米高的玻璃弯顶，四周的眺台栏杆层层叠叠，如瀑布从天而降，气势恢宏。北侧是罗马风格的12生肖石雕，以汉白玉精雕细刻而成。这一设计灵感源于被毁的圆明园，再现了大水法的12生肖喷泉。这也可以说是中外文化的大碰撞。

贵宾楼饭店内所有的陈设都充满了中国情调，布局别致，幽雅舒适，客房全部采用花梨木家具，配以古典字画，体现东方文化的精髓，曾经成功地接待了美国前总统布什、英国前首相撒切尔夫人、德国前总理科尔、美国前国务卿基辛格、日本前首相海部俊树等国宾和许多国际重要代表团。中国国家领导人和政府官员多次到贵宾楼视察和参加国事活动。可以说，贵宾楼饭店是北京也是中国对外展示改革开放巨大成就的一个窗口。

2. 北京饭店

北京饭店位于东长安街与王府井商业街交会处，这座与世纪同龄的百年建筑屹立在人们眼帘之中，它博大而辉煌的外观深深地吸引了无数过往的人们驻足欣赏，这就是"百年老店"——北京饭店。它与近代多苦多难的中国荣辱与共，它经历过中国近代史的百年风雨洗礼，它见证了一个世纪以来中国的翻天巨变。

1900 年冬天，两个法国人在崇文门大街苏州胡同南路口开了个小酒馆，第二年酒馆搬到了东单，正式挂上了"北京饭店"的牌号，此时饭店由一个意大利人经营。1903 年，北京饭店再度迁址到王府井南口，也就是现在的地址。1907 年，中法实业银行接管北京饭店，饭店扩建为 5 层的大楼，10 年后又新建了一幢 7 层的大楼。北京饭店从建筑风格到内部设施都属一流，雄踞京城。

北京饭店藏有历代名画数千件，艺术大师齐白石曾专为北京饭店作画《和平万世》，立意、构图新奇别致，表达了热爱和平的美好愿望，赢得了各国朋友的喜爱。北京饭店还收藏了白石大师茶花、梅花、荷花、山水等多幅炉火纯青的画作。工笔花鸟画家于非闇的《木笔山鹩图》巧夺天工，潘天寿的《小憩》别开生面，还有徐悲鸿的马，关山月的梅花……数不胜数，无不妙笔生花，神韵天成，是不可多得的名家真迹，具有极高的艺术价值，也唯有经历了百年岁月沧桑的北京饭店才有如此深厚的文化积淀。

1949 年，北平解放，北京饭店成为中华人民共和国国务活动和外事接待的重要场所。10 月 1 日，中华人民共和国成立，在北京饭店大厅里，盛大的开国第一宴隆重举行，共和国成立的喜悦永远地铭刻在了北京饭店的史册中。从中华人民共和国成立到 20 世纪 60 年代末期，历次国庆宴会都是在北京饭店举行的。按照周恩来的指示，北京饭店于1954年和1974年分别进行了两次扩建，先后建起了西侧大楼和新东楼。1984年5月6日，邓小平为饭店题写了"北京饭店"店名，高悬于饭店前厅楼上。1998～2001年，北京饭店进行了大规模的更新改造，达到国际五星级酒店标准。2001年2月19日，国际奥委会评估团一行入住北京饭店，他们详细考察了北京申办奥运会的各项准备条件，而北京饭店的服务质量和硬件条件直接影响着申奥的成败。2001年7月13日，北京申奥成功，这与各方面的努力是分不开的，其中也有北京饭店全体员工的一份功劳。

北京饭店留下了许多百年风云人物的足迹，如第一次世界大战英法联军总司令福煦、英国作家萧伯纳、印度诗人泰戈尔等，饭店至今还保留着孙中山先生在1925年住过的房间，张学良、冯玉祥、李宗仁等也曾先后下榻北京饭店。北京饭店接待了第六届世界大城市首脑会议、中非合作论坛、亚太经合组织高官会议、国际奥委会综合评估团等无数大型国际会议和国际组织，接待了美国前总统布什、埃及总统穆巴拉克、澳大利亚总理霍华德等数十位国家元首、首脑或要人。2001年6月，世界三大男高音帕瓦罗第、多明戈、卡雷拉斯下榻北京饭店，演绎世纪之声，余音绕梁，永远回旋在人们记忆的深处。2005年，全世界关注的国民党主席连战一行访问大陆，也下榻北京饭店。

与世纪同行的北京饭店历经百年沧桑后，如今正一如既往地肩负着时代赋予的使命和责任继续见证时代前行的步伐。

3. 长安俱乐部

长安俱乐部位于东长安街南侧、北京饭店中楼对面，1993年开工建设，1996年建成，建筑面积24 464平方米，地下4层，地上9层，是一座集商业、文化、健身、娱乐、餐饮、办公为一体的综合性建筑。为了与长安街周边建筑协调，该建筑采用白色的墙、柱与深蓝色的玻璃幕墙，色彩上形成了强烈的对比，在建筑形式上既保留了一定的中国传统特色，又富有时代感。

自 1996 年 10 月开业以来，长安俱乐部以其高贵典雅的环境、精致的美食和周到的服务享誉京城。雍容、华贵、大气的宫廷风格是长安俱乐部给人的第一印象。价值不菲的紫檀木屏风、摆件等藏品在俱乐部里随处可见。俱乐部里还有餐厅、酒吧、图书室等，康乐设施有游泳池、电影放映厅、乒乓球馆、保龄球馆、壁球馆和两个室内网球场等。许多国内外知名企业家都加入了长安俱乐部，并将其作为宴请宾朋、商务酬酢之地。

4. 东方广场

东方广场位于东长安街北侧王府井大街与东单北大街之间，北临东单三条协和医院，总占地 11 万平方米，总建筑面积约 100 万平方米，是迄今国内最大的综合性民用建筑。由 13 栋大楼和 1 栋地下送变电站组成。

东方广场的建设计划始于 1993 年，1994 年 11 月破土动工，1995 年停工。1997 年 7 月复工，1999 年 2 月结构封顶，同年 9 月完成外饰面。2000 年 9 月商场及位于西回迁楼西部的新华书店开始营业。

东方广场地块上原有的几十个单位和约 8 000 户居民用半年时间完成拆除、拆迁，其中包括 20 世纪 70 年代京城最著名的四大菜市场之一——东单菜市场（其余为西单菜市场、朝内菜市场、崇文门菜市场），往西依次是东单邮电局、外贸部招待所、外贸运输公司、北京青年艺术剧场、北京儿童电影院、人民邮电出版社和最早的中国民航办公楼，另外还有历史悠久的新华书店。1992 年 4 月，国内第一家麦当劳快餐厅也是在这里（王府井大街南口）开业，它是当时世界上最大的麦当劳餐厅。

当年的东单菜市场是京城四大菜市场中建成时间较早的一座，门牌为东长安街 1 号（今东方广场东方新天地东部位置），原名东单牌楼菜市，位于东长安街的东单路口西北、东单二条胡同南。它的历史可以追溯至 100 年前，当时临近"使馆区"的东单菜市场因为多服务于周边的外国人，是京城的"高档购物中心"，由法国人管理。1916 年，北洋政府投资 1.14 万元（兑换券）建成铁棚式菜市，名为东单菜市场，又称东菜市。中华人民共和国成立后，这里改为国营"东单菜市场"。1958 年扩宽东长安街时，把菜市场翻建成永久建筑。"东单菜市场"的匾额是由郭沫若题写的。

5. 国际饭店

国际饭店位于北京站街北口，于 1987 年建成并开始营业。风格迥异的各式客房集豪华与古朴、典雅与辉煌为一体，展现了东西方文明的不同侧面。饭店毗邻交通运输部、国家旅游局、中华全国妇女联合会、中国海关总署等国家机关，与各国驻华使馆和各跨国公司中国区办事处近在咫尺。

国际饭店是一幢醒目的乳白色大厦，主楼高 104.4 米，建筑总面积 12.6 万平方米。大厦主体为三叉形，三条 38.7 米的半径曲面与垂直面、斜面巧妙地结合在一起，构成三足鼎立。"拥抱型"的外形设计犹如张开的双臂，向人们敞开胸怀。大厦以白色和深棕色为主色调，白色象征纯洁，棕色寓意古朴。建筑造型设计打破了"火柴盒"模式，以大弧形墙面显示出现代化的气息。位于 28 层的星光旋转餐厅是北京市中心最高的、也是当时唯一的旋转餐厅，在这里人们可以俯瞰京城迷人的景色，感受北京日新月异的变化。

（三）文化设施

1. 中国社会科学院

中国社会科学院位于建国门内大街路北，是中国哲学社会科学研究的最高学术机构和综合研究中心。1977 年 5 月在中国科学院哲学社会科学学部的基础上建立。

哲学社会科学是认识世界、改造世界的重要工具，一个民族要走在时代前列，不能没有繁荣发展的哲学社会科学。1955 年 6 月，以毛泽东为核心的第一代中央领导集体以高瞻远瞩的战略眼光决定成立中国科学院哲学社会科学学部，近代史研究所、经济研究所、哲学研究所等研究机构相继成立，范文澜、金岳霖、郑振铎、吕叔湘、冯至、于光远、孙冶方、夏鼐、何其芳、顾颉刚、俞平伯、钱钟书等学贯中西的学术大家云集哲学社会科学部，中华人民共和国哲学社会科学百花园气象万千、盛极一时。范文澜、蔡美彪的《中国通史》，吕叔湘、丁声树主编的《现代汉语词典》，侯外庐等撰写的《中国思想通史》，沈从文的《中国古代服饰研究》，钱钟书的《管锥编》，黄宝生等翻译的印度史诗《摩诃婆罗多》等学术领域的扛鼎之作影响了几代人，至今仍散发着恒久的智慧和魅力。

1977 年 5 月 7 日，中共中央批准哲学社会科学学部于 4 月 5 日递交的《关于哲学社会科学学部改变名称的请示报告》，决定"中国科学院哲学社会科学学部"改名为"中国社会科学院"，胡乔木任院长。20 世纪 90 年代，江泽民为中国社会科学院题词，要求把中国社会科学院建设成为马克思主义的坚强阵地；2002 年，他亲临中国社会科学院考察工作，并进一步明确了哲学社会科学界的五项职责——认识世界、传承文明、创新理论、资政育人和服务社会。中共十六大以来，以胡锦涛为总书记的党中央十分关心和支持中国社会科学院的发展，强调中国社会科学院要成为党中央、国务院重要的"思想库"和"智囊团"。

2017 年 5 月 17 日，在中国社会科学院建院 40 周年之际，习近平总书记专门发来贺信，并作出重要指示："希望中国社会科学院的同志们和广大哲学社会科学工作者，紧紧围绕坚持和发展中国特色社会主义，坚持马克思主义指导地位，贯彻'百花齐放、百家争鸣'方针，坚持为人民做学问理念，以研究我国改革发展稳定重大理论和实践问题为主攻方向，立时代潮头，通古今变化，发思想先声，繁荣中国学术，发展中国理论，传播中国思想，努力为发展 21 世纪马克思主义、当代中国马克思主义，构建中国特色哲学社会科学学科体系、学术体系、话语体系，增强我国哲学社会科学国际影响力作出新的更大的贡献！"① 这充分体现了以习近平同志为核心的党中央对中国社会科学院、对全国哲学社会科学界的高度重视。

---

① 《习近平致中国社会科学院建院 40 周年的贺信》，载《人民日报》2017 年 5 月 18 日。

作为党中央直接领导的国家哲学社会科学研究机构，中国社会科学院自成立之日起，就与中国改革发展同步，担负起理论和思想建设的历史重任，系统研究马克思主义中国化的最新成果，致力于重大现实问题研究，积极开展中华文化传承和学科基础建设，并培养出一支高素质的科研人才队伍。目前，中国社会科学院已拥有文史哲学部、经济学部、社会政法学部、国际研究学部、马克思主义研究学部五大学部，三十多个实体研究机构，研究范围覆盖哲学、文学、语言学、历史学、经济学、政治学、法学、社会学、新闻传播学以及民族、宗教、国际研究等诸多领域，建立起了门类齐全、布局合理的学科体系，推出了大批高质量的学术研究成果，出版了数以万计的学术著作以及大量的论文、研究报告，为繁荣我国哲学社会科学事业、推动改革开放和社会主义现代化作出了重要贡献。

中国社会科学院

2. 长安大戏院

长安大戏院始建于 1937 年，原址位于西单路口，是京都著名的日升大杠房的一个仓库，后因萧条停业，转让给北京著名票友杨守一，经一年多兴建，长安大戏院于 1937 年 2 月 1 日举行了开幕典礼。首场由著名京剧演员奚啸伯主演《失街亭》，胡菊琴主演《玉堂春》，压轴戏是金少山主演的《白良关》。中华人民共和国成立前，北京没有专门的话剧剧场，长安大戏院是上演话剧最多的剧场。名剧《日出》《赛金花》《茶花女》《复活》《秋海棠》等话剧都在这里演出过。著名演员白杨、张瑞芳、舒绣文、李景波、项鲲、谢添等都曾在这里登台献艺。1950 年，毛泽东、周恩来等中央领导在这里欣赏了李少春、叶盛章演的《三岔口》，梅兰芳、刘连荣的《霸王别姬》。此后，许多老一辈戏剧艺术家在这里上演了直到现在还让人津津乐道的经典曲目。

1996 年 9 月，长安大戏院易地新建，现址位于东长安街北侧光华长安大厦内，成为长安街上一座高档、豪华、舒适的现代化剧场。新建的长安大戏院将古典风格与现代建筑艺术的完美结合，深具明清风格，配以经典的红木桌、豪华的贵宾席和舒适的软椅，可容纳 800 余名观众。长安大戏院以上演经典剧目为主，其多功能的舞台（升降、旋转、车台、伸缩台）和先进的音响及灯光设备均由计算机控制，能够胜任各门类艺术形式的演出。

长安大戏院最大的一个特色就是让异域的旅游者能理解、欣赏京剧，长安大戏院与京剧院等演出单位联手合作，编排了更适合旅游者观看的整台旅游京剧。这些京剧都是经过编剧、导演精心编排的，尽可能包容了京剧艺术的各个行当，但又让观众能看懂。而且有与演唱同步的中英文字幕，可以使观众对剧情有充分的了解。长安大戏院每晚的旅游京剧专场可以说是京城一景。

除了每晚的旅游京剧专场外，长安大戏院每逢周六、周日下午还上演传统京剧。其中具有代表性的剧目有《龙凤呈祥》《凤还巢》《锁麟囊》《金龟记》《大保国·探皇陵·二进宫》《四郎探母》《赵氏孤儿》等。一大批知名演员如李世济、李维康、于魁智、孟广禄、李胜素、张学津、赵葆秀、王蓉蓉等纷纷登台亮相。一些老的戏曲艺术家在逢年过节的喜庆之日也前来助兴，使长安大戏院真正成为戏剧界的一个大家庭、大舞台，也使其真正成为一座现代化的艺术殿堂。

长安大戏院

3. 菖蒲河公园

北京菖蒲河公园位于天安门东侧，于 2002 年 9 月开放。菖蒲河系明清皇城中外金水河的东段（清代称长安左门以东的一段外金水河为菖蒲河），是皇城水系组成部分，又名外金水河，因河中生长菖蒲而得名。河由西苑中海太液池南端流出，折向东南，经过天安门前，再沿皇城南墙北侧向东汇入御河，全长 510 米。菖蒲河既是西苑三海的出水道，也是紫禁城筒子河向南穿过太庙的出水道。

20 世纪六七十年代，菖蒲河填平河沟，改为街道，但倚皇城和太庙、皇史宬红墙而建的简陋民房严重影响文物安全，填平河道使重要的历史遗迹被淹没。2002 年，东城区斥资全部搬迁河道两侧居民，拆平后挖出菖蒲河故道，恢复了水面，重建了天妃闸，亮出了南皇城和太庙、皇史宬红墙，将这里建设成一处依托历史遗址，富有古典风格的城市园林。总占地面积 3.8 万平方米，河道全长 510 米，水面宽 12 米，水深 1.5～2 米，与天安门前的金水河连通。四座形态各异的人行桥横跨河道之上，河边保留有 60 余株古树，并新种植了大量花草和树木。

公园有"菖蒲迎春""天妃闸影""红墙怀古""凌虚飞虹"等景点。2003 年在园内建成了皇城艺术馆。"菖蒲迎春"位于公园东入口处，有 6 块高 3.5 米、宽 1.5 米的花岗岩组成的石屏风，用中国花鸟画的构图和传统的透雕手法，展现出一年四季各种花木禽鸟的画景。屏风前面还有用不锈钢精心锻造的"菖蒲球"造型。

菖蒲迎春

"天妃闸"是明清时菖蒲河汇入御河的一道闸门。重建的天妃闸由青铜铸造，两个巨型龙头口衔仿木闸板，古朴沧桑，配以石雕装饰，与清澈的河水共同构成了一处富有历史文化内涵的景观艺术景观。"红墙怀古"位于公园南侧，红墙原为明、清皇城的南墙，墙前安放了一块高 2 米、宽 7 米、厚 4.5 米、重 60 吨的山型景观石，取名"五岳独尊"，配有白色花岗岩须弥座。"凌虚飞虹"取材于明代东苑的凌虚亭和飞虹桥，凌虚亭是公园的最高点，飞虹桥采取传统的单拱石桥造型，像一条玉带横跨桥上。"天趣园"是花鸟虫鱼馆，园中的数百只观赏鸽是鸽中精品，部分已濒临绝种。

（四）文物古迹

东长安街现存的文物古迹数量较少，除古观象台现在作为文化教育基地成为展览馆外，其余均成为办公、经济场所或闲置。在长安街北侧 200 米的南池子大街东侧，还有中国现存最完整的皇家档案库——皇史宬，也是全国重点文物保护单位。

1. 古观象台

古观象台位于建国门立交桥西南角，台体高约 14 米，台顶南北长 20.4 米，东西长 23.9 米。始建于明代正统年间，至今已用于天文观测 500 余年，是现存古观象台中保持连续观测最悠久的，是世界上现存最古老的天文台之一，同时也是我国明清两代的皇家天文台，它以建筑完整、仪器配套齐全、历史悠久和在东西方文化交流中的独特地位而闻名于世。

早在元至元十六年（1279 年），天文学家王恂、郭守敬等就在今建国门观象台北侧建立了一座司天台，成为北京古观象台最早的溯源。明朝建立后，于明正统七年（1442 年）在元大都城墙东南角楼旧址上修建观星台，放置了浑仪、简仪、浑象等天文仪器，并在城墙下建紫微殿等房屋，后又增修晷影堂。此时观星台和其附属建筑群已颇具规模。

1644 年清政权建立之后，改观星台为观象台，并接受汤若望的建议，改用欧洲天文学的方法计算历书。1669～1674 年，由康熙皇帝授命，南怀仁设计和监造了 6 架新的天文仪器：赤道经纬仪、黄道经纬仪、地平经仪、象限仪、纪限仪和天体仪。康熙五十四年（1715 年）纪理安设计制造了地平经纬仪。乾隆九年（1744 年），乾隆皇帝又下令按照中国传统的浑仪再造一架新的仪器，命名为玑衡抚辰仪。至此，我们今天所看到的 8 件古代天文仪器都已装备完毕。

黄道经纬仪

1900 年八国联军侵入北京，德、法两国侵略者曾把这 8 件仪器连同台下的浑仪、简仪平分，各劫走 5 件。法国将仪器运至法国驻华大使馆，后在 1902 年归还。德国则将仪器运至波茨坦离宫展出，在第一次世界大战后，根据凡尔赛和约规定，于 1921 年装运回国，重新安置在观象台上。

1911 年辛亥革命后，观象台改名为中央观象台，1927 年，紫金山天文台筹建后，古观象台不再作观测研究，于 1929 年改为国立天文陈列馆。1931 年"九·一八"事变后，日本侵略者进逼北京，为保护文物，国民政府将置于台下的浑仪、简仪、漏壶等 7 件仪器运往南京。现在这 7 架仪器分别陈列于紫金山天文台和南京博物院。

中华人民共和国成立后，北京古观象台于 1982 年被列为全国重点文物保护单位，并于 1983 年重新对外开放，在国内外享有极高的声誉。许多国家的政府首脑、高级官员和科学界同行如英国首相布莱尔、比利时首相伏斯达等都曾慕名前来参观考察。1998 年时任葡萄牙总理的安东尼奥·古特雷斯来此参观，对古观象台珍贵的天文文物大为赞叹。他也曾参观过英国格林尼治天文台，但他认为相比之下，北京古观象台环境优雅，文物保存更为完好。

纵观世界古天文台，有的只有遗址而无天文仪器，有的则随着科学技术的进步，仪器被不断更新，旧仪器没有和天文台一起呈现出来。而北京古观象台则不同，无论是历史建筑还是古代天文仪器都相对完整地保存了下来，这实属世界罕见。今天，回望古观象台这座古朴的建筑，虽历经沧桑却仍充满活力，并未在历史的长河中沉沦，而是迸发出了新的时代意义。不论是西方科学传入中国，还是中国文化传入欧洲，北京古观象台在历史上都起到了桥梁的作用。北京古观象台作为中西文化交流的重要历史见证，作为中西文化的会通之所，有着不可磨灭的历史价值。

2. 皇史宬

皇史宬始建于明嘉靖十三年（1534 年），初建时称"神御阁"，嘉靖十五年（1536 年）竣工后，敕赐名"皇史宬"。皇史宬是中国明清两代的皇家档案馆，又称表章库，位于北京天安门东边的南池子大街南口。

中国早在秦、汉时期，就有"金匮石室"的制度。《汉书·高帝纪下》记载："与功臣刻符作誓，丹书铁券，金匮石室，藏之宗庙。"所谓"金匮"，即是铜制的柜子；所谓"石室"，就是用石头砌筑的房子，其目的均是为了防火，让其保存的珍贵档案能永久地保存下去。尔后历代档案库，均因袭秦、汉旧制，而又各有所发展，保存各朝皇帝的"实录""圣训""玉牒"之类的皇家档案。皇史宬的建造，最早源于明朝内阁大学士丘浚给皇帝的上疏。早在明弘治五年（1492 年），丘浚就曾奏陈皇帝，提出应收集整理历代的经籍图书，立为案卷保存，以备"今世赖之以知古，后世赖之以知今"。对建设什么样的库房保存这些图籍，他建议：仿照中国古代"金匮石室"之意，在紫禁城文渊阁附近，建造一所不用木植，全用砖石垒砌的重楼，上层用铜柜存放各朝皇帝的实录和国家大事文书，下层用铁柜保藏皇帝的诏册、制诰、敕书及内务府中所藏可用于编修全史的文书。他的这一建议，基本勾画出了皇史宬的雏形。但由于种种原因，他的建议当时并未能付诸实施，直到 42 年后的嘉靖十三年（1534 年），嘉靖皇帝因下令重修累朝皇帝的实录，并令大臣筹议建阁收藏皇帝的"御像、宝训、实录"之事时，当朝吏部尚书、华盖殿大学士张孚敬等才重申前议，并有了"金匮石室"的正式建造。但新的建筑在丘浚建议的基础上有了很大改变。经张孚敬等议定，并经嘉靖皇帝批准，将建造地点选在了南池子一带，这样，既可以和其他宫苑建筑相成一体，又离紫禁城不远，还便于专门保管和查阅。其建筑规制，不是重楼，而是和南京的斋宫相同，内外用砖石团，阁上敬奉历代皇帝像，阁下存放累朝皇帝的实录、圣训。整个建造工程，用了两年时间。嘉靖十五年八月二十日，重修后的皇帝实录、圣训奉安进库，皇史宬开始正式投入使用。室内金匮明代有20台，清雍正时增至31台，同治时为141台，光绪时为153台。清代还把107颗将军印信存放于皇史宬，另贮《大清会典》等。两侧配殿清代还保存过内阁题本的副本。

皇史宬初建时，拟定的名字并不是皇史宬。因其初意首先是为敬奉皇帝像而建，所以初命名"神御阁"。工程完工后，嘉靖皇帝又决定专用该建筑存放皇帝的实录和圣训，而皇帝画像则另修景神殿恭奉，因此将"神御阁"更名为"皇史宬"。据崇祯年间进士孙承泽的《春明梦余录》记载，皇史宬的名字是由嘉靖皇帝决定的，"宬"字，是在"成"上加个宝盖，这个字形的确定也是嘉靖皇帝"自制而手书"的。"宬"，《日下旧闻考》援引《燕都游览志》注释说："宬与盛同义，《庄子》：'以匡宬矢'，《说文》曰：'宬'，屋所容受也。"在中国历史上，皇帝至高无上，代表国家，而历朝皇帝又都标榜自己所修的实录圣训，"不虚言，不溢美"，是真实的历史记录，所以用以存放实录圣训的地方，应既是保藏中华文化的总汇，又是保存皇家正史的殿堂。[1] 清朝取代明朝后，仍将皇史宬作为保藏皇家档案之所，但皇史宬的门额字形，清朝作了很大的改变，并且改成了左汉右满两种文字合璧。1911年，清朝政府被推翻后，皇史宬一度仍归溥仪小朝廷的内务府管理。1925年溥仪出宫后，皇史宬由北平故宫博物院接管，这个时期，皇史宬长期处于封存状态。1949年，北

---

[1]　李松龄：《皇史宬：明清皇家档案库》，载《北京档案》2012年第4期。

京市政府把皇史宬列为市重点文物保护单位。1955 年，国家档案局成立，皇史宬移交国家档案局管理。从 1956 年起，国家陆续拨巨款对皇史宬进行了多次修缮。1982 年，皇史宬又被国家文物局列为全国重点文物保护单位。

3. 于谦祠

于谦祠位于东长安街南侧西裱褙胡同 23 号院，原有门匾书"于忠肃公祠"。于谦是明代著名军事家、政治家。于谦祠原为其住所。明正统十四年（1449 年），瓦剌军南侵，明军北征，战败于土木堡，英宗被俘，北京告急。于谦拥立代宗，并临危请命，率兵 22 万于九门之外，最后在西直门与瓦剌军激战 5 天，保卫了北京城。

英宗复辟后以谋逆罪于天顺元年（1457 年）将于谦杀害。人们相传，于谦被害之日，天色阴沉，全城百姓无不哭泣。京都民谣曰："京都老米贵，哪里得餐饭（饭，指与于谦一同遇害的副总兵范广）。鹭鸶水上走，何处觅鱼雎（指于谦）。"成化二年（1466 年），宪宗皇帝特诏追认复官，将其故宅改为忠节祠。万历十八年（1590 年）时改谥忠肃，并在祠中立于谦塑像。清顺治年间，像毁，祠也废，清光绪年间又重建。祠坐北朝南，东为于谦故宅，毁于清初，光绪年间重修。院内东侧建有奎光楼，为两层小楼。上层为魁星阁，悬"热血千秋"木匾，正房五间为享堂，硬山合瓦顶，内供于谦塑像。1890 年，义和团曾在此设神坛。自 1912 年以来逐渐由居民居住，房屋年久失修。2002 年，有关单位投资 900 万元，完成了该院内 37 户居民的搬迁，并对于谦祠进行修缮。这也是中华人民共和国成立以来首次对该祠进行全面修复。

（五）城市雕塑

城市雕塑是一门既古老又年轻的艺术，是一扇城市文明的窗口，昭示着未来城市文脉的发展走向。北京市的城市雕塑走在了全国前列，也被认为是全国城市雕塑建设的缩影。近年来，北京市先后在长安街沿线安放了多座雕塑，美化了长安街的形象，也扩大了首都的影响。

1997 年 2 月，根据位于瑞士伯尔尼市万国邮联纪念碑主题造型，我国著名艺术家侯一民创作了雕塑"环宇传书"，立于建国门邮政枢纽门前。雕塑通过五大洲五位女信使围绕地球手拉手的传递信件的造型生动地反映了邮政通信实物传递、全球一网、联合作业的特点。

1998 年 8 月，为迎接中华人民共和国成立 50 周年大庆，北京市对长安街及其延长线进行全面整治，长安街整治办和北京城市雕塑建设管理办公室策划了"新世纪的希望"城市雕塑设计方案竞赛，雕塑作品要求：第一，具有浓郁的民族性，体现地方特色和时代精神；第二，雕塑作品的设计要与长安街的环境和谐；第三，雕塑作品必须是造型优美、制作精湛的精品。目的是让这些雕塑成为弘扬民族传统、彰显地方特色和体现时代精神的一道文化风景线。这次竞赛共征集到 750 多件参赛作品，在初步选出 120 多件作品做成立体方案对市民展览后，由规划、建筑、园林、雕塑方面的专家及长安街沿线有关单位进行了评审和优选，最终选出了 8 件作品制作出成品放置在长安街沿线。这些雕塑制作精湛、立意新颖、造型优美，可以说是城市雕塑中的精品。

东长安街的城市雕塑主要有：中国风、和风、龙、环宇传书等，此外，王府井地区也伫立着一座座形神俱佳的城市雕塑。

由北京市工艺美术学校雕塑家严威设计的"中国风"建在长安大戏院广场，高度为 4 米。以京剧脸谱为创作思路，造型精炼，色彩亮丽，用夸张的手法将传统艺术与现代工艺完美结合，使整个雕塑显得生动而富于空间变化。

由北京建筑艺术雕刻厂雕塑家叶晨设计的"和风"建在建国门西北角绿地广场中，由四组风车组成，采用方阵造型和传统的金、银两色，风车是祈求风调雨顺的吉祥物，表现了中国民族特有的气质内涵，极具北京地方民间艺术色彩，微风袭来即可使风车转动，极具观赏趣味，为长安街增色不少。

由北京敦煌艺术有限公司雕塑家耿铁群设计的"龙"建在国际金融大厦前左侧绿地中，高度为 5.8 米。龙是中华民族的象征，寓意吉祥和力量。雕塑借鉴中国书法草书"龙"字，用翻转、腾起等手法立体地展现了书法的神韵，极具动感和美感，让传统的书法艺术具有了现代感，也表现了中华民族屹立于世界民族之林的精神风貌。

龙

为迎接国庆 50 周年，北京市政府还对王府井地区进行了全面治理整顿，在治理整顿过程中，东城区政府多次召开社会各方面的专家会议，以凸显王府井地区的风貌特质、文化品位和艺术要素。北京城市雕塑建设管理办公室与王府井大街开发建设管理办公室将该地区的城市雕塑定位于"历史性、艺术性、趣味性、融合性"。

王府井牌匾浮雕由史抒青、仲马、郝重海等雕塑家设计，浮雕长 10 米，宽 7 米，采用紫铜纯手工锻造，镶嵌在王府井大街南口西侧墙面上，采用的是传统匾额形式，从长安街望去，这个金色"招牌"鲜亮突出，古朴大方。浮雕中间是"王府井"三个镀亚光钛金的金黄色大字，四周雕刻着全聚德、东来顺饭庄、盛锡福等 12 家王府井百年老字号的招牌及其经营场景，还雕刻着各种吉祥图案，以此烘托出古商业街繁华热闹的景象和预示北京现代商业的无限生机。这块牌匾在 2007 年北京饭店二期改造时被拆除。新建成的北京饭店二期建筑因红线原因，已无放置原'王府井'匾额的空间，于是根据现有建筑提供的空间对牌匾进行了重新设计制作，虽然在排列上有所变化，但仍保留了传统老字号等原有牌匾的主要元素。2010年9月，王府井大街的铜字"招牌"重新亮相"金街"，蓝底金字的牌匾在砖红色楼体的映衬下更加醒目。

此外，在王府井大街新东安市场的便道上还安放着一组铸铜雕塑，名为"逝去的记忆"，由"拉车""剃头""单弦"组成。三座雕塑采用的是写实造型的手法，再现了清末、民初最具北京特色的生活场景。"拉车"的创意更为精妙，作品只塑造了人力车夫，略去人力车上的乘客，留给人们充分的想象空间。

拉车

三、西长安街及其延长线上的建筑

从天安门到复兴门的西长安街上，众多的党政机关办公楼、文化设施极为醒目，伴随着共和国的成长，这些风格迥异的建筑物日益散发出耀眼的光芒，吸引着路人的目光。从复兴门到首钢东门的西长安街延长线上，金融、商贸、服务设施等一应俱全，多个博物馆、公园、体育场馆等人文景观，全方位地展现着首都和国家的形象。

西长安街集中了中共中央、国务院、中共中央组织部、中共中央宣传部、中共中央统战部、工业和信息化部、国家粮食局等行政办公机构，汇集了中国人民银行、国家开发银行、中国银行、中国工商银行、民生银行、光大银行等众多金融机构办公楼，民航营业大厦、中国人保大厦、华能大厦、凯晨世贸中心、泰康人寿大厦、远洋大厦等商务楼，西单商业区、百盛购物中心等大型休闲购物场所，国家大剧院、北京音乐厅、西单文化广场、民族文化宫等文化场所。在西长安街北侧的金融街是对中国金融业最具影响力的金融中心区之一，也是首都金融中心。复兴门到首钢东门的西长安街延长线上，政府机关、金融商贸设施、文化体育设施等鳞次栉比，赋予了这条"神州第一街"丰富的内涵。

（一）党政机关

1. 中南海

中南海位于西长安街，现在是中华人民共和国国务院、中共中央书记处和中共中央办公厅等重要机关办公所在地。中华人民共和国成立后，党和国家领导人许多都曾住在这里。

中南海占地 100 公顷，其中水面约 50 公顷。金朝时期，在今日中南海的北半部有太液池和大宁宫。元朝修筑大都时，将太液池包入皇城之中，在其周围布置了三组宫殿，即大内、隆福宫和兴圣宫。元朝的太液池范围相当于今日的北海和中海。明朝明成祖定都北京后，从 1406 年起营建新的皇宫，明朝宫城在元朝宫殿的位置基础上向南移动，因此皇城城墙也随之南移，为丰富皇城园林景观，开挖了南海，挖出的土方和开凿筒子河的土方堆成万岁山（即景山）。北海、中海、南海统称"太液池"，属于皇城西苑。北海与中海以金鳌玉蝀桥为界，中海与南海以蜈蚣桥为界。清朝定都北京后，撤销皇城内诸内廷供奉衙署，将西苑大片土地改为民居，同时在北海、中海、南海三海周围设置"内红墙"，御苑范围退缩至内红墙之内，又在中南海内兴建殿宇馆轩，作为避暑听政之所。同治、光绪年间，慈禧太后及皇帝按礼制在 12 月从颐和园移居紫禁城时，也多在中南海内居住，仅行礼时前往紫禁城。戊戌变法失败后，慈禧太后曾将光绪帝囚禁于南海中的瀛台。

新华门是中南海正门，位于西长安街上，为两层楼房，面阔七间，下层中央三间为门洞。卷棚歇山顶，绿剪边黄琉璃瓦。清乾隆皇帝时修建，原名宝月楼。乾隆皇帝在《御制宝月楼记》中讲述了建造宝月楼的缘起：因为南海的南岸是背靠着皇城的狭长地带，原来没有宫室，从瀛台上望去过于空旷，缺乏景观，所以要在那里建造一座楼宇。乾隆说，此楼建成后是临水赏月的佳处，颇有月中广寒宫的意境，所以命名为宝月楼。登上宝月楼，可以北眺三海、南观街市、东看紫禁、西望远山，乾隆还为宝月楼题写了匾额"仰观俯察"。1900 年义和团运动时期，中南海成为俄军驻地，苑内文物陈设被掠一空，八国联军总司令瓦德西占领北京后，居住于中南海仪鸾殿。溥仪即位后，曾在中海西岸集灵囿修建摄政王府。辛亥革命后，袁世凯窃取了大总统职务，把中南海作为他的总统府，将宝月楼改建为总统府大门，并以"新中华民国"之意取名为"新华门"。从此，新华门取代西苑门成了中南海的正门。

同时，袁世凯还在门内修建影壁，拆除了门外的清真寺，并将端王府的一对石狮移于门前。

新华门

此后中南海又先后被用作北洋政府的总统和总理办公地，以及张作霖的元帅府。中华民国国民政府接管北平后，中南海作为公园对中国民众开放。抗日战争结束后，国民政府军事委员会北平行营设在中南海。解放军进驻北平前夕，"华北剿匪总司令"傅作义搬进中南海办公。解放军进驻北平后，中共中央进驻中南海。

从中华人民共和国成立到1966年前，除了对已经非常破旧的建筑做一些必要的修缮和装饰外，中南海里一直没有大的翻新和维修工程，很多砖墙仍保留着民国初年的外貌，上面什么装饰都没有。新华门的影壁也还是袁世凯修建时的样子，为深灰色的砖壁，中间有一个椭圆形图案，四个角上刻着传统花纹。1967年初开始，大致用了一年的时间，中南海内部进行了比较全面的装修。除了在很多建筑物墙面上精心写上了不同字体的毛主席语录和标语，还专门用木头刻了"为人民服务"五个红字，粘在影壁上；新华门前两侧也用木头刻了两条标语，内容就是人们现在所熟悉的"伟大的中国共产党万岁！"和"战无不胜的毛泽东思想万岁！"1970年，中南海修缮处将"为人民服务"五个字贴上金箔，变成红底金字，把两条标语做成有机玻璃灯箱。后来，两条标语又改成金箔镶边的白字。

1981年6月，中共十一届六中全会审议通过了《关于建国以来党的若干历史问题的决议》，明确提出彻底否定"文化大革命"。全国各地开始清理标语、语录、口号等"文化大革命"痕迹，中南海里留下来的标语和语录也同样进行了清理。中央警卫局曾专门研究，中南海里的哪些标语和语录要取消，哪些保留下来。其中就包括新华门前的两条标语和影壁上的字，中央决定，除新华门影壁上的"为人民服务"五个字和门前的两条标语不动外，中南海里所有的"文化大革命"标语和语录全都取下来。直到现在，路过新华门的人们仍然可以清晰地看到影壁上金光闪闪的"为人民服务"五个大字和门前的两条标语，这也成为新华门最显著的标志之一。

在新华门对面，长安街南侧还有一道长长的西洋花砖墙。这道花砖墙可是颇具来历的，是袁世凯为自己的"脸面"特意修建的。民国时期，袁世凯就任大总统，定中南海为大总统府。按中国传统，府邸的正门要开在南面。1913 年为了出入方便他决定在西长安街建总统府正门，于是他将皇城南墙内的宝月楼下层当中的三间打通，改造为大门。又将宝月楼前的皇城墙打开一个缺口，砌成两道八字墙。在对面修筑花墙挡住破烂的民居，改善总统府前的观瞻。

2. 中共中央宣传部

中共中央宣传部（以下简称中宣部）办公楼位于西长安街与府右街交会处的西北侧，东侧与中南海红墙隔街相邻，建筑面积 1.1 万多平方米，于 1994 年竣工。办公楼屋顶为大屋顶和坡檐式女儿墙，杏黄色琉璃瓦，得体地处理了从中南海到电报大楼的衔接过渡，在保持民族传统和地方特色建筑风格的基础上还进行了一定的创新。

中宣部前身为 1921 年中共一大后成立的中央宣传局，1924 年 5 月正式成立中宣部，罗章龙为部长。"文化大革命"期间被取消，1977 年 10 月中央决定恢复建制。中宣部主要负责指导全国理论研究、学习与宣传工作；引导社会舆论，指导、协调中央各新闻单位的工作；规划、部署全局性的思想政治工作任务等。

3. 中共中央组织部

中共中央组织部（以下简称中组部）办公楼位于民航营业大厦对面，建筑面积 4 万多平方米，其建筑风格庄重、典雅、实用、协调，是一座现代化、智能化、人性化的建筑，于 2001 年破土动工，2003 年竣工。

1924 年 5 月，中共中央在上海召开了中央执行委员会第一次（扩大）会议，通过了《党内组织及宣传教育问题议决案》，规定从中央到地方都要设立宣传部、组织部，中央组织部随即在上海成立。毛泽东担任中央组织部部长。在艰苦卓绝的革命斗争岁月里，中组部跟随中央从上海迁往武汉、从瑞金转战陕北。1947 年 5 月，中组部从延安迁到河北省平山县西柏坡镇的南庄村，对外代号为"工校干部处"。中组部的主要职能是根据党中央的路线、方针、政策，研究和解决党的组织工作方面的问题，提出实施党的组织路线的具体措施；考察、配备和调整省级领导机构，挑选和提拔党的干部等。

中华人民共和国成立后，中组部的办公地点设在西单，机关的老办公楼建于 20 世纪 50 年代初，布局方式为北京特有的三合院式主楼加上两翼配楼，汉白玉的正门台基，呈现出沉稳、严谨、亲和的建筑气质。随着时代的变迁，新办公楼于 2003 年落成，呈板式布局，坐北朝南，由北侧主楼、东西配楼及南北门楼组成，体现了民族风格与现代风格的结合。

4. 工业和信息化部

工业和信息化部（以下简称工信部）位于西长安街 13 号，是在原信息产业部、国防科工委的基础上，于 2008 年 3 月根据第十一届全国人民代表大会第一次会议的决议设立的。

21 世纪之初，我国正处于工业化加速发展的重要阶段。走新型工业化道路，推进信息化和工业化融合，推进高新技术与传统工业改造结合成为一个重要任务。由于当时工业行业管理由国家发展和改革委员会、国防科学技术工业委员会、信息产业部分别负责，管理分散，不利于工业的协调发展，因此在 2008 年的国家机构改革中组建了工业和信息化部，将国家发展和改革委员会的工业行业管理有关职责，国防科学技术工业委员会核电管理以外的职责，信息产业部和国务院信息化工作办公室的职责整合划入工业和信息化部。

原信息产业部实际上有两个办公地点，除了在西单的为主要的办公地点外，电子口的一些司局在西边的万寿路办公。2008 年 6 月 29 日，工信部举行了挂牌仪式。

5. 国家广播电视总局

国家广播电视总局位于复兴门桥西南角。2018 年 3 月，为加强党对新闻舆论工作的集中统一领导，加强对重要宣传阵地的管理，牢牢掌握意识形态工作领导权，充分发挥广播电视媒体作为党的喉舌作用，在国家新闻出版广电总局广播电视管理职责的基础上组建国家广播电视总局，作为国务院直属机构，不再保留国家新闻出版广电总局。

国家新闻出版广电总局的前身是国家新闻出版总署和国家广播电影电视总局。2013 年 3 月 14 日，国务院将新闻出版总署、广电总局的职责整合，组建国家新闻出版广播电影电视总局，随后更名为国家新闻出版广电总局。

6. 中华全国总工会

中华全国总工会（简称全总）于 1925 年 5 月 1 日第二次全国劳动大会上正式成立。根据《中华人民共和国工会法》和《中国工会章程》的规定，中华全国总工会为中华人民共和国境内各级地方工会和产业工会的领导机关。

中国工会在中国工人运动发展的基础上诞生。1921 年 7 月中国共产党成立后不久，就成立了中国劳动组合书记部，作为全国工会的通信联络机关，张国焘、邓中夏先后任主任。1922 年 5 月中国劳动组合书记部在广州召开了第一次全国劳动大会，确定筹备全国性工会组织。1925 年 5 月 1 日在广州召开了第二次全国劳动大会，正式成立了中华全国总工会。抗日战争时期暂停使用中华全国总工会的名称，成立陕甘宁边区总工会和各抗日根据地总工会。解放战争时期边区总工会和各根据地总工会联合为解放区总工会。1948 年 8 月 1 日由解放区总工会和国民党统治区工会在哈尔滨联合召开了第六次全国劳动大会，决定恢复中华全国总工会。

为维护工人阶级的利益，工会组织和带领工人进行了各种形式的经济斗争和政治斗争，掀起了多次大罢工。中华人民共和国成立后，全总团结带领广大职工，恢复和发展国民经济，并致力于维护职工合法权益，提高职工的思想觉悟和文化技术水平，改善和丰富职工的物质文化生活，有力地推动了社会主义革命和社会主义建设。对外遵循独立自主、广泛联系的方针，已与130 多个国家和地区的工会组织建立和发展了友好关系。

1955 年，西长安街复兴路与三里河路交会处东南角建起了一座长 73.9 米、宽 18 米、高 36 米的中华全国总工会办公大楼，其朴素大方的建筑风格在北京当时的建筑中独具一格，很长时间成为北京市的标志性建筑之一，沿长安街行驶的公交车还专门设立了"工会大楼"站点。由于大楼建设时间较早，没有采取防震措施，在唐山大地震中受到一定影响，同时接近使用耐久年限，因此全总书记处研究后决定拆除旧楼翻建新楼。1999年2月，原国家发展计划委员会批准重建工程立项。2003年9月9日，原工会大楼实施了定向爆破。由于大楼紧邻长安街，距地铁线仅20余米，且地下管网密集，布满水、电、气管线和电缆，爆破环境复杂，技术要求难度高，被一些媒体记者称为"长安街上第一炸"。两年半后，总建筑面积37200平方米、高98米的全总新办公大楼拔地而起。该建设项目获得北京市建筑（结构）长城杯金质奖，办公楼翻建工程还获得了2007年度国家优质工程金质奖。

（二）经济设施

1. 北京中银大厦

位于西单西北角的北京中银大厦，是当代世界建筑设计大师贝聿铭为北京设计的第一件作品，成为北京城市的一个窗口性地标。

北京中银大厦坐落在西单路口，建筑面积17万平方米，建筑设计和室内设计均为美国贝聿铭建筑师事务所。这栋独具匠心的大楼，正是由贝聿铭及其儿子贝建中、贝礼中所设计。北京中银大厦地上15层、地下4层，是世界最大的银行建筑之一，从1996年10月破土动工，到2001年5月最后落成，历时近5年之久。

贝聿铭，美籍华人建筑师，1983年普利兹克奖得主，被誉为"现代建筑的最后大师"。贝聿铭1917年出生于广东省广州市，1935年赴美国哈佛大学建筑系学习，师从建筑大师格罗皮乌斯和布鲁尔。贝聿铭作品以公共建筑、文教建筑为主，被归类为现代主义建筑，善用钢材、混凝土、玻璃与石材，代表作品有美国华盛顿特区国家艺廊东厢、法国巴黎卢浮宫扩建工程。中国银行与贝聿铭家族有着近百年的历史渊源。其父贝祖贻在20世纪30年代就主持设计建造了上海外滩的中银大厦，而 20 世纪 80 年代贝聿铭又设计了香港中银大厦，并取得巨大成功。贝聿铭设计的香港中银大厦直插云霄，在香港成为一个新的地标，其外形就像是雨后春笋，这在中国传统文化中是希望和进步的象征，从而完美地表达出了中国银行开拓海外市场业务的初衷。

　　不过，贝聿铭在设计北京中银大厦时遇到了新的挑战：1985 年，北京市出台市区建筑高度控制方案，这个方案提出以故宫为中心，分层次由内向外控制建筑高度。1991～2010 年北京城市总体规划规定："长安街、前三门大街两侧和二环路内侧以及部分干道的沿街地段，允许建部分高层建筑，建筑高度一般控制在 30 米以下，个别地区控制在 45 米以下"。贝聿铭遇到的挑战，正是如何在市区建筑高度受控制的情况下，在长安街上设计出 17 万平方米建筑面积的中国银行总行大厦，同时实现艺术、历史和建筑的融合。贝聿铭说，在北京的心脏地带建造这样一座如此宏大的建筑，并且避免笨拙与单调，唯一的方法就是要让这座建筑的中心拥有一座大空间的花园。这个花园，正是中行大厦的大堂——四季大厅。大厅西、北两侧各种植有一片青翠欲滴的毛竹，以达到建筑与自然的融合。两片竹林之间，则是山水一体的观景池。一池静水，正寓意着中行的财源稳聚。

中银大厦

北京中银大厦被认为是"建筑是现代艺术与科学技术的完美结合"。整座大厦由两个"L"形的巨型独立单体建筑相连而成，大厦上方利用三维框架结构受力大的特点，由16个金字塔结构组成巨大的玻璃穹顶，使大厦在拥有独立封闭空间的同时，又拥有了一个极具视觉通透感的大堂。古香古韵的中式园林设计与西式现代建筑风格相互交汇，截然不同的中西方文化理念融为一体。而这也代表着中资银行中国际化程度最高的中国银行根植中国、面向世界，将架起一座沟通中国与世界的金融之桥。

除了中国银行，西长安街还汇聚了中国人民银行、国家开发银行、中国工商银行、民生银行、中国光大银行等众多银行。

2. 电报大楼

西长安街北侧、毗邻中南海西华门有一座宏伟的苏式建筑，那就是北京的电报大楼。它筹建于1952年，几乎记录了中华人民共和国通信事业的整个发展过程。毫不夸张地说，在一定意义上，它已经是一座博物馆。

北京电信局开始申请建设北京电报大楼是在1952年。翌年，选定北京西单北大街作为楼址并开挖地基（现北京市西单电话局局址），但很快因为城市规划变更而停顿下来。直到1955年3月，北京市规划局才重新确定在北京西长安街北侧建设北京电报大楼，原邮电部重颁工号"005工程"。同年10月，邮电部批示，建筑地址适中，便于利用市话网和地下电缆管道以构成电报通信网和敷设遥控联络线，既节省建设投资又有利于今后发展。11月，北京电信局成立"005工程处"负责工程建设，设计则由建筑工程部北京工业建筑设计院担任，同时聘请苏联专家技术指导。电报大楼于1956年4月21日开工，1958年9月21日竣工，从开工到正式投入使用历时2年5个月。其建设总投资人民币980万元，全部工程造价792.8万元。主要通信设备从苏联和东欧社会主义国家引进，塔钟及其相关部分的设计、制造和安装得到了当时德意志民主共和国专家的帮助。电报大楼启用时，当时的邮电部部长朱学范亲临剪彩。

电报大楼建筑面积20 100平方米,占地面积3 800平方米,生产辅助面积987.87平方米,连同中央塔钟部分总高度73.37米,主楼东西长101.3米,南北宽18.1米,连同平台女儿墙高35.75米;大楼主体7层,其中地下1层,地上6层,2层以下中部向后凸出形成礼堂,从上向下俯视,整个建筑呈"山"字形。大楼中间部分6层以上为钟楼,装有四面塔钟。楼体立面处理平稳简洁,中部是高大的空廊,突出营业大厅的主要出入口,同时使钟塔与整个建筑有机结合。2层以下为花岗石贴面,2层以上为面砖贴面,花锤剁斧石镶边。外墙面为浅橙黄色,门窗为浅草黄色,色调和谐明快。

电报大楼主要由报房、机房、营业厅和办公室几部分组成。营业大厅宽18米,深36米,凸出伸向北面,分成前、后厅。前厅主要为用户服务台、公用电话间、长途电话候话室及休息室等;后厅为大理石营业柜台、写稿台及长途电话隔音间。大厅墙面及顶棚为无光油漆细拉毛。柱子为大理石贴面。地面为预制水磨石,主要色调为晚霞、东北红、墨玉及浅灰色。

自从电报大楼投入使用的那一天起,这座建筑就始终是彻夜通明。20世纪90年代以前,电报大楼是北京人通过电报、长途电话等通信手段与外界沟通的主要场所。尽管50年代北京著名的十大建筑中没有北京电报大楼,但在北京人特别是住在电报大楼附近的居民心里,它是当之无愧的十大建筑之一。

北京电报大楼是国家第一个五年计划中邮电建设的大型综合通信枢纽工程,其网络结构充分体现了这一点。作为全国电信网中心和全国电报网络主要汇接局,北京电报大楼与全国所有省会、直辖市、自治区首府、工商业大城市和重要海港、边防要塞及休养胜地等均设有直达报路;与全世界各主要国家和地区建有国际报路。大楼营业厅以及北京市、郊、县各邮电支局均可收受居民、企事业单位交发的电报;至北京的来报由各邮电支局接力投递。市内多数邮电支局和业务量较大的机关、企事业单位都与大楼报房建有市内直达报路;国内、国际和用户专线采用电传打字机通报,以撕断凿孔纸条的半自动转报方式实现。国内电报电路主要使用载波电报电路,国际电路使用短波无线和载波电路，气象、报汛中心台仍使用短波无线莫尔斯人工电路，市内和用户专线电路则利用市内电话网专线传递。此外，电报大楼的传真电报电路通达国内各大城市和世界各主要国家的首都，传输方式利用的是载波、微波和短波的无线电路。

在设备方面，北京电报大楼安装的是机械式 55 型电传打字机、16 路载波电报机、中文译码机、双机头自动编号发报机、ARQ 自动纠错设备，以及单双流变换设备、传真设备、测试仪器等。同时，电报大楼启用后，内部的电报传送系统也由以前的人工递送改为传输带、小电车和气压输送管，实现了电报文稿传送半自动化，这种传送方式较之以前大大提高了速度。

电报大楼的营业厅在当时看来既豪华又庄重，使用初期，根据"邮电合一"体制，大厅东侧为邮政营业柜台，西侧为电报营业柜台。至 1969 年秋，为保证大楼安全，防止邮件夹带不安全物品，经邮电部批准，决定将邮政营业柜台全部迁出，遂改为受理长途电话的营业窗口及隔音间。那时，到北京电报大楼发封电报或是打长途电话是件很奢侈的事，除非火烧眉毛，一般人是不会轻易使用这类通信手段的。

电报大楼在北京人心里的那份情愫，除了它与人们生活的密切相关和它宏伟的建筑外形以外，还有一个更重要的原因，就是那每当整点便回荡在长安街的钟声。20 世纪五六十年代，城市的噪音还很小，清脆的钟声可以传得很远。清晨 7 点，伴着这钟声，北京人走出家门，奔赴各自的工作岗位；晚上 10 点，还是这钟声，又伴着北京人进入梦乡。特别是居住在西单附近的居民，早已把电报大楼的钟声看成是自己生活的一部分。据说，电报大楼维修的日子，钟声停响了几天，结果附近的居民竟觉得生活中缺少了什么，有的人甚至因为没有听到钟声的召唤而上班迟到。

建造电报大楼的时候，塔钟设备和扬声系统是从德意志民主共和国进口的。打响报时的前奏曲先期在该国用钢片琴演奏录制，原为两首，一首是《赞美新中国》的前几句，另一首是《东方红》的前两句。最初选用的是《赞美新中国》，后来有时也用《东方红》，20 世纪 60 年代以后就只用《东方红》的前两句了。电报大楼启用初期,塔钟每天24小时整点不间断报时,悦耳的钟声方圆近2.5公里的人都能听到。一个月后,根据周恩来的指示,改为每天晚10时后至次日晨7时前停止打响报时,也体现出周总理心系老百姓生活,怕夜间巨大的报时声影响居民休息。

1966年,原北京长途电信局对前奏曲进行再创造,请北京中央乐团施万春、中央音乐学院鲍蕙荞演奏钢琴式钢片琴,中央广播乐团民族乐队演奏打击式钢片琴,混声录制《东方红》前奏曲,并规定每天晨7时第一次报时播放前奏曲全曲,其他时间仅播放前奏曲前几小节,这项规定一直延续到今天。

塔钟直径为5米,钟上的长针1.9米,短针1.5米。我们现在看到的钟面是白底,指针是墨绿色的。刚建成时不是这样,那时塔钟的钟面是古铜色,指针是白色的。因为"文化大革命"期间,人们崇尚红色,遂把钟面改成白色,指针改成红色。进入20世纪70年代,塔钟更新改造,才改成了今天的样子,塔钟的颜色既庄重又醒目。邮电分营前,各大城市的邮电局大楼几乎都有一个塔钟,或许这都是从北京电报大楼得到的创意,塔钟已经成为那个时代邮电事业的一种象征。

电报大楼

筹建于 1952 年的北京电报大楼，伴随中华人民共和国的成长也已经度过了 60 多个年头，北京乃至中国的通信事业已经发生了翻天覆地的变化，但是，以历史的观点从承传的关系看，北京电报大楼正在焕发它新的青春，是北京人留在记忆中抹不去的印记。

3. 远洋大厦

远洋大厦位于西长安街，是最具代表性的纯商业建筑，整体风格恢宏大气，独树一帜。北立面为船体弧形，整个外墙采用当前流行的杆件点联结中空幕墙，整个大厦呈现丰富的通透感、立体感和层次感，同时兼顾了采光和私密性。这在北京的写字楼中是首开先河。

远洋大厦地理文史风貌丰富，它位于西长安街复兴门桥畔，与中国人民银行总行隔街相望。据考证，大厦所在位置附近地区最早为北魏的一条古河道，而在元代更成为商业繁荣之地；今日，远洋大厦不但成为众多机构和商家的"腾达"之地，也是新的商业文化的代表符号。远洋大厦常常被各类电视电影选为拍摄的背景，其中著名导演张艺谋在拍摄中国申办 2008 年奥运会的宣传片时，多次取景于此，从而将北京这个面向世界的崭新现代化形象充分演绎出来。

黄金地段加上纯高档写字楼的定位，使远洋大厦吸引了世界著名的商业企业在此长驻。"东国贸，西远洋"，如果说国贸已经成为 20 世纪 90 年代的北京城符号性建筑的话，那么在与国际接轨同步发展的今天，远洋大厦已经成为新时代标志性的建筑。

（三）文化设施

西长安街两侧矗立着一批在国内乃至国际上具有重要影响和地位的文化设施和建筑，如民族文化宫、首都博物馆、军事博物馆、中华世纪坛、北京图书大厦、北京音乐厅等。如果说传统的中轴线体现了北京城市灿烂的历史文化遗产，那么东西轴线则是中华人民共和国首都文化成就的缩影。

1. 民族文化宫

坐落在北京西长安街北侧的民族文化宫建于 1959 年 9 月，是中华人民共和国成立十周年北京著名的十大建筑之一。它的建立体现了党和国家的民族政策，是中国 56 个兄弟民族平等、团结、进步、繁荣的象征。

民族文化宫总建筑面积约 45 000 平方米，其中主楼建筑面积 32 000 平方米，地上 13 层，高 67 米，东西翼楼环抱两侧，中央展览大厅向北伸展，飞檐宝顶冠以孔雀蓝琉璃瓦，楼体洁白，塔身高耸。整个建筑造型别致、富丽、宏伟、壮观，具有独特的中国民族风格。在国内外享有很高的声誉，深受全国各族人民的喜爱，1994 年被北京市民选为 50 座"我最喜爱的民族风格建筑"之首；作为中华人民共和国"第一宫"载入英国出版的《世界建筑史》；1999 年国际建筑师协会第二十届大会上，民族文化宫被推选为 20 世纪中国建筑艺术精品之一。

民族文化宫的建设来源于毛泽东主席的一个提议。中华人民共和国刚刚成立时，1950 年毛主席在中央政治局会议上提出：我国是个多民族国家，中华人民共和国成立后，每年都有许多少数民族同胞来到首都北京参观访问，要给少数民族建一个宫，不但可以作为各民族大团结的象征，还可以作为少数民族同胞活动的中心。1951 年 10 月 10 日，中央民委（现国家民委）上报政务院（今国务院）周恩来总理，请示修建民族文化宫，政务院批复同意，拟建在东单广场。后因抗美援朝和国家整体经济形势，此项建筑计划未能列上日程。1957 年 8 月，国务院批准将民族文化宫列入国庆十周年首都十大建筑之一。1958 年 9 月，中央民委成立了民族文化宫筹建办公室。1958 年 10 月正式开工，11 个月后，1959 年 9 月胜利竣工。

在民族文化宫的建设过程中，得到了毛主席、周总理等党和国家领导人的关怀和鼓励，尤其是周总理，始终关注着民族文化宫的建设进展情况。民

民族文化宫

族文化宫建成后，毛主席亲笔题写了"民族文化宫"五个大字。

　　民族文化宫最初由博物馆、图书馆、文娱馆三大部分组成，是中华人民共和国诞生后唯一的以举办各类民族活动为主的场所。民族文化宫博物馆共收藏全国各民族古代、近现代文物5万余件，内容包括：生产工具、生活用品、服装服饰、民间乐器、钱币印玺、文书封诰、工艺美术、宗教用品等。另有图片资料6万余幅，图书文献资料2 000余册，音像资料500余盘。其中有许多是我国博物馆界独一无二的孤品、绝品。随着我国改革开放和经济建设的发展，民族文化宫博物馆充分发挥资源优势，在国内举办了多次巡回展，在日本、美国、法国、苏联、马来西亚、韩国、秘鲁等国家举办了少数民族服饰、礼品、文物等文化专题展览，为服务新时期的民族工作、民族文化建设和民族团结进步事业，为抢救民族文化遗产、弘扬中华民族优秀传统文化、促进国际文化交流发挥了重要作用。1989 年，民族文化宫图书馆改为中国民族图书馆。截至 2012 年，中国民族图书馆收藏图书文献 60 余万册。其中，民族文字古籍 17 万余册，特藏文献中有不少国内外罕见的各种民族文字写本、刻本、金石拓片、舆图，还有年代久远的稀世真品贝叶写本、菩提叶写本等，堪称是"民族知识宝库"，被誉为"民族典籍之宫"。2009 年 6 月，中国民族图书馆成功入选"全国古籍重点保护单位"，现已有 73 部古籍入选《国家珍贵古籍名录》。1981 年，经国家民委批准，民族文化宫成立民族画院。民族画院现收藏 600 多幅书画作品，是我国收藏少数民族书画作品最多的民族画院。

自民族文化宫建成以来举办的少数民族文化展览，给几代人留下了深刻印象，教育和鼓舞了各族人民，并使民族平等、团结政策深入人心。近60 年来，民族文化宫已成功举办过民族工作成就、民族文化及科技、经济、艺术等展览 700 多个。其中民族题材展览 200 多个，国际国内文化艺术展览近 300 个。全国各民族地区有近 50 个兄弟民族的传统文化和经济建设成就在这里展示过。平均每年接待来自少数民族地区和首都的观众以及近100 个国家和地区的外宾、港澳台同胞和侨胞 30 余万人次，最高时达到40 万人次。

民族文化宫历来被誉为"民族之家"。这里举办的歌舞、演出、活动以及餐饮等都具有浓郁的民族特色、民族韵味和民族风情。民族庆典活动、国内外音乐、歌舞演出，接待少数民族参观团、外国来宾等活动接连不断。近 60年来，民族文化宫大剧院先后接待了许多来自国内外的优秀演出团体，如著名的奥地利维也纳交响乐团、美国费城交响乐团、英国皇家芭蕾舞团等。世界著名指挥家梅纽茵、小泽征尔首次访华演出也在此执棒。大剧院还举办了各种形式的大型歌舞剧、交响乐、芭蕾舞、音乐剧、戏剧、相声、立体声电影和各类会议 12 000 多场次。浓郁的民族风格和现代设施交融，使其成为欣赏文艺演出的高雅艺术殿堂，高品位的环境、高雅的演出、高档次的服务都给观众带来了最佳的艺术享受。

2. 首都博物馆

首都博物馆于 1953 年开始筹备，1981 年 10 月正式对外开放。当时的馆址位于北京市东城区国子监街孔庙内。为了容纳更多的藏品、服务更多的参观游客，2001 年 12 月，作为北京市"十五"期间重点文化建设工程之一的首都博物馆新馆正式奠基兴建，2006 年 5 月 18 日正式开馆，亮相于复兴门外大街 16 号——长安街西延长线白云路口的西南端。

首都博物馆

首都博物馆建筑面积 63 390 平方米，高 40 米，地上 5 层、地下两层。巨大的屋盖继承了中国传统建筑的深远挑檐；长长的石质幕墙象征着中国古代城墙；广场的起坡式设计传承了古代高台建筑风格；椭圆形的青铜展馆十分醒目，寓意古代文物破土而出。整座建筑既具有浓郁的文化特色，又呈现鲜明的现代感。

首都博物馆新馆有三栋独立的建筑：矩形展馆、椭圆形专题展馆和条形的办公科研楼。三者之间的空间则为中央大厅和室内竹林庭院。自然光的利用、古朴的中式牌楼、下沉式的翠竹庭院、潺潺的流水，为观众营造了一个兼具人文、自然情调的环境。

首都博物馆以展示北京 50 万年人类居住史、3 000 多年建城史、860 多年建都史及其无比丰厚的文化遗存为主，还肩负着收集、整理、修复、研究、保管北京地区历史文化遗产的重任，可以称为是北京的记忆者和叙述者。

每一位走进首都博物馆的观众，都会不约而同与一座流光溢彩、金碧辉煌的高大牌楼合影留念。这座高 9.74 米、宽 21.86 米的牌楼是历代帝王庙门外的古牌楼，20 世纪 50 年代拆除后收藏在文物研究所内，首都博物馆新馆建成后成为第一件入驻的文物，也是首都博物馆最大的一件藏品。

首都博物馆内设基本陈列、精品陈列和临时展览。

基本陈列有《古都北京·历史文化篇》《古都北京·城建篇》《京城旧事——老北京民俗展》。《古都北京·历史文化篇》《古都北京·城建篇》是首都博物馆展陈的核心，表现了恢宏壮丽的北京文化。

精品陈列有《古代瓷器艺术精品展》《燕地青铜艺术精品展》《古代书法艺术精品展》《古代绘画艺术精品展》《古代玉器艺术精品展》《古代佛教艺术精品展》《书房珍玩精品展》《馆藏京剧文物展》。

临时展览是研究与观赏北京文化与其他地区文化、中国文化与世界文化交流关系的舞台。首都博物馆的临时展厅经常举办来自中国各地和世界各国的高品质展览，不仅反映了北京海纳百川、面向世界的宽广胸怀，而且显示了人类历史与文化发展的统一性和多样性。影响较大的临时展览如 2007 年 8~11 月的《卢浮宫珍藏展——古典希腊艺术》，是卢浮宫馆藏艺术品首次来北京展出，也是卢浮宫在中国规模最大的展览；2008 年 7~10 月的《中国记忆——5 000 年文明瑰宝展》，汇集了全国所有省级博物馆的"镇馆之宝"级的文物；2011 年 8 月至 2012 年 4 月的《回望大明——走近万历朝》，汇集了明代万历朝文物的精华；等等。

如今，首都博物馆凭借得天独厚的地缘优势，依靠精彩纷呈的展陈、丰富的内涵、完善的设施成为北京历史与文化的荟萃之地，成为全国人民以及海外朋友熟悉北京、了解中国的瑰丽窗口，也是新北京与世界进行文化交流的一个重要场所。

3. 中国人民革命军事博物馆

中国人民革命军事博物馆位于天安门西面的长安街延长线上，是中国唯一的国家级大型综合性军事博物馆。1958 年 8 月，中共中央政治局北戴河会议决定，为庆祝中华人民共和国成立 10 周年，在北京兴建革命博物馆、历史博物馆、军事博物馆等。展览大楼于 1958 年 10 月动工兴建，1959 年 3 月 12 日，经中共中央军事委员会批准，正式定名为中国人民革命军事博物馆（以下简称军事博物馆）。毛泽东、周恩来等党和国家、军队领导人多次审查展览内容，10 月 1 日开始内部预展，1960 年"八一"建军节正式对外开放。

中国人民革命军事博物馆占地面积 8 万多平方米，建筑面积 6 万多平方米，陈列面积 4 万多平方米。主楼高 94.7 米，中央 7 层，两侧 4 层。大楼顶端的圆塔，托举着直径 6 米的镀金的中国人民解放军"八一"军徽。高达 4.9 米的铜门，是用福建前线参战部队送来的炮弹壳熔铸而成的。正门上方悬挂着毛泽东主席亲笔题写的"中国人民革命军事博物馆"金字铜底巨匾。大门两侧竖立着陆海空三军战士和男女民兵两组英姿勃勃的汉白玉石雕。

军事博物馆的陈列展览分为基本陈列和临时展览，基本陈列共 10 个，分别是：古代战争馆、近代战争馆、土地革命战争馆、抗日战争馆、全国解放战争馆、中华人民共和国国防和军队建设成就馆、抗美援朝战争馆、兵器馆、中国人民解放军对外军事交往友谊馆、军事艺术馆。沿所有展览场地绕行一周，长达 12 公里，就其规模而言，为国内外少有。伴随着国家改革和建设的脚步，在它的周围建立起了中华世纪坛、中央电视台和西客站，把它衬托得更加雄伟壮丽。

从 2012 年 5 月起，为配合展览大楼加固改造工程，军事博物馆展览大楼内的基本陈列全部拆除和关闭，250 余件大型武器装备移至展览大楼南广场，以展代藏，继续接待观众，博兴大厦的临时展览也继续开放。

2012 年 8 月，总政治部和军委正式批准了军事博物馆新的陈列体系建设方案。新陈列体系以军事历史为主，辅以军事科技、军事艺术陈列。陈列重点是中国共产党领导的革命战争陈列、中华人民共和国国防和军队建设陈列以及人民军队专题陈列、兵器陈列。此外，还设置中国历代军事陈列、军事科技陈列、军事艺术陈列和临时展览。

近年来，为了配合党、国家和军队的中心工作，军事博物馆举办了许多大型的主题展览，如"民族先锋——中国共产党抗日战争英烈展""伟大壮举 光辉历程——纪念中国工农红军长征胜利 70 周年展""我们的队伍向太阳——新中国建立以来国防和军队建设成就展""复兴之路""万众一心 众志成城——汶川抗震救灾主题展""辉煌六十年——国防和军队建设成就展""玉树不倒青海长青——青海玉树抗震救灾主题展""风雨同舟 舟曲不屈——甘肃舟曲抢险救援主题展""全军非战争军事行动成果展""科学发展成就辉煌"大型图片展，以及"红色系列"全国巡展等，得到了中央领导和各界观众的广泛赞誉，产生了巨大的社会影响。

4. 中华世纪坛

中华世纪坛位于西长安街延长线上，军事博物馆西侧，距离天安门城楼6 500 米，是一座日晷型的纪念性建筑。北侧是玉渊潭公园，南与北京西站相望，占地 4.5 万平方米，总建筑面积 3.5 万平方米，景观整体由主体结构、青铜甬道、圣火广场、世界艺术馆等部分组成。中华世纪坛作为 20 世纪终结与新世纪开启的标志性建筑，对中华 5 000 年文明历史进行了很好的诠释，也成为国际友人了解和认识中国的重要窗口。

1993 年 9 月，北京申办 2000 年奥运会未果，北京市政协副主席朱相远认为需要一个激励人心的活动来弥补这个遗憾，而且 2000 年作为新世纪之首，又是龙年，意义十分重大。此后，朱先生开始收集各种有关新世纪来临的资料，比较东西方文明发展史，研究中华民族 5 000 年文明从 15 世纪后走向停

中华世纪坛

滞与没落的原因，精心构思了 20 条迎接 2000 年到来的建议，其中包括兴建"中华世纪墙"，即在天安门城楼至南池子的故宫红墙上，镶嵌 21 块浮雕，一块代表一个世纪，展现中华民族的 5 000 年悠久历史，第 21 块表达世人对 21 世纪的向往。

1998 年 2 月，兴建"中华世纪墙"提上北京市委、市政府议程，并确定地点在玉渊潭南门广场，中央电视台和军事博物馆之间的空地。4 月，经讨论认为，玉渊潭南门外广场不宜建墙，且建墙难免流于"清明上河图"式，因此朱先生提出突破原来"墙"的概念，改为"中华世纪廊"，但又有人提出"廊"要有屋顶，且发音不好听，最后大家一致同意定名为"中华世纪坛"。

中华世纪坛于 2000 年 12 月 21 日全面竣工。

中华世纪坛的建筑以"中和""和谐"之美，体现了"人类与大自然的协调发展""科学精神与道德相结合的理想光辉"及东西文化相互交流、和谐融合的思想。在总体艺术设计上，中华世纪坛以"水"为脉，以"石"为魂，并以诗意化凝练的语言和中国艺术大写意的手法深化意境，昭示中华民族特有的宇宙观和美学精神。下沉广场的哗哗流水、青铜甬道上的涓涓清溪和用 4 万多平方米黄色花岗岩铺装的坛体、广场、步道，无一不是这种艺术设计的生动体现。

根据其周边环境特点和主题精神，中华世纪坛的主色调确定为黄、绿两色。所有人工建筑均为黄色调，突出中华民族的人文精神；以树木作为分割空间的手段，加之精心栽种的草坪绿化带，构成绿色的环境，营造出了"天人合一"的意境。

中华世纪坛南面入口处，伫立着一块长9米、高1.05米、重34.6吨的汉白玉题字碑，这是世界上最大的一块汉白玉，上面刻着江泽民的题词"中华世纪坛"，背面为"中华世纪坛序"。

中华世纪坛碑的北侧，是一个下沉式圆形广场，广场用960块花岗岩铺砌而成，象征幅员辽阔的960万平方公里中华大地。广场由周围向中心略微隆起。广场中心是一方形圣火台，一簇长明不熄的"中华圣火"，火种取自周口店猿人遗址，寓意中华民族的文明创造永不停息。广场东西两侧，有两道流水缓缓而下，象征着中华民族的母亲河——长江与黄河。

圣火广场向北，是一条长270米、宽15米的甬道，自圣火广场至世纪坛坛体。甬道正中，是一条总长262米、3米宽的锡青铜甬道，用特种合金打造。上面从南向北镌刻了距今300万年前人类出现到公元2000年的时间纪年，用文字记载了科技、文化、教育等领域共7 000多条重大历史事件辅以天干、地支等生肖图案，象征中华民族经历的漫长历史岁月。青铜甬道上有一层薄薄的流水，寓意着中华民族的历史绵延不断，历久常新。漫步甬道，人影便映入水中，溶于历史，犹如穿越岁月时空，体味从公元前3 000年到公元2000年中华5 000年的文明史。

中华世纪坛静止的回廊与旋转的坛面寓意着中国古老"乾""坤"的哲学思想，整体寓意为"天地合一"。世纪坛上的圆形旋转坛体，可每3～12个小时转一周，它象征"乾"，寓"天行健，君子以自强不息"之意，再现中华民族5 000年来生生不息的追求和任何环境下不屈不挠、勇于进取的精神；环抱旋转坛体的下半部分包括两侧静止的回廊象征为"坤"，表现出"地势坤，君子以厚德载物""有容乃大"之意。"乾"，指天体永恒运动，从不停息，寓努力向上、自强不息、不断进取之意；"坤"，为大地能包容万物，兼容博大，寓意和为贵的精神，体现了中华民族吸收一切先进科技发展的精神。每年 8 月，中华世纪坛都会组织展示国内外最新艺术形式和文娱精品，丰富市民的文化娱乐生活，增进国际交流，成为北京市的一张文化名片。

5. 北京音乐厅

北京音乐厅坐落在北京西长安街南侧，北面与景色怡人的中南海毗邻，西临繁华的西单商业街，向东远眺，宏伟的天安门广场蔚为壮观，曾一度享有"中国的音乐圣殿"之称。

北京音乐厅隶属中国交响乐团。其前身是始建于 1927 年的中央电影院，1960 年经改建作为音乐厅启用。1983 年，在我国老一辈著名指挥大师李德伦、严良堃亲自主持下，北京音乐厅在原址破土重建，成为我国第一座专为演奏音乐而设计建造的现代风格的专业音乐厅。

北京音乐厅

北京音乐厅作为国际专业音乐厅之一，是乐坛精英施展才华的理想舞台，曾有众多国内外音乐大师在此一展才华，如梅纽因、斯特恩、小泽征尔、马友友、斯科达、多明戈、卡巴耶、刘诗昆、殷承宗、傅聪、林昭亮、吕思清、王健等。北京音乐厅作为中外音乐百花争艳的艺术殿堂，为促进中国和世界各国的文化交流、增进与各国人民的友谊做出了重要贡献；北京音乐厅作为陶冶情操的一方净土，为丰富首都人民的文化生活、普及高雅艺术营造了优雅的环境，培养了难以计数的音乐爱好者。

6. 北京图书大厦

1998 年 5 月 18 日，北京图书大厦正式亮相于中国首都的长安街头。早在 1956 年，北京市新华书店前身——新华书店北京分店在规划网点时，提出了要在北京建设图书大厦的初步设想。这一设想引起了北京市领导的高度重视，并将建设图书大厦列入北京市规划建设项目上报中央。

1958 年 8 月，正在北戴河参加中共中央政治局扩大会议的周恩来总理审阅了项目方案，并亲自主持批准了这个项目。北京图书大厦项目最终被选定在了长安街上的西单路口，即现大厦所在地。2017 年 10 月，以习近平同志为核心的党中央提出了"推动文化事业和文化产业发展""满足人民过上美好生活的新期待，必须提供丰富的精神食粮"[①] 的目标，这与老一辈无产阶级革命家以博大的胸襟、宽广的视野、战略的眼光做出的英明决定一脉相承，形成了跨越时代的呼应。

改革开放之初，新华书店作为全国主要的图书销售网络渠道，大多数还保持着解放初期"少、小、旧、危"的状况。发展滞后的结果，使发行市场出现了"读者买书难，出版社卖书难"的尴尬局面。为适应我国出版业的巨大变化和满足人民日益增长的文化需求，在中央、北京市等各级领导的亲切关怀下，凝聚着几代首都国有图书发行人希望与梦想的北京图书大厦终于在 1993 年破土动工，1998 年 5 月 18 日正式建成开业。

---

① 习近平：《决胜全面建成小康社会　夺取新时代中国特色社会主义伟大胜利》，载《人民日报》2017 年 10 月 28 日。

得天独厚的地理位置和四通八达的便利交通使得北京图书大厦尽享发展的先机，2007 年以来，北京图书大厦的销售总额每年持续快速增长，始终居全国书店之首，在架品种约有几十万种，居全国第一。

把图书销售和文化活动结合起来，是北京图书大厦在强化为读者服务方面的一大特色。每逢节假日，名人签售、专家讲座、主题展览……各类活动一场接一场，大厦的文化功能不断扩展，影响力日渐增大，也吸引了越来越多的读者。为了满足广大读者多元化的购书需求，全方位提供"方便、快捷、精准"的一条龙式购书服务，北京图书大厦还于 2010 年初对已有的购书模式进行重新整合，形成了集网络零售、电话购书、手机短信购书、手机网购于一体的电子购书平台，全方位地满足了读者不同层次、不同方式的需求。

（四）文物古迹

西长安街现存的文物古迹主要集中在中南海内，其中较为著名的有瀛台、丰泽园、怀仁堂、紫光阁、勤政殿等。

1. 瀛台

瀛台是南海中一座美丽的小岛，始建于明代，清顺治、康熙年间在岛上修筑了大量殿宇并改为现名，是明、清两代帝王后妃游玩之所，置身瀛台宛如置身于蓬莱仙境。

瀛台岛北有石桥与岸上相连，桥南为仁曜门，门南为翔鸾阁，正殿七间，左右延楼十九间。再南为涵元门，内为瀛台主体建筑涵元殿。由于岛上存在坡度，该殿北立面为单层建筑，南立面则为两层楼阁，称"蓬莱阁"。涵元殿北有配殿两座，东为庆云殿，西为景星殿；殿南两侧建筑，东为藻韵楼，西为绮思楼。藻韵楼之东有补桐书屋和随安室，乾隆时为书房，东北为待月轩和镜光亭。绮思楼向西为长春书屋和漱芳润，周围有长廊，名为"八音克谐"，及"怀抱爽"亭。

戊戌变法失败后，光绪帝曾被慈禧太后囚禁于瀛台涵元殿。涵元殿为瀛台正殿，坐北面南。北有涵元门与翔鸾阁相对，南有香扆殿与迎熏亭相望，隔海便为新华门。光绪帝除了每天清晨陪慈禧上早朝外，其余时间便被囚禁在此。侍奉的太监，均是经慈禧的心腹李莲英亲自挑选，实为监视光绪。光绪皇帝在瀛台度过了他生命的最后岁月，仅仅先于慈禧太后一天死于涵元殿东室。

袁世凯称帝后亦曾将副总统黎元洪软禁于此。瀛台现为举办宴会及招待活动的场所。

2. 丰泽园

瀛台之北是丰泽园，康熙年间建造。康熙修建丰泽园之意在于劝课农桑，"丰泽"之名，本就寓意与民同耕，共庆丰收。因而园内一切不求奢华，反以朴实为特色。不仅建筑采用青砖灰瓦，还在园南面辟出稻田十余亩，园后植上桑树几十株。另在园东南角建小屋数间，作为养蚕之所。康熙每年都会在丰泽园亲自扶犁耕作，采桑养蚕。这种园外耕种，园内读书、处理政务的生活方式，正是中国古代"诗书传家，农耕为本"治国治世思想的体现。

丰泽园建成后，除了耕种养蚕，还被作为演耕之所。演耕多在孟春进行，翁同龢日记中记载了演礼的具体步骤："戊子二月二十七日，上诣丰泽园演耕。已正一刻驾至黄幄少坐，脱褂摄袵。户部郎中嵩申进犁，顺天府尹高万鹏进鞭，龢及孙贻经播种，孙贻经执筐，臣龢实播之，府丞阿桂执青箱（播种用），汉戈什爱班从御前侍卫扶犁，老农二人牵牛，凡四推四返，毕，至幄次进茶，还宫。"

从清初至乾隆前期，每年宴请蒙古王公、外藩、宗室的活动以及凯旋庆功筵宴都是安排在丰泽园举行。丰泽园内主体建筑为惇叙殿，乾隆十一年（1746 年）八月二十七日，乾隆赐王公、宗室 103 人宴于丰泽园，八月二十八日又赐满汉大臣、翰林 176 人宴于丰泽园。当时设御宴宝座于丰泽园内惇叙殿，赴宴的王公、宗室分列殿内及左右两厢，在园门摆设恩赏诸物。宴会后，王公、宗室大臣还到瀛台、淑清院、流杯亭等处游览，并在流杯亭赋诗联句。

光绪年间，惇叙殿改名为颐年殿，民国时改名颐年堂，袁世凯、段祺瑞等曾在此办公。1949年后改为会议场所。颐年堂东为菊香书屋，为毛泽东居住地。

丰泽园西侧有荷风蕙露亭、崇雅殿、静憩轩、怀远斋和纯一斋，荷风蕙露亭北为静谷，为一座幽静的小园林。静谷门上的对联为"圣赏寄云岩，万象总输奇秀；青阴留竹柏，四时不改芊葱"，为乾隆皇帝御笔。静谷内黄精清雅、静谧，景致旖旎，因此静谷也有"园中之园"的美誉。

静谷再北为春耦斋，民国时为总统办公处，袁世凯和段祺瑞曾在此召开过财政会议。中华人民共和国成立后，中央领导和中央办公厅、中央军委曾在这里举行过会议。

3. 怀仁堂

怀仁堂原址位于丰泽园东北，清光绪时修建，取名仪鸾殿，为慈禧太后居住和处理政务之所。慈禧太后将光绪囚禁于瀛台后，此处取代紫禁城成为实际意义上的政治中心。八国联军统帅瓦德西曾在此居住，其间不慎失火，将殿烧毁。之后慈禧太后另在中海西岸修建了新的仪鸾殿，后改名佛照楼，袁世凯称帝前改名怀仁堂，并在此接见外宾、接受元旦朝贺。

1949年，拆除了原建筑，修建了中式屋顶的两层楼房。9月21日，中国人民政治协商会议第一届全体会议在怀仁堂隆重举行。

中华人民共和国成立后，怀仁堂成为中央政府的礼堂，经常举行各种政治会议、举办仪式庆典和进行文艺演出。这里见证了共和国无数重大事件。

1952年10月，亚洲及太平洋地区和平会议在怀仁堂举行，这是中华人民共和国成立后召开的第一次大型国际会议。为了这次会议，怀仁堂进行了大规模的翻修，改建成为一座足够900人开会的大礼堂，舞台部分加高扩大，新安装了通风设备和同声传译设备，来自37个国家的414名代表出席了会议。

1955 年 9 月 27 日，在这里举行了朱德、彭德怀、林彪、刘伯承、贺龙、陈毅、罗荣桓、徐向前、聂荣臻、叶剑英被授予元帅军衔的典礼。

1956 年 4 月 27 日，中央工作会议在怀仁堂举行，会间休息时，毛泽东在倡议实行火葬的倡议书上签了名，这是中华人民共和国成立后领导人规格最高、签名规模最大的一次火葬签名，共有 115 人相继签名，也拉开了中华人民共和国自愿实行火葬的改革序幕。

1988 年 9 月 14 日上午，中央军委授予洪学智、刘华清、秦基伟等 17 人上将军衔的仪式在怀仁堂举行。

4. 紫光阁

紫光阁是中海西岸最重要的建筑之一。紫光阁阁高两层，面阔七间，单檐庑殿顶，黄剪边绿琉璃瓦，前有五间卷棚歇山顶抱厦。明武宗时为平台，台上有黄瓦顶小殿。明世宗时废台，修建紫光阁，清康熙时重修，成为皇帝检阅侍卫比武的地方。每年仲秋之际，康熙帝常集三旗（即镶黄旗、正黄旗、正白旗）侍卫大臣，在阁前的广场上演兵习武，骑马射箭；隆冬季节，则于阁前殿试武进士，选拔军事人才。

乾隆年间，由于西北地区少数民族上层分子叛乱，乾隆皇帝为了嘉奖平叛有功之臣，于乾隆二十五年（1760 年）重新修葺紫光阁，并在阁后新建武成殿一座，乾隆帝以擅长书法著称，欣然御书匾额，并题联一副，上联曰：干羽两阶崇礼乐；下联曰：东书万里集冠裳。殿内悬挂乾隆帝写的嘉奖武功的文章，还悬挂着 100 名功臣的画像，画像下写有赞语，其中 50 人的赞语是乾隆皇帝亲自撰写的。殿阁左右墙壁上镌刻了 224 首诗词，赞誉功臣们的武功成就。阁内还收藏了平叛中缴获的旗帜、武器等战利品。

乾隆二十六年（1761 年），紫光阁再次改建，改建后的紫光阁分上下两层，后殿称为武成殿，面阔五间，单檐卷棚歇山顶。乾隆提额"绥邦怀远"，左右有配联，上联"两阶干羽钦虞典"，下联"六律宫商奏采薇"。东西庑各

15 间，内中陈列石刻的乾隆题诗，以抄手廊与紫光阁相联结，形成了一个典雅、肃穆的封闭院落。

乾隆朝以后，紫光阁成为宴请国内少数民族王公和接见外国使节的场所。清朝后期，由于西方资本主义势力打开了中国的大门，清廷与国外交往日益增多，皇帝常在此接见外国的使节。

中华人民共和国成立后，党和国家十分重视文物古迹的保护工作，1953年紫光阁的大规模修复工作曾得到周恩来总理的亲切关怀。1953～1966年北京市西城区曾5次在这里选举区人民代表大会的代表，毛泽东、周恩来等党和国家领导人都在此与中南海的工作人员一起参加了选举投票。周总理和陈毅副总理等经常在紫光阁接见国家重要外宾。

5. 勤政殿

勤政殿——位于中海与南海之间的堤岸上，正门德昌门即南海的北门。

勤政殿是清代康熙年间在明代西苑原有的基础上修建起来的，是皇帝在西苑居住时的办公地点。清朝历代统治者都曾在此做出过很多重要的决策，例如戊戌变法时期，光绪皇帝和康有为就曾在这里商量过变法的事。辛亥革命以后，勤政殿成为北洋政府重要的会议厅之一。

1949年中华人民共和国成立前夕，两次新政治协商会议筹备会在此召开，作为起草中国人民政治协商会议共同纲领的第三小组组长周恩来总理，为了提高效率，方便同与会人士交换意见、统一认识、提出议案，曾住在勤政殿办公。

1950～1952年，勤政殿在原址进行了修缮。修缮后的勤政殿兼具中西风格，在长达十余年的时间里，是毛泽东接见和宴请外国首脑、著名人士的重要场所。它的3开间红色烫金大门建在7层台阶高的平台之上，配以琉璃瓦的大屋顶，结构严谨、气势宏伟。穿过正门是一个很大的天井式院落，青砖地面，严丝合缝。东西两边各有一尊铜制圆鼎香炉，在松柏中悠然而立。

勤政殿共有大小厅室30余间，由前厅、长廊通道、中门客厅、接见大厅、西客厅、主席办公室以及东餐厅等构成，处处相依相连，通畅便捷。各种各样用于照明、装饰的灯具多达 1 200 余盏；多宝框内陈列的文物珍品上至战国，下及明清多达 100 余件。这些国宝均是根据国家典礼需要，由专家选定，经党中央批准从北京故宫博物院借调来的，包括铜器、瓷器、玉器、石器、珐琅、漆器、紫檀等。

1956 年秋，印度尼西亚总统苏加诺来华进行友好访问时，毛泽东主席特别安排他下榻勤政殿，双方就两国友好条约的签订、文化合作以及经济技术合作达成了重要共识。

1958 年人民大会堂建成以后，虽然以国家名义的接待事宜转到人民大会堂，但毛主席的外事接见活动仍在勤政殿进行。20 世纪 70 年代，勤政殿因多处建筑结构破损、影响使用而被拆除。

6. 牌楼

老北京的主要街巷早年间都建有牌楼，牌楼亦称牌坊或简称为坊。元大都居民区曾划分为五十坊，坊各有门，门上署有坊名。到了明代，牌楼更是遍及京城各主要街巷。古时的牌坊主要是地名牌坊、衙署牌坊，作用为标识引导。后来，牌坊的作用又扩展为褒奖教育、炫耀标榜、纪念追思、宣扬道德等，于是便有了功德牌坊、功名牌坊、官宦名门牌坊、孝子牌坊、贞节牌坊、仁义慈善牌坊、历史纪念牌坊、学宫书院牌坊、文庙武庙牌坊、府第牌坊、会馆商肆牌坊、戏楼牌坊、陵墓祠庙牌坊、寺庙牌坊、园林牌坊等。

东单牌楼和西单牌楼即是明代永乐年间修建的。东单和西单的地名就来自它们所在位置的牌楼，这个"单"字真正的含义其实就是"单个"的意思，因为在这两个地方的路口北面各只有一个三间四柱三楼冲天式木牌楼。东单的牌楼叫"就日"，西单的牌楼叫"瞻云"。据考，这两座牌楼上的文字典出《史记·五帝记》："就之如日，望之如云。"意为东边看日出，西边望彩云。1916 年袁世凯当政，将"就日"和"瞻云"改为"景星"和"庆云"。因为这里的牌楼就是单独一个，所以老北京人就"东单牌楼""西单牌楼”叫开了。相应的，在它们以北不到 2 公里的十字路口分别有 4 个牌楼，于是，老北京也就称之为“东四牌楼”和“西四牌楼”。在 20 世纪 50 年代扩路，牌楼被拆除，于是只剩下了“东单”“西单”“东四”“西四”的地名了。2007 年，西单文化广场改造，复建了西单牌楼。

瞻云牌楼

另外值得一提的是，在东西长安街扩建之时，东西长安街上的两座牌楼因影响交通需要拆除，周恩来总理知道这件事后，为了保护这两座牌楼，特意指示北京市有关部门，于 1955 年 2 月 17 日将具有较高历史价值和艺术价值的东长安街牌楼（原位于王府井南口稍西）、西长安街牌楼（原位于府右街南口稍东）迁建于陶然亭公园内。牌楼开始准备建于窑台和公园东门内，后来改建在榭湖桥畔，是年春迁建竣工。两座金碧辉煌的牌楼，背衬花草树木覆盖的小山，倒影映在碧波荡漾的湖面，景色异常瑰丽，给游人留下了深刻印象。可惜的是，1971 年 9 月这两座牌楼成了“为封建帝王将相树碑立传”的标志，被一个工兵班在深夜里炸毁了。2011 年 9 月底，陶然亭公园按原有建制复建了两座牌楼，游人可以近距离地领略老北京的神韵。

在东单北边的西总布胡同口曾经还有一个牌楼，是我国人民近百年来反对帝国主义侵略压迫的见证。1900 年，八国联军入侵北京，德国公使克林德公然向义和团挑衅，被义和团团员当场打死。事后，清政府屈辱求和，不仅向德国赔礼道歉，还在克林德被打死的地方建了一个"三间四柱三楼"蓝色琉璃瓦顶、汉白玉石结构的牌楼，称为"克林德坊"，立于东单的东总布胡同。1918 年，第一次世界大战结束后，德国战败，老百姓把这座代表中国人民耻辱的牌楼拆了，用原来的材料移至中山公园再建，改名"公理战胜坊"。1952 年，在北京召开了"亚洲及太平洋地区和平会议"，决定将此坊改名为"保卫和平"坊。"保卫和平"四个字为郭沫若所提。

保卫和平坊

7. 消失的庆寿寺

庆寿寺原址在北京西长安街 28 号，即电报大楼西侧。该寺创建于金章宗大定二十六年（1186 年）。元至元四年（1267 年）建的双塔东西比肩排列，故又称双塔寺。双塔都是八角密檐砖塔，一塔为 9 层，是海云大师灵塔；另一塔为 7 层，是海云大师的大弟子可庵之灵塔。在海云禅师塔前原有"大蒙古国燕京大庆寿寺西堂海云大禅师碑"一座，碑文为"燕京编修所次二官"，王万庆撰，主要叙述了海云禅师一生的事迹，是研究金、元历史的重要史料之一，此碑现存于法源寺内。

金朝定都中都后，对宗教进行抑制和控制，并纳入国家管理。寺院多为朝廷支持或依"诏令"开办的，少数寺院是在朝廷特许下私办的，且为皇帝直接过问和允许。庆寿寺是金朝官办寺院之一。据《日下旧闻考》记载："上命役军民万人重修，费至钜万。即成，壮丽甲于京都诸寺。"修后之寺"完整雄壮，为京师之冠"。元代著名书画大师赵孟頫曾留诗云："白雨映青松，萧飒洒朱阁。稍觉暑气销，微凉度疏箔……"据说昔日庆寿寺前松树繁茂，树荫密布，还有流水横贯东西，景色十分美丽。

庆寿寺不仅建筑绮丽，而且在历史上还占有重要的地位。明初，燕王朱棣的心腹谋士姚广孝曾经在庆寿寺居住长达 20 年之久。姚广孝（1335 ~ 1418 年），字斯道，江苏长洲人，是明初著名的高僧，杰出的政治家、军事家、史学家和诗人。他 14 岁时在南京妙智庵出家，法名道衍。明洪武三年（1370 年），姚广孝跟随朱元璋第四子朱棣，从此步入了辅佐朝廷的政治生涯。洪武十三年（1380 年），他与朱棣一同前往北平镇守，并居住在王府西南方的名刹庆寿寺中。姚广孝每日往返于府、寺之间，与朱棣共商大事。在他的劝导下，燕王朱棣借着惠王削藩之机，打着"清君侧"的旗号，攻下建康（南京）取得了政权，姚广孝被明成祖赐予"资善大夫、太子少师"。但姚广孝拒绝了明成祖为他修建府第的美意，继续住在庆寿寺中，并且相继参与了《太祖实录》《永乐大典》的编修工作，从而成为明成祖年间的一代勋臣。永乐十六年（1418 年）姚广孝以 84 岁的高龄在庆寿寺"跌坐而逝"。为纪念他，在庆寿寺中设立了少师影堂，供奉其画像和遗物。传说京剧《四进士》中描写明代同科进士毛鹏、顾睦、刘题、田伦四人在双塔寺结盟，就是这里。

庆寿寺自建成起，一直受到当朝执政者的重视，曾作为金朝的庆寿宫及元朝太子的功德院，辉煌一时。明正统十三年（1448 年）重修后更名为"大兴隆寺"，又称"慈恩寺"。嘉靖十四年（1535 年），一场大火将该寺毁

庆寿寺

于一旦，仅存两座砖塔。经历此次劫难，庆寿寺风光不再。嘉靖十五年（1536 年）庆寿寺又被改为"讲武堂""演象所"，只是再也没有了昔日的规模。

1954 年，西长安街首次进行大规模的整顿与改建，在拓宽西长安街马路工程中，庆寿寺双塔和周围的建筑物一起被拆除。以精美的建筑构造和重要的历史地位矗立于百年风雨之中的庆寿寺双塔经历了由辉煌到衰败的历史过程，从此退出了历史舞台。

（五）城市雕塑

为了迎接中华人民共和国成立 50 周年，西长安街上安放了蒸蒸日上、书、树、南极石等城市雕塑，与原来的"和平""海豚与人""马踏飞燕"等雕塑一起为宽畅、端庄、靓丽的长安街增加了新的文化亮点，可谓锦上添花。新、老雕塑与整治后的长安街及其延长线的风貌融为一体，焕发出新的活力。

蒸蒸日上

由中央美术学院工程部雕塑家郝重海设计的"蒸蒸日上"建在西单文化广场，高度为 18 米。雕塑取材于老北京传统的"沙燕"风筝造型，高高耸立，象征着祖国文化艺术事业蒸蒸日上。

由卓纳艺术科技有限公司雕塑家佐娜设计的"书"建在西单图书大厦前广场，高度为 4 米。意喻书籍是人类进步的阶梯，造型为由书籍组成的螺旋上升状台阶，立意与造型完美地结合在了一起。

由鲁迅美术学院雕塑系霍波洋、屈东群、张沈、洪涛等雕塑家设计的"树"，建在中央教育电视台前绿地中。由 4 根稳定的树干支撑着 248 只鸽子组成的树冠，高达 6 米。每只鸽子都是用不锈钢精工细作而成，象征着和平和教育事业枝繁叶茂，祖国繁荣昌盛。

书

树

国家海洋局楼前的广场上安放了我国第三次南极考察队 1987 年采自中国长城南极站的南极石，象征着我国科技工作者的奋斗成果、任重道远的征程和开拓前进的恒心。

南极石

现在，当人们路过长安街时，看到伫立在长安街沿线的一座座城市雕塑，总会停下来观赏一番，这些各具特色的城市雕塑为美丽的长街增加了无尽的风采。

第四章 "两轴"交会
——天安门广场

　　天安门广场是北京南北中轴线和东西轴线长安街的交会之地，在北京城市建设和中华文明史上都有举足轻重的重要意义。天安门广场是世界上最大的城市中心广场，占地面积为 44 万多平方米，东西宽 500 米，南北长 890米，① 可以容纳 100 万人举行盛大集会。广场中央矗立着人民英雄纪念碑和庄严肃穆的毛主席纪念堂，广场东侧是中国国家博物馆，西侧是人民大会堂，南侧是正阳门城楼和箭楼，北侧是天安门城楼，两边是劳动人民文化宫和中山公园，这些雄伟的建筑浑然一体，完美地勾勒出了天安门广场的轮廓，使得整个广场宏伟壮观、整齐对称、气势磅礴。天安门广场于 1986 年被评为"北京十六景"之一，即"天安丽日"。同时，天安门广场也是无数重大政治、历史事件的发生地，见证了封建王朝的衰落和中华人民共和国的崛起。

一、天安门广场的历史变迁与重要庆典活动

　　公元 1271 年，忽必烈改国号为"元"，在金中都东北另建新城，命名为大都。大都的南门名为丽正门，就在今天的长安街略偏南的位置。"丽正"出

---

　　① 北京市地方志编纂委员会编：《北京志·建筑卷·建筑志》，北京出版社 2003 年版，第 129 页。

自《周易·离》："日月丽乎天，百谷草木丽乎土，重明以丽乎正，乃化成天下。"大意是：太阳和月亮依附在天上，百谷草木附着在土地之上。光明依附于正道，因此可以化成天下之物。也就是说，今天的天安门广场早在元大都时就已是进出皇城的必经之地，但真正奠定现在天安门格局的还是明代永乐皇帝迁都北京之后。

在皇城的最南端建有大明门（清代改为大清门，民国时成为中华门），即今天毛主席纪念堂的位置。大明门左右两侧各伸出两道红墙，分别向东和向西再向北，并在今天的东长安街西口和西长安街东口建了长安左门和长安右门。城墙再向北与承天门城墙相接，形成一个"T"字形广场，是举行皇家活动的重要场所，这就是今天天安门广场的雏形。

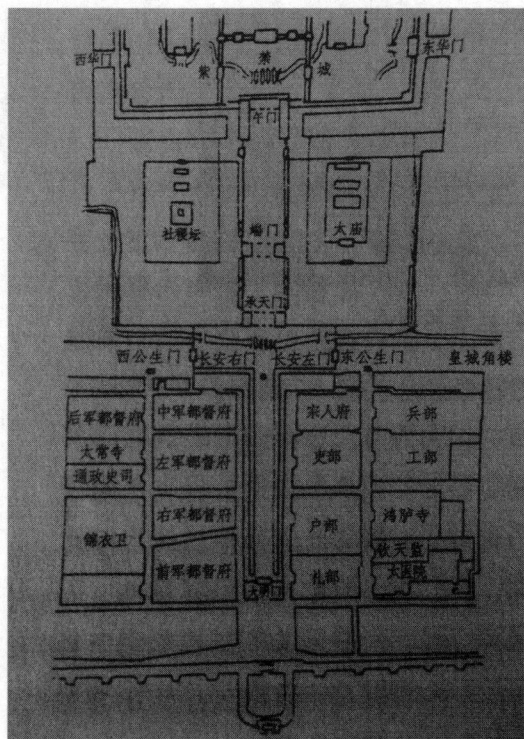

明代承天门及五府六部衙署示意图

在"T"字形广场外，按文东武西的规制排列，东侧为礼部、户部、吏部、兵部、工部、宗人府、鸿胪寺、钦天监和太医院等；西侧为前军都督府、右军都督府、中军都督府、后军都督府、太常寺、通政使司、锦衣卫等。

清代，这些机构大多沿用了明代旧址，只是清代在锦衣卫旧址上建立了刑部，还增设了都察院、大理寺。

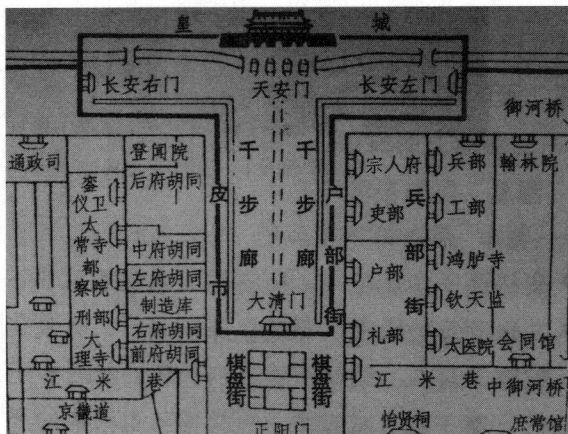

清代天安门广场示意图

民国初年，政府打破了皇城附近禁止随意穿行的规定，首先开辟了天安门的东西大道，神武门与景山之间也允许市民通过，从而打通了紫禁城南北和东西两条交通干线。后来又拆除了一些妨碍交通的城墙和侧门，基本形成了一个小的广场。

由于天安门广场的特殊地理位置，这里成为一些重大政治活动的舞台，在这里发生了五四运动、"一二·九"运动等，举世瞩目的开国大典也在此举行。

（一）天安门广场三次大规模改扩建工程

中华人民共和国成立后，人民政府对天安门广场进行了三次大规模整修和扩建，从而形成了现在占地面积44万多平方米的广场。

第一次改扩建工程是在共和国诞生之初。为了迎接开国大典，在1949年8月9~14日召开的第一届北平市各界代表会议上，做出了整修天安门和天安门广场的决定。修整工程主要包括五个部分：一是开辟一个能容纳16万人的大广场，清除广场地区多年遗留的渣土和障碍物，平整广场地面；二是修缮天安门城楼作为主席台，清除城楼顶上杂草，粉刷城楼和广场四周红墙；三是修建升国旗的设施；四是修补天安门前东、西三座门之间的沥青石砟路面1 626平方米；五是美化环境，种树、种花、种草等绿化工程。修整工程要求于9月底以前必须全部竣工，以便举行开国大典。当青年团北平市筹委会关于动员全市团员和青年一起参加修建天安门广场的号召在报上和校内公布后，两天内各校主动报名参加的学生就有18 000人。因为工作只需要4 000人，要来劳动的学生又非常多，以致很多学校不得不采取抽签的办法来解决。

在天安门广场的整修工作中，写有"北平青年建设队""星期六义务劳动队""劳动服务队""建设人民首都"字样的旗帜迎风矗立。在锣鼓声中，人们扬起锄头、铁锹和铲子，挖松沙土，铲除石头，填平了300多个大坑。尽管有不少人在劳动中擦破了皮，手上磨出了泡，但他们仍干劲十足。经过北平广大人民群众的突击劳动，圆满完成了天安门广场的清理任务。

天安门广场第二次改扩建工程是在1959年。1958年夏，中共中央政治局扩大会议决定大规模改建天安门广场，迎接新中国成立十周年大庆。对此，毛泽东指示：改建天安门广场，要反映出我国历史悠久、地大物博、人口众多的特点，气魄要大，要使天安门广场成为庄严宏伟，能容纳100万人集会的世界上最大的广场。周总理遵照毛主席的指示精神，多次强调，天安门广场一定要体现出"人民当家做主"的主题思想和时代精神，并对广场的规划以及建筑物的设计、模型等从指导思想到艺术构思，都作了详细而明确的指示。

1959年9月，古老的天安门经过重修，焕然一新，三面红墙连同阻碍交通的东、西长安门一并彻底拆除。广场西侧是象征着人民至高无上政治权力的人民大会堂，它是国庆十周年工程中规模最大的一个，东侧是意味着"人民——只有人民才是创造世界历史的动力"的中国革命博物馆和历史博物馆，连同广场先已建成的人民英雄纪念碑，形成全国各族人民共同向往的政治活动中心，一个规模雄伟、气势磅礴的人民广场呈现在人们面前。天安门广场改造以其优良的工程质量获得了国家建设部颁发的建筑业最高奖——中国建筑工程特别鲁班奖。

1999 年，天安门广场进行了第三次改造。最初的改造方案有四项内容，即地面铺装、改善照明状况、更新扩声系统和改造金水河喷泉。随着改造工程的进行，又陆续增加了一些项目，包括增加近万平方米的绿地，改造广场地下公共设施，在广场四个角安装 4 个高杆灯，清洗人民英雄纪念碑，维修天安门城楼、观礼台和天安门院内各种设施等项目。改造后的天安门广场气势更加庄严雄伟，功能更加趋于完善，环境更加优美，充分展现出了国际化大都市城市中心广场的形象。

除了大规模的改扩建，随着时代的发展，天安门广场还增加了一些高科技元素。为了迎接中华人民共和国成立 60 周年，中央决定在天安门广场两侧和人民英雄纪念碑北端两侧安装四块长 100 米，高 7.5 米的电子显示屏，实时播放国庆游行的动态。从设计、加工到制作，LED 像素材料和关键元器件均选用了国产产品，核心技术为国内自主研发，主要技术均达到了国际同类产品的先进水平。显示屏还具有防水、阻燃等功能。为了防止特殊天气和活动对电子显示屏的影响，还对这四块屏幕作了抗雷击等处理，确保电子显示屏能够轻松应对雷雨天气以及庆典中的烟花燃放环节。国庆结束后，相关部门拆除了天安门广场西北角和东北角两块较小的显示屏，人民英雄纪念碑两侧的两块显示屏分别向东、向西平移了十几米，将人民英雄纪念碑的主体结构完全显露了出来，视觉上显得更加美观大气。2010 年 8 月，这两块显示屏更换为更加清晰的 LED 屏幕，现在的屏幕每块面积近 200 平方米。天安门广场是中华人民共和国的象征，中国自主制造的显示屏不仅为天安门广场注入了新的现代科技元素，而且体现了我国民族科技产业的发展水平，说明我们有能力赶超世界先进水平。

从 2011 年 3 月开始，天安门广场的巡警统一装备了电力驱动单人巡逻车，这种巡逻车是世界新型的动力型环保电动交通工具。一方面提高了出警的机动性和灵活性；另一方面，也符合现代绿色低碳的理念，成为天安门广场一道亮丽的风景线。与此同时，市园林绿化局对天安门广场绿化进行了升级，将广场两侧原有的临时性草坪改造为永久性绿化景观，丰富了广场绿化的层次，增加了广场的色彩，美化了景观，还起到了缓解区域热岛效应的作用。绿色灌木还被修剪成为充分反映中华传统文化的"祥云"图案。

（二）重要庆典活动

天安门广场处于北京城市中心，南北中轴线与东西中轴线相交于此，见证了中国多个重大甚至具有划时代意义的重要庆典与活动，可以说，它的身躯上镌刻了无数的精彩瞬间。

1. 开国大典

1949 年初，北平和平解放，历史翻开了新的一页。随着人民解放军在全国各个战场上取得了决定性的胜利，中共中央决定 1949 年 10 月 1 日成立中华人民共和国中央人民政府，同时举行一个盛大的典礼。为了办好这件中华民族历史上的盛事，成立了以周恩来为主任，彭真、林伯渠、聂荣臻、李维汉等为副主任的开国大典筹备委员会。筹备委员会很快提出了方案：在天安门广场举行中华人民共和国中央人民政府成立典礼；在开国大典上举行中国人民解放军阅兵式；在开国大典上举行人民群众游行活动。

1949 年 10 月 1 日下午 3 时整，中央人民政府秘书长林伯渠宣布典礼开始，军乐队高奏《义勇军进行曲》，中央人民政府主席毛泽东庄严宣告：中华人民共和国中央人民政府成立了，并亲手启动电钮，升起了第一面中华人民共和国国旗，54 门礼炮齐鸣 28 响，代表中国共产党领导全国人民经历 28 年艰苦奋斗，最终取得了新民主主义革命的胜利。毛泽东还庄严地宣读了《中华人民共和国中央人民政府公告》。

随后，举行了盛大的阅兵式。这次阅兵式是人民解放军建军后的首次庆典。受检阅部队以分列式由东向西在"八一"军旗的引导下，以威武雄壮的军容和整齐的步伐在《人民解放军进行曲》等军乐声中依次经过天安门。最先通过主席台前的是代表人民海军的水兵分队，紧接着步兵师、炮兵师、战车师、骑兵师相继通过主席台。在战车师通过天安门时，人民空军的 17 架飞机（其中 9 架飞机两次飞过天安门广场，天安门广场上空共有 26 架次飞机通过）分别以三机、两机编队由东向西飞经天安门广场上空。顿时，广场和城楼上爆发出如雷如潮的掌声和欢呼声。阅兵式持续了近 3 个小时。

阅兵式结束后是欢腾的群众游行队伍，一队队的群众手举着小旗通过天安门。晚上 9 时 25 分，无数彩色的礼花盛开在夜空中。整整一个夜晚，天安门广场灯火辉煌，首都军民载歌载舞，尽情地欢度这中华人民共和国的第一个夜晚。中国历史从此翻开了新的篇章。

2. 中华人民共和国成立 35 周年庆典

1984 年 10 月 1 日上午 10 时中华人民共和国成立 35 周年庆典开始，军乐队高奏国歌，28 响礼炮响彻云霄，五星红旗迎风飘扬。天安门广场上，10 万名身穿鲜艳服装的少先队员、青年学生和青年工人手持着花束轮番变换出 5 个巨大图案：金色国徽和数字"1949—1984"；绿底白字的"祖国万岁"；红底白字的"振兴中华"；绿底白字的"保卫和平"；红底黄字的"中国共产党万岁"。整个广场从空中到地面色彩缤纷、蔚为壮观。

邓小平检阅了陆海空三军、武装警察和男女民兵、机械化部队组成的 42 个方队。随后，举行了盛大的阅兵式。中国人民解放军仪仗队、军事学院、海军学院、空军学院、炮兵学院、装甲兵学院和陆军学校的方队依次而过。英姿飒爽的女卫生兵方队第一次出现在阅兵序列中。接着，反坦克导弹、火箭炮、火箭布雷车、榴弹炮和加农炮、装甲输送车、坦克车、装甲自行火炮、自行加农榴弹炮、导弹、战略火箭等 24 个机械化方队依次接受检阅。这次阅兵是在全面改革开放和现代化建设取得巨大成就的形势下举行的，是中国自改革开放后举行的首次国庆阅兵，充分展示了中国人民解放军在革命化、现代化、正规化建设方面取得的巨大成就，其中战略导弹是首次向全世界公开亮相，成为当时世界上最具有轰动性的新闻。

阅兵式后，国庆群众游行开始了。首先进入广场的是整齐、庄严的仪仗队。身穿白色服装的工人和学生，在行进中用红绸条幅平展出国旗；青年们手持粉红色月季花束组成花坛；身穿鲜艳民族服装的各族同胞簇拥着国徽，有20辆大型彩车随着队伍通过了天安门广场。其中最值得一提的是，当游行队伍行进至天安门广场时，突然闪现出一条写着"小平您好"的横幅，这是北京大学生物系81级的同学为了向党表达当代大学生对知识分子政策的赞美，向制定这些政策的邓小平表示敬意而特意制作的。此画面瞬间传遍世界，成为共和国历史上珍贵的记忆瞬间。中午12点，天安门广场上5 000多个气球腾空而起。礼花炮声隆隆，孩子们和站在广场四周的几万名同伴一起涌向天安门，首都沉浸在一片欢乐的海洋之中。

3. 点燃亚运圣火仪式

中共十一届三中全会后，我国的政治、经济、文化等日益繁荣昌盛。1983年8月23日，经中共中央、国务院批准，中国奥委会向亚洲奥林匹克理事会正式提出在北京举办第十一届亚洲运动会（以下简称亚运会）的申请。1984年9月28日，亚奥理事会第三次代表大会表决通过由中国北京承办1990年第十一届亚运会。

为了办成一次出色的亚运会，党和政府给予高度重视。1990年8月7日，在距西藏拉萨市以北100多公里的念青唐古拉山下，举行了庄严圣洁的第十一届亚运会圣火火种采集仪式，由14岁的藏族少女达娃央宗用双手高举起用木柴从太阳灶上取得的火种，然后护送到北京。

8月22日上午8时4分，中共中央总书记江泽民大步登上天安门广场南端的点火台，在红地毯上用取自念青唐古拉峰下的火种，点燃了第十一届亚运会的第一支火炬。当火焰腾起之际，6 万羽信鸽同时振翅直上蓝天，带着亚洲体育史上规模最大的盛会正式拉开序幕的信息向四面八方飞去。"亚运之光"火炬点火仪式虽然仅历时 7 分钟，但意义深远，它标志着中国正式登上了世界性综合性体育大赛的主办者之列。杨阳、黄志红、李春阳和许艳梅 4 名著名运动员作为世界冠军的代表，分路传递主火炬，火炬被传递到我国 4 个端点城市——海口、乌鲁木齐、拉萨和哈尔滨，然后再从这 4 个城市传回北京，传递遍及我国大陆 30 个省、自治区、直辖市，寓意亚运圣火传遍祖国的神州大地。

9 月 20 日晚 8 时 20 分，经过 1.7 亿人的传递，行程 18 万公里的"亚运之光"火炬传送回了天安门广场，由李鹏总理亲自点燃了第十一届亚运会开幕式主火炬的火种。火种在宝鼎里亮起的瞬间，高昂嘹亮的钟鸣响彻了灯火通明的天安门广场。随后，30 余米宽的礼花带冲天而起，在天安门前立起一道斑斓闪烁、五彩缤纷的光屏；800 名小学生组成的七色光鼓号队奏起欢快的乐曲，3 000 名中学生点亮彩色手电筒，在盛着火种的宝鼎四周组成面积为527 平方米的巨大的北京亚运会会徽，欢声笑语响彻了天安门广场。

4. 迎接香港回归庆典

经历了百年沧桑的香港回归祖国是中华民族的盛事，1997 年 6 月 30 日晚，北京市各界群众 10 万人在天安门广场载歌载舞，表达首都人民对香港即将回归祖国的喜悦之情和美好祝福。

人民英雄纪念碑前，一字排开的六个巨型灯箱上书"庆祝香港回归"六个大字，格外耀眼夺目。天安门广场中心和中国国家博物馆前的倒计时牌前搭建起两个大型舞台。22 时整，联欢晚会开始，广场上 22 个焰火点礼花绽开。刹那间，天安门广场上空变成一个璀璨的世界。伴着威武雄壮的鼓声，八只雄狮腾挪翻滚，两条长龙蜿蜒起伏，人们以中华民族传统的龙腾狮舞欢庆方式喜迎香港回归。

最引人注目的当数中国国家博物馆前的 100 盏大红灯笼，象征着香港经历百年沧桑之后终于回到祖国的怀抱。红灯映衬着倒计时牌下的"北京祝福你——香港"七个熠熠生辉的大字。中国政府对香港恢复行使主权倒计时牌矗立于1994年12月19日《中英联合声明》签署10周年之际。从此，这个高16米、宽9.6米的倒计时牌便成为天安门广场上的一个重要景观。

当倒计时牌跳出"零"的时候，广场上锣鼓喧天，掌声雷鸣，人们为这一神圣时刻欢呼。北京电报大楼同时奏响《东方红》，划破了京城的夜空，回荡在全中国，传遍了全世界。这一刻，中华人民共和国国旗和香港特别行政区区旗在香港庄严升起，香港终于回到了祖国的怀抱。

5. 迎接澳门回归庆典

1999年12月20日，我国政府对澳门恢复行使主权。12月19日晚，北京市各界群众3万人冒着凛冽的寒风，在天安门广场举行了盛大的联欢活动。

23时15分，规模宏大的联欢晚会在天安门广场开始了。雄狮腾跃，巨龙飞舞，在龙腾狮舞的变幻中构成了中国版图。在天安门广场群众联欢区，来自北京市东城、西城、宣武、崇文4个城区的群众代表，演出了丰富多彩的文艺节目。

中国国家博物馆前的"中国政府对澳门恢复行使主权倒计时牌"矗立于1998年5月5日，这一天是澳门特别行政区筹备委员会正式成立之日。倒计时牌前的舞台成为北京市人民迎接澳门回归祖国联欢晚会的中心，舞台中央是一朵直径10米、高3米的莲花，周围彩旗飞舞，红灯高挂，"澳门你好"四个大字熠熠生辉。

23时35分，伴随着冲天的礼花和广场上的欢呼雀跃，大型音乐舞蹈节目《澳门你好》将联欢推向了高潮。20日零时，矗立在北京天安门广场东侧的澳门回归倒计时牌显示出"0天0秒"，天安门广场礼花齐放，人们载歌载舞，澳门终于回到了祖国的怀抱。

6. 中华人民共和国成立50周年庆典

首都各界庆祝中华人民共和国成立50周年大会于1999年10月1日在北

京天安门广场隆重举行。50万各族军民以盛大的阅兵仪式和群众游行欢庆伟大祖国的这一盛大节日。

江泽民在庆典上向世界宣布：从20世纪中叶到21世纪中叶，中国人民经过100年的艰苦创业，将基本实现社会主义现代化。阅兵式上，来自陆军、海军、空军、武装警察部队、民兵预备役的1万多名官兵和400多台战车、火炮、各种导弹等，分别组成17个徒步方队和25个车辆方队通过了天安门广场。此次受阅的42种装备，90%以上都是新装备，绝大部分都是自行设计和生产的，首次展示的空中加油机标志着中国空军的远程作战能力有了突破性进展。

阅兵式结束后，在《歌唱祖国》乐曲声中，群众游行队伍紧随受阅部队进入天安门广场。在"国旗""国庆""国徽"3个仪仗队方阵后，欢乐的游行队伍依次展示了"开国·创业""改革·辉煌""世纪·腾飞"3个主题，生动地反映了中华人民共和国成立50年特别是改革开放20年来，在党中央领导集体的带领下发生的翻天覆地变化。

与以往相比，50周年国庆盛典创下一连串之最：最多样化的方队——参加游行的共有38个方队；最浪漫的方队——由75对新婚夫妇组成的方队，他们分别穿着西装和婚纱，手持百合花和康乃馨走过天安门广场；最多的游行彩车——参加游行的彩车共有90多台，除全国31个省、自治区、直辖市均设计制作外，港澳台也各制作了1台，充分显示各地的地域风貌和特色。

晚上8时，中共北京市委书记、北京市市长贾庆林宣布联欢晚会开始。"世纪颂歌""东方之光""祖国颂"等新式礼花在天安门广场等11个燃放点竞相绽放。随着撼天动地的鼓声，由"贺神州普天同庆""吟中华流光溢彩""颂祖国万众欢腾"3个部分组成的大型文艺演出揭开序幕。在金水桥前278米长、60米宽的中心表演区，来自全国14个省、自治区、直辖市的1万多名演员以行进表演的方式，将我国各地区、各民族千姿百态的鼓舞、灯彩、戏曲、歌舞一一展现，抒发了对祖国的热爱。

7. 中华人民共和国成立 60 周年庆典

2009 年 10 月 1 日上午，首都各界庆祝中华人民共和国成立 60 周年大会在北京天安门广场举行。10 时整，中共中央政治局委员、中共北京市委书记刘淇宣布庆祝大会开始。胡锦涛乘车沿着宽阔的长安街，依次检阅了由中国人民解放军陆海空三军和人民武装警察部队、民兵预备役部队组成的 44 个地面方队。10 时 37 分，阅兵式开始。这次阅兵是新世纪的第一次阅兵。一共有 56 个方队和梯队，其中徒步方队 14 个，装备方队 30 个，空中梯队 12 个接受检阅。这次阅兵重点展示了中华人民共和国成立 60 年来特别是改革开放 30 年来国防和军队建设的成果，要素之全、装备之多、兵种专业之广，都超过以往历次阅兵。中国空军首批 16 名战斗机女飞行学员，首次驾驶歼击机参加空中受阅。

阅兵式后，群众游行开始。由 10 万各界群众、60 辆彩车组成的 36 个方阵和 6 节行进式文艺表演依次通过天安门广场，与广场上 8 万青少年呈现的背景图案相呼应。游行活动演绎了中华人民共和国 60 年流动的发展史，表达出对未来的美好祝愿。群众游行以"我与祖国共奋进"为主题，分为"思想篇""成就篇""未来篇"三大篇章和"奋斗创业""改革开放""世纪跨越""科学发展""辉煌成就""锦绣中华"和"美好未来"7 个部分。

20 时，首都各界庆祝中华人民共和国成立 60 周年联欢晚会在北京天安门广场隆重举行，晚会以"礼赞祖国、讴歌时代、振奋民心"为主题。党和国家领导人同首都各界代表一起登天安门城楼，同首都各界群众齐聚一堂，一起载歌载舞，观看精彩的文艺演出和绚丽的大型焰火表演。晚会历时 100 分钟，共分为"和谐中国""腾飞中国""崭新中国"和"同歌共舞"4 个联欢表演板块，近 6 万人参加表演。晚会上，解放军战士与"发光树"共同完成"光立方"表演、网幕烟花与特型焰火盛大燃放、数十位著名歌手不间断地联唱、民族舞蹈与民众联欢异彩纷呈。焰火表演时，从建国门立交桥到复兴门立交桥沿长安街，特效焰火装置自东向西发射出 60 只"和平鸽"飞过天安门广场。

天安门广场不但记录了共和国的历史，也展现了共和国的现在，更预示着共和国美好的未来。

二、天安门广场周边建筑设施

（一）天安门城楼

天安门城楼位于天安门广场北端，面临长安街，是中国古代最壮丽的城楼之一，并以其杰出的建筑艺术和特殊的政治地位为世人所瞩目。

"靖难之役"后，明成祖朱棣即位，年号为永乐，并改北平为北京。从这时起，他就筹划迁都北京，并且做了长期的准备。据史书记载，明永乐十五年（1417 年）皇城的正门——承天门开始动工兴建，永乐十八年（1420 年）建成。建成后的承天门为黄瓦飞檐三层楼式，因完全仿照南京的承天门而得名，被视为皇帝承天命和敬天之地，取"承天启运，受命于天"之意，这就是最早的天安门。同年，明成祖朱棣迁都北京。

明英宗天顺元年（1457 年），承天门被烧毁。宪宗成化元年（1465 年），工部尚书白圭主持重新修复了承天门，由原来的 5 间扩大为 9 间，并且将牌坊式改为宫殿式结构，基本具有了现在天安门的规模。明末战乱中，承天门被焚毁。清顺治八年（1651 年）重新修建，新建城楼高 33.7 米，面阔 9 间，进深 5 间，以示皇帝的"九五之尊"，并正式改名为"天安门"。

清朝为什么把"承天门"改称为"天安门"呢？这是因为清朝贵族入主中原后，为了达到长治久安的目的，除了采取一些必要的措施外，还在宫殿和城门的名称上煞费苦心。由于当时接连不断的反清斗争威胁着清王朝的统治，因此统治者以"和""安"为策略，以求达到统治的长治久安。顺治帝将紫禁城前朝三大殿分别改名为"太和殿""中和殿"和"保和殿"，都带有一个"和"字；而将皇城的四个门分别命名为"天安门""地安门""东安门"和"西安门",都带有一个"安"字。"天安门"取"受命于天,安邦治国"之意,寓有"外安内和,长治久安"的含义。天安门这个名称沿用至今。

天安门的建筑面积为2 000多平方米,有60根成行排列的柱子。《大清会典》中称为"雕扉三十六",意思是每间有四扇红色油漆的菱花窗门下都有雕花裙板,四周有汉白玉栏杆,望柱上有莲瓣瓜头,柱子之间的栏板为荷瓶雕刻。此外,城楼上方是形如龙爪菊一样的斗拱,梁枋上有华丽的缠枝莲和宝珠吉祥草的彩绘;暗檐处多是青、蓝、绿等,与鲜艳的红柱、红墙交相映衬,十分美观。

城楼上,东西两侧各建有3间黄瓦红墙、红窗的小房子,这是守卫天安门城楼的护军的住房。天安门城楼由汉白玉的须弥座和砖石组成。须弥座高1.59米,砖台高13米,用每块42公斤的大砖石砌成,砖缝间灌的是糯米石灰汁,非常结实和坚固。天安门总高为33.7米。

天安门城楼有5个门洞,即"五阙",门洞呈券形,大小不一。中间的门洞最宽,宽5.25米,高8.82米,为皇帝通行之用;两侧对称的门洞宽度依次为4.43米和3.38米。每个门洞都有两扇朱红的大门,门上装饰有99个镀金的门钉和龙头铺首。

明、清两代,天安门是皇帝进行活动的重要地方之一。每逢冬至祭天、夏至祭地、孟春祈谷、仲夏亲耕以及皇帝大婚、出兵等隆重的典礼,皇帝及随从人员都要从天安门出入,另外,皇帝登基、册立皇后和皇太子等也都要在天安门城楼上举行颁诏仪式,这个仪式称为"金凤颁诏"。据《天下旧闻考》记载:"凡国家大事,覃恩,宣诏书于门楼上,由垛口正中,承以多云,设金凤衔而下焉。"诏书是两尺宽两丈长的硬黄纸,边上饰有金龙,纸上写着诏令的缘由和内容。明代颁诏时,用一根龙头杆系彩绳顺墙而下。清代颁诏时,在天安门正中设宣诏台,宣昭后,众官员行三拜九叩礼,宣诏官将诏书放在一个四周雕刻云状的镀金圆木盘内,名为"朵云",然后来到城楼正中,将诏书用黄丝线悬系在一个木雕金凤的口中,金凤口衔诏书徐徐而下,好像天子之命由金凤乘祥云自天空降落到人间。礼部官员用云朵盘接下诏书,放入龙亭后送到礼部,由礼部将诏书印好颁行天下。这个过程称为"金凤颁诏"。

历史上最后一次在天安门城楼举行"金凤颁诏"仪式是1912年2月12日颁布末代皇帝溥仪的退位诏书。1月,隆裕太后迫于革命形势连续召开了几次御前会议,决定同意接受共和政体,在获得清帝退位的优待条件后,于2月12日在养心殿举行的最后一次朝会上,以宣统皇帝的名义颁布退位诏书。诏书长53厘米,宽21.5厘米,仍然按照以前"金凤颁诏"的程序颁布,这个诏书的颁布标志着清王朝的灭亡。在中国历史上延续了两千多年的封建王朝从此宣布结束,而作为历史见证的《清帝退位诏书》现存于中国国家博物馆内。

自1949年开国大典起,天安门城楼正中就一直悬挂着毛泽东主席的画像,几十年间,画像曾几次更换,历年来绘制毛主席画像的人是谁呢?

中华人民共和国成立前夕,按照开国典礼筹委会的布置,要在天安门城楼红墙中央悬挂毛主席的巨幅画像。筹委会把这项任务交给了国立艺专实用美术系教师周令钊。周令钊所画画像的原型是新华社摄影局的郑景康在延安给毛主席拍下的照片:毛主席头戴八角帽,身着粗呢子制服,脸庞稍仰,带着慈祥的笑容。画像即将完成时,聂荣臻指出,虽然照片上毛主席的衣领是敞开的,但开国大典要庄重严肃,因此,衣领改为中山装样式。周令钊和他的学生们重新改画了衣领。9月底,毛主席的巨幅画像挂上了天安门城楼。

在1950年国庆典礼时中央决定,因为中华人民共和国已经成立,毛主席画像不应再以八角帽和战争年代的衣着出现,因此需要重新画像。北京市人民美术工作室的辛莽应胡乔木邀请来到中南海,完成了画毛泽东巨幅画像的任务,这次画像挂出后反映非常好。

1953~1964年的毛主席画像由我国著名肖像画家张振仕所画。自1964年起,著名画家王国栋承担起了这项任务。他通过中西结合的方法使主席画像愈益显示出领袖的风度和神采,普遍为广大人民群众所接受。

1978年,年轻的画家葛小光担起绘制画像的重任。葛小光师从王国栋,画室在天安门城楼的西北角，是一座面积为 90 平方米，高 8 米多的铁棚子。绘制工作一般在每年 8 月中旬开始，9 月下旬完成。

开国大典前，天安门城楼经过修整，焕然一新。除了毛主席画像，城楼上还有两条巨幅标语，一条是"中华人民共和国万岁"，另一条是"中央人民政府万岁"。1950 年国庆时天安门城楼东侧的"中央人民政府万岁"改为"世界人民大团结万岁"。这两条标语的书写者是钟灵（1921～2007 年），他是中国人民政协会徽和我国国徽的参与设计者之一，还曾经应邀为中华人民共和国人民币书写"中国人民银行"六个字。

天安门城楼

1949 年 10 月 1 日，毛泽东主席在这里庄严宣告："中华人民共和国成立了，中国人民从此站起来了"，并亲自升起了第一面五星红旗。由于没有合适的国徽，开国大典时没能在天安门城楼上悬挂国徽，这不能不令人感到遗憾。正是在这种背景下，为了赶在 1950 年的国庆节挂上国徽，全国政协决定分别组成以梁思成、林徽因为首的清华大学营建系设计组和以张仃、钟灵为首的中央美术学院设计组，开展国徽设计竞赛。在近一年时间里，两组专家提出多种设计图案，国徽审查小组一审再审，设计专家根据评审意见和建议一次次修改。

1950 年 6 月 20 日，周恩来主持审议国徽设计方案的会议，经过讨论和比较，会议确定了清华大学营建系设计小组的方案。"图案以国旗上的金色五星和天安门为主要内容。五星象征中国共产党的领导与全国人民的大团结；天安门象征新民主主义革命的发源地。以革命的红色作为天空，象征无数先烈的流血牺牲。底下正中为一个完整的齿轮，两旁饰以稻麦，象征以工人阶级为领导，工农联盟为基础的人民民主专政。以通过齿轮中心的大红丝结象征全国人民空前巩固，团结在中国工人阶级的周围。"6 月 23 日，全国政协一届二次全体会议通过了国徽设计图案，天安门城楼作为中国人民反帝反封建的民族精神象征，正式出现在中华人民共和国国徽中。9 月 20 日，中央人民政府主席毛泽东命令公布国徽图案。

中华人民共和国成立后，天安门城楼经历过多次维修加固，但安全问题始终未能彻底解决。特别是 1969 年河北省邢台地区发生了强烈地震，造成天安门城楼的损坏、变形更为严重。为了确保安全，1969 年底，国务院决定彻底拆除天安门城楼，在原址按原规格和原建筑形式重新修建一座天安门城楼，建筑材料全部更新。由于天安门城楼结构复杂、工艺难度大，中共中央和国务院组成了由总参谋部、北京卫戍区、北京市革命委员会等有关部门参加的"天安门城楼重建领导小组"。被指定承担这项任务的是北京第五建筑工程公司（现北京建工集团五建公司），他们选派了政治可靠、技术过硬的精兵强将，按部队编制组成了木工连、瓦工连、彩油连、架子工连和混合连 5 个施工队。从 1969 年 12 月 15 日正式开工，到 1970 年 4 月 7 日竣工，整个工期只花了 112 天。重修后的天安门城楼比原来"长高了"83 厘米，恢复了史料记载的原始高度。同时，在完全保留原有的外形、结构布局的基础上，按 9 级抗震能力设防，极大地增加了建筑的安全系数。另外，重修后加装了电梯，增设了供电照明、上下水、热力暖气、电话、电视广播、新闻摄影等现代化设施，并将天安门底座两侧的"世界人民大团结万岁"和"中华人民共和国万岁"标语牌改为玻璃钢材料，外包铁角。

中华人民共和国成立 35 周年和 50 周年庆典前夕，天安门城楼又经历了两次较大规模的维修，大殿天棚顶恢复了原有的"金龙和玺"彩画。1988年1月1日，天安门城楼正式向国内外游客开放，现在，古老而又崭新的天安门城楼每天都敞开它那宽阔的胸怀，迎接着来自世界各地的宾朋。它那庄严肃穆的形象，不仅成为国徽的重要组成部分，更是成为中华人民共和国的象征。

（二）国旗旗杆

天安门广场国旗旗杆位于广场北端，处于广场南北中轴线上，是专门用作升降国旗所使用的旗杆，也是中华人民共和国的标志之一。《中华人民共和国宪法》规定天安门广场是每日升挂国旗的地方之一。

中华人民共和国的第一根国旗杆是1949年10月1日开国大典时毛泽东主席在天安门广场亲自按下电钮升旗时所用的旗杆，旗杆总高度为22.5米，由钢管焊接而成。杆下有4平方米的方形基座，围以汉白玉石雕栏杆。中华人民共和国的第一面国旗即从此杆升起，此后这支旗杆一直使用了42年之久。

最初，天安门广场的升旗仪式并没有"专业升旗手"，由于升旗的电力系统是由北京电力局设计的，因此升旗的任务最初一直由北京供电局负责。1951~1976年的26年间由北京市供电局工人胡其俊负责，每次他都是早上带着国旗到广场升起来，晚上再降下带回。胡其俊成为迄今为止在天安门广场升旗时间最长的人。从1977年底至1982年12月，由卫戍部队的两名战士担负升国旗任务，一人引路，一人扛旗。

1982年12月28日，原武警北京总队第六支队十一中队五班——也是今天的"国旗班"，进驻天安门广场执勤，担负天安门广场国旗升降和守卫的任务，并逐步制定了一套仪式，同时与天文台合作，保证国旗与太阳同时升降。从此，天安门广场上有了第一套规范的国旗升降仪式，这个班也被人们称作"天安门国旗班"。这一仪式沿用了8年，直到1991年。

1991年，天安门广场经过40多年的发展发生了很大的变化，原来的国旗杆与周围高大的建筑物相比已显得不太协调。经过专家的计算与论证，于

1991 年 2 月对国旗杆和基座进行了改造。新旗杆仍位于广场南北中轴线上，但比第一根旗杆南移了 7 米。旗杆由原来的 22.5 米增加到 32.6 米，地面以上高 30 米，比第一根旗杆地面以上高 8 米，使升旗、降旗仪式更加神圣、庄严。新旗杆总体重约 7 吨，由无缝钢管焊接而成。基座占地 400 平方米，内层为 6 米见方的旗杆基座，座高 45 厘米，四周围以 90 厘米高的汉白玉石雕栏杆。中层为赭色花岗岩地面带，外层为草坪绿化带。

与此同时，升旗仪式也进行了第二次改革，由原来 3 名武警战士组成的升降国旗仪式改为 36 名武警官兵。每逢重大节日和每月逢"1"（即每月 1 日、11 日、21 日）时，还有 62 名军乐队员现场演奏国歌，再加上 2 名升旗手，总共 100 人，使升旗仪式更加庄严、隆重，现场演奏三遍国歌，以配合与太阳同步升起。平日升旗仪式由国旗护卫队 38 人完成，升旗时播放《国歌》录音，降旗由国旗护卫队单独完成，不播放音乐。

国旗旗杆

1992 年 12 月，经国务院和中央军委批准，在原来国旗班的基础上，扩建成立国旗护卫队，即中国人民武装警察部队北京市总队第二师十四支队二大队六中队。从 2004 年 6 月 1 日起，取消原定的每月 3 次大升旗，武警军乐团只在每月第一天及重大节日时参加升国旗仪式。

广场上的国旗即使未受损，悬挂的最长时间也不能超过 10 天。每逢重大节日，必须更换新国旗，以确保国旗的圣洁和完整。经初步计算，中华人民共和国成立以来在天安门广场至少升起过 4 000 多面国旗。开国大典时所用的国旗已作为国家一级文物存放在中国革命博物馆，历次国庆庆典上所升降的国旗曾随"神舟"一号宇宙飞船翱翔太空，现在也被有关部门收藏。

国旗是一个国家的象征，也是一个民族的骄傲，国旗带给人们荣耀和爱国情结，这种情结随着时间的延续不断地沉淀，沉淀到每一个中国人的记忆里。现在，北京人和全国各地来京旅游、办事的人们总是会怀着神圣而又兴奋的心情，汇集到天安门广场观看升降旗仪式，人们在这个庄严的仪式中寻找着对国家、对民族的认同。

（三）人民英雄纪念碑

人民英雄纪念碑位于北京天安门广场中心，距离天安门约 463 米，距离正阳门约 440 米。纪念碑总高 37.94 米，碑身是一块长 14.7 米、宽 2.9 米、厚 1 米、重达 60 多吨的大花岗石。碑身正面（北面）镌刻毛泽东题词"人民英雄永垂不朽"八个鎏金大字；背面是毛泽东起草、周恩来题写的碑文："三年以来，在人民解放战争和人民革命中牺牲的人民英雄们永垂不朽！三十年以来，在人民解放战争和人民革命中牺牲的人民英雄们永垂不朽！由此上溯到一千八百四十年，从那时起，为了反对内外敌人，争取民族独立和人民自由幸福，在历次斗争中牺牲的人民英雄们永垂不朽！"碑身两侧装饰着用五星、松柏和旗帜组成的浮雕花环，象征人民英雄的伟大精神万古长存。

碑座分两层，四周环绕汉白玉栏杆，四面均有台阶，下层座为海棠形，东西宽 50.44 米，南北长 61.54 米，上层座呈方形，台座上是大小两层须弥座，上层小须弥座四周镌刻着以牡丹、荷花、菊花、垂幔等组成的 8 个花环，象征着高贵、纯洁和坚忍，表示全国人民对英雄们永远的怀念和敬仰。下层须弥座束腰部分四面按照时间顺序镶嵌着 8 块巨大的汉白玉浮雕，即"虎门销烟""金田起义""武昌起义""五四运动""五卅运动""南昌起义""抗日游击战争""胜利渡长江"，在"胜利渡长江"的浮雕两侧，还有两幅以"支援前线"和"欢迎中国人民解放军"为主题的装饰浮雕。浮雕高 2 米，总长 40.68 米，雕刻着 170 多个人物，形象地反映了中国人民 100 多年来，特别是在中国共产党领导下的反帝反封建的革命斗争的历史。人民英雄纪念碑庄严而宏伟，与天安门、正阳门组成了一个和谐的、一致的、完整的建筑群。

人民英雄纪念碑

纪念碑东侧的第一幅浮雕是"虎门销烟"，描述的是鸦片战争前夕群众在虎门销毁鸦片的事迹，表现了中国人民反抗帝国主义的坚定决心。第二幅浮雕是 1851 年太平天国的"金田起义"。太平天国是中国民主主义革命的序幕，严重地动摇了清朝封建统治的基础。在这幅浮雕上，一群拿着大刀、梭镖、锄头，扛着土炮起义的汉族壮族人民的儿女，正从山坡冲下来，革命的旌旗在迎风飘扬。纪念碑南侧的第一幅浮雕是 1911 年辛亥革命"武昌起义"的庄严画面。起义的新军和市民摧毁了湖广总督门前的大炮，正向总督府里冲去。辛亥革命结束了 2 000 多年来的封建帝制。接下来的一幅浮雕是"五四运动"，这是中国民主革命由旧民主主义革命转变为新民主主义革命的转折点。浮雕显示出了学生们齐集于天安门前举行爱国示威游行的情景。南面的第三幅浮雕是"五卅运动"，表现了由工人阶级领导的各界人民坚强不屈地向帝国主义斗争的情景。画面上成千上万的工人、学生、市民举着"打倒帝国主义"的小旗，冲破英国巡捕的沙袋、铁丝网英勇地前进。

碑身西侧的第一幅浮雕是"南昌起义"。画面从一个连队的角度来表现这一伟大起义的情景。1927 年 8 月 1 日早晨，一个连队的连长，挥着右手向战士们宣布起义，士兵们举着起义的信号——马灯。从这时起，中国人民有了自己的武装部队。紧接着的一幅浮雕是"抗日游击战争"，显现出抗日战争时期太行山区敌后游击战的场面。在一座雄伟峻峭的半山腰里，游击队员们穿过高大的树林和茂密的青纱帐和敌人去战斗。

纪念碑的北侧是解放战争时期人民解放军百万雄师"胜利渡长江、解放全中国"的浮雕，这是最大的一幅浮雕。浮雕上，中国人民解放军号兵吹起冲锋号，指挥员右手高举，已登上敌岸的战士向国民党反动统治的老巢——南京城冲去。背后，数不清的战船正在波涛中前进。在这幅浮雕的两旁是两块装饰性的浮雕。左边是渡江前夕，工人抬着担架、农民运送军粮、妇女送军鞋等热烈支援前线的场面；右边的一块表现全国各阶层人民举着红旗和鲜花，双手捧着水果，欢迎解放军、慰劳解放军的情景。

中华人民共和国成立前夕，如何纪念在人民解放战争和人民革命中牺牲的人民英雄、缅怀他们的丰功伟绩成为中国人民政治协商会议的一项重要议题。1949 年 9 月 30 日，中国人民政治协商会议第一届全体会议通过了在首都建立人民英雄纪念碑的决议。北京市都市计划委员会随即向全国各建筑设计单位、大专院校建筑系发出征选纪念碑规划设计的通知。到1951年，收到140多件各种形式的设计方案和设计修改方案（截至最后定案时共收到240多件）。海外华侨也积极献计献策，陈嘉庚组织华侨绘制了图纸，并制作了水泥柱头模型，寄给人民英雄纪念碑建造工程处。1952年5月10日首都人民英雄纪念碑兴建委员会正式成立，该委员会主任由当时中共北京市委书记彭真担任，副主任由著名建筑家梁思成担任，秘书长为薛子正。

为了体现周恩来总理关于建筑纪念碑目的在于"纪念死者，鼓舞生者"的指示，1953年3月，兴建委员会从240多种设计方案中精选出8种，向专业设计人员广泛征求意见。这8种设计方案包括矮而分散的典型设计，高而分散的典型设计，做成三座门的设计，矩形主柱式碑形——高的典型设计，有瞭望台的设计，红墙上立碑的设计，碑顶立群像的设计和最后被采用的碑形设计。

关于纪念碑建在何处，曾有多种提议，经过广泛的讨论，最后中国人民政治协商会议决定建在全国人民政治活动中心——天安门广场。至于具体的落成位置，还有一个细节特别值得一提：1949年9月30日，第一届政协会议闭幕后，毛主席等中央领导在夜色中为人民英雄纪念碑奠基，由于较为匆忙，未顾及整个广场的布局，待到深化设计时发现奠基的位置离天安门和旗杆太近，当时还在酝酿碑身加高，如此就更会觉得空间局促。后来经过数次方案设计，最终由北京市规划局的赵冬日敲定将纪念碑放在绒线胡同东部路口。这个位置无论当时还是现在看来，都是非常合适的，即处于中轴线上略微偏南的位置上，为中华人民共和国成立十周年规划人民大会堂和革命历史博物馆的设计选址留有余地，使得这三个建筑物与天安门之间形成菱形关系，不同的位置都有非常好的视角。这种先建碑，再根据它来规划天安门广场和周围建筑的建设方式，在世界广场建筑史上是没有先例的。

纪念碑碑身的朝向也曾进行过调整，毛主席题字的一面是正面，按照中国传统，要朝向南方，但是在建造过程中发现，人流主要是从长安街进入天安门广场，观众多集中在广场的北部，这样就看不到碑的正面，在天安门广场有大型纪念活动时更是这样，因此纪念碑兴建委员会决定一反传统，调转方向，正面面对北面的天安门。当时，巨大的碑心石已经运至工地南头，而天安门广场原千步廊的长墙尚未拆除（直至国庆十周年期间广场才扩大），因而空间局促，要想把这样长的一块巨石再从南向北转向是非常困难的，经过集思广益，问题最终得以解决。这一举措对后来广场的扩建，特别是毛主席纪念堂的面向问题起了决定性的作用。

1958年4月22日，人民英雄纪念碑建成，碑身正面是毛泽东亲笔为纪念碑写的题词：人民英雄永垂不朽。而为了完美地将毛泽东主席的题词镌刻到石碑上，就不得不提到一位著名的书法篆刻家魏长青先生。毛泽东主席写在信纸上的题字原稿每个字只有6.6厘米左右见方，要把这些字刻在一块高14.7米、宽2.9米、厚1米、重达60余吨的巨大花岗岩碑心石上，首先要把字放大20倍。按当时的方法，原拟以幻灯投影将字放大，但试验后发现，虽然尺寸不差，题字却失去了原有的神韵。应邀参加建碑的魏长青被推荐出来解决难题。他仔细分析了毛泽东主席手书的特征，采取手工放大的办法精心描绘，然后将加工后的大字用照相的方法缩小20倍，再与原作相对照，精心修改，如此反复，直至惟妙惟肖。字体放大问题攻克后，篆刻又遇难关。因碑心石硬实而坚脆，劲小了刻不动，力道稍大则一錾就崩。魏长青依据自己篆刻的实践，建议把胶皮覆盖在碑体上，然后将需要錾刻部位的胶皮拉下来，形成"阴文"轮廓，再以高压空气加金刚砂往花岗岩碑心上喷射。这样，一个个边缘整齐的大字终于被刻到碑上。

无论是日理万机的国家领导人，还是殚精竭虑的建筑师、雕塑家，甚至包括哪怕至今仍是默默无闻的石匠、技工，无数人以忘我的工作热情全身心的投入，终于在天安门广场上竖立起了一座时代的丰碑。

（四）毛主席纪念堂

毛主席纪念堂位于天安门广场南侧，南北长260米，东西宽220米，占地面积 57 200 平方米，总建筑面积 33 867 平方米，始建于 1976 年 11 月，1977 年 9 月 9 日举行了落成典礼，它是以毛泽东为核心的党的第一代中央领导集体的纪念堂。

1976 年 9 月 9 日，中国人民的伟大领袖毛泽东主席溘然长逝，1976 年 10 月 8 日，中共中央作出了修建毛泽东主席纪念堂的决定。然而，纪念堂的位置应选在何处呢？北京、天津等地选派最优秀的建筑师汇聚北京，组成选址设计工作组，决定建在天安门广场人民英雄纪念碑之南。在不拆除正阳门的前提下，将纪念堂设在纪念碑与正阳门正中的位置，等距各 200 米，也就是原中华门的位置。1976 年 11 月 9 日，毛主席纪念堂工程现场指挥部成立，时任北京市建委副主任的李瑞环担任总指挥，国务院副总理谷牧负责纪念堂建设的领导工作。1977 年 5 月 4 日毛主席纪念堂竣工，8 月 18 日毛主席的水晶棺移入纪念堂，8 月 20 日毛主席遗体移入纪念堂。

毛主席纪念堂

纪念堂的主体建筑长、宽各 105.5 米，高度为 33.6 米。这座方形建筑地下和地上各一层，台基是用来自大渡河畔的枣红色花岗石砌成，汉白玉栏板上雕刻着象征江山永存的万年青。基座高 4 米，座上矗立着 17.5 米高的 44 根花岗岩廊柱。1976 年 11 月 24 日奠基典礼时所埋的基石就在此台基下方，基石周围砌进了来自珠穆朗玛峰的石头，浇灌了台湾海峡的水。在这座恢宏殿堂里的南、北门台阶中间各有两条汉白玉垂带，上面雕刻着葵花、万年青、蜡梅、青松图案。正门上方镶嵌着由时任中共中央主席华国锋题写的汉白玉金字匾额"毛主席纪念堂"。

纪念堂由北大厅、瞻仰厅、南大厅组成。北大厅是举行纪念活动的地方，宽34.6米，进深19.3米，高8.5米。厅内有1米见方的4根大柱子，顶上是110盏葵花灯，地面铺的是杭州产的灰色大理石。中央是高达3.45米的用汉白玉雕塑的毛泽东坐像，面含微笑，端庄安详。坐像背后的墙上悬挂着一幅大型绒绣——"祖国大地"。

瞻仰厅是纪念堂的核心部分，大厅正面白色大理石墙壁上镶嵌着金光灿灿的大字："伟大的领袖和导师毛泽东主席永垂不朽"。大厅中央安放着水晶棺，距地面80厘米，围以万紫千红的山花，簇拥着由黑色花岗石砌成的梯形棺座，四周嵌着党徽、国徽和军徽。毛主席的遗体身着灰色中山装，覆盖着鲜红色的党旗。水晶棺的制作和安放有极高的技术要求，既要防水防尘，又要防震，夜晚还要降至地下以便于保存。周围的各种绢花、松枝也是防水防尘的，可以长时间不褪色。

南大厅为出口大厅，白色的大理石墙面上镌刻着毛主席手书的《满江红·和郭沫若同志》。三个大厅的东西两侧是休息室和毛泽东、刘少奇、周恩来、朱德、邓小平、陈云等先辈的革命业绩纪念室。通过大批文物、文献、图片、书信，反映了6位领导人在创建中国共产党、缔造人民军队、创建中华人民共和国、领导社会主义建设等方面的丰功伟绩。据统计，6个纪念室共陈列文物102件、图片490张、文献224件。在陈列形式上，采用了较先进的制作材料和制作工艺。每个纪念室都增设了等离子超薄电视和电子资料触摸屏，可播放展现伟人风采的资料片，调阅反映伟人思想、风范的格言。

纪念堂北门前有以中国革命史诗为内容的两组泥塑，东侧表现的是新民主主义时期，西侧表现的是社会主义建设时期。南门是以继承毛主席遗志、各族人民显示出无比信心为内容的两组泥塑。四组泥塑共有62个人物，由来自全国 18 个省市的 100 多名雕塑家完成。全部塑像用泥 200 多吨，历时 5 个月。纪念堂的全部工程仅用了 6 个月，1977 年 9 月 9 日正式对外开放。

（五）人民大会堂

人民大会堂位于天安门广场西侧，是全国人民代表大会和全国人大常委会办公的地方，是党中央、国务院和各人民团体政治活动的重要场所。党和国家领导人经常在这里接见外国元首，进行重要的国际会晤，以发展友好往来，促进世界和平。

1956 年 9 月中共八大后，我国进入了全面建设社会主义的新阶段。为了适应国家政治生活的需要，也为了迎接中华人民共和国成立十周年纪念，1958 年 9 月初中央决定在北京建设十大建筑，以展现中华人民共和国成立十年来的建设成就。人民大会堂是十大建筑中规模最大、内容最复杂、要求最高的建筑之一。人民大会堂由中国工程技术人员自行设计、施工，于 1958 年 10 月动工，1959 年 9 月建成，仅用了 10 个多月的时间，是中国建筑史上的一大创举。

在建设人民大会堂之前，首先要决定工程的具体内容、选址、周围的环境规划和建筑物的规模、定额等，经北京市政府研究提议和中央决定，将人民大会堂和另一座国庆工程中国革命历史博物馆选址建在天安门广场的西东两侧。这两座建筑建成之后与原有的天安门、正阳门东西南北各据一方，构成天安门广场的长远格局。1958 年 9 月各省市的建筑专家汇聚北京，10 月完成了第七稿的设计，并经周恩来亲自审阅，于 20 日前后开始破土动工。

施工阶段时问题成堆，千头万绪错综复杂，而时间紧迫不容反复，为此必须打破常规，"边设计、边供料、边施工"，设计单位自 1958 年 10 月 30 日起，随着向工地交付第一批基础施工图，就开始陆续下驻现场，与工地密切配合，进行现场设计、制图，并与材料供应和施工相结合。

当时遇到的最大困难是万人礼堂的空间处理问题，因为这个能同时容纳 1

万人的礼堂，空间庞大，仅观众座位部分就长60米，宽76米，高达32.5米，可以装进整个天安门城楼，如此高大的空间，对其处理的好坏直接关系到设计的成败。这个问题向周总理汇报后，他经过思索，吟了唐代诗人王勃的《滕王阁序》中的名句："落霞与孤鹜齐飞，秋水共长天一色"，示意我们人在海阔天空的大自然怀抱中，非但不觉得自己渺小，反而觉得心旷神怡，悠然自得，如果将大礼堂的顶棚圆曲而下与墙体连成一体，如同水连天，天连水，水天一色，那么人在其中就不会有渺小和单调的感觉了。总理的话使专家们茅塞顿开，最难解决的设计问题很快就迎刃而解了。

1959年7月底，全部主体工程胜利完成，工程进入内部装修阶段。为保证各工种能够同时展开操作，经过大家集思广益，创造性地安装了悬空的吊挂脚手架，吊顶后留下的圆孔可利用来安装灯具和通风口，精巧明亮的灯饰将千百个施工孔填补，构成了一个满天星光的顶棚，绚丽无比。9月10日人民大会堂胜利竣工。

人民大会堂占地15万平方米，总建筑面积17.18万平方米，建筑的平面为"山"字形，中心部分高度为46.5米。整个建筑周围有134根廊柱，向东的12根浅灰色大理石门柱高25米，直径2米，4个人手牵手才能环抱过来。屋檐是黄绿相间的琉璃瓦，正门顶上镶嵌着金光闪闪的国徽，直径达4米，现在的国徽是在2001年8月被换上去的，替换下已悬挂了42年之久的木制国徽。这枚新国徽为钢结构，外面为全铜板，最大处直径6.3米，重1吨多，表面部分贴有金箔，比原来的国徽更加坚固了。

大会堂主要由三部分组成：中部是万人大礼堂，北部是5 000人的宴会厅，南部是全国人大常委会办公楼，中央大厅将三部分连接成一个整体。当时，人民大会堂内设置的万人礼堂和5 000人规模的宴会厅，在世界上都绝无仅有。

万人大礼堂是人民大会堂的主体建筑，内设三层座椅，层层递升。礼堂南北宽76米，东西长60米，高32米，一层有座位3 693个，二层有3 515个，三层有2 518个，主席台可以设座位300~500个，总计可容纳1万人在此同时开会。礼堂呈扇形，坐在任何一个地方都可以看到主席台。屋顶钢梁重达 600 多吨，如此大空间、大承重竟未用一根柱子，着实令人称奇。万人大会堂穹庐形的顶篷中心有红宝石般的五星灯，周围辐射出 40 个莲花瓣，纵横密布着 500 个满天星灯，灯光齐明时好像满天星斗，与淡青色的壁板交相辉映，"水天一色"的灯火奇观立时显现出来，甚是壮观奇妙。在会场内除了有声、光、电、空气调节等装置外，还有各种现代化设备，如同声翻译 12 种语言的装置、暗装的电视转播设备和灯光等。

宴会厅是接待世界各国贵宾和友人的国宴活动场所，东西长 102 米，南北宽 76 米，高 15 米，面积相当于一个国际标准的足球场；顶部和回廊有彩画藻井，将大厅装扮得格外富丽堂皇。这里可同时举行 5 000 人的宴会或 1 万人的酒会。中西餐厨房分别设于北面的东西两侧。

建成后的人民大会堂气势宏伟、庄严壮丽，它对面新建的革命历史博物馆及其左侧的天安门和右侧的正阳门各据一方，构成一个雄伟、肃穆、开阔、明朗的天安门广场。

人民大会堂建成时，周恩来亲自指示由每个省布置一个厅，并以自己的省名命名。由于当时中国经济水平的限制，各省厅只能在摆放的陈设品和桌椅样式上下功夫。随着改革开放程度的加深，各地经济实力的增强，各省进行了重新装饰：如西藏绘制了巨幅壁画布满整个墙壁，具有浓厚的民族色彩；福建厅里安放了巨大的大理石壁雕，正门两侧还摆放了当地著名的软木雕；四川厅里摆放了竹器工艺品；新疆组织人织成了一条巨大的地毯，光是把地毯运进大会堂就动用了解放军的一个排；澳门厅则采用西式拱门，室内还设计了喷泉；香港厅摆放了一幅"维多利亚港湾夜景"绒绣……各省厅的装饰充分体现了地方的文化特色，同时也展示了各地的经济实力。

人民大会堂从建成到今天，从外部环境到内部装饰经过多次翻新和改建，充分吸纳了先进的技术设备和丰富的智慧与创造力，在保持其独到风格的基础上不断增添更具时代特色的艺术魅力，更贴切地展现了共和国经济建设和文化建设的非凡成就。

人民大会堂

1959 年人民大会堂竣工建成后，成为党和国家召开重要会议的场所，历届全国人民代表大会及其常委会，以及国家和北京市的重大接待会、表彰会、报告会等重大国事、外事活动等均在此举行，一些尖端的演出活动也常在这里举办。

（六）中国国家博物馆

中国国家博物馆位于天安门广场东侧，与人民大会堂遥相呼应。2003 年 2 月，在原中国历史博物馆和中国革命博物馆两馆合并的基础上组建成立，合并后的中国国家博物馆是世界上单体建筑面积最大的博物馆，总建筑面积近 20 万平方米，总用地面积 7 万平方米。建筑高度 42.5 米，地上 5 层，地下 2 层。硬件设施和功能堪称世界一流。藏品数量为 106 万件，展厅数量为 48 个，设有《古代中国》和《复兴之路》两个基本陈列，设有十余个各艺术门类的专题展览及国际交流展览，是以历史与艺术并重，集收藏、展览、研究、考古、公共教育、文化交流于一体的综合性国家博物馆。

中国国家博物馆

中国历史博物馆的前身为 1912 年 7 月 9 日成立的国立历史博物馆筹备处。1949 年 10 月 1 日更名为国立北京历史博物馆，1959 年更名为中国历史博物馆。中国革命博物馆的前身为 1950 年 3 月成立的国立革命博物馆筹备处，1960 年正式命名为中国革命博物馆。1959 年 8 月两馆大楼竣工，为国庆十周年十大建筑之一，并于 10 月 1 日对外开放。

中国国家博物馆基本陈列以中国通史为主，通过举办有关历史、考古、文物等方面的多种专题陈列，以及临时展览、常设国际馆藏珍品交流展览和捐赠品展览等不同形式的展览，向公众系统展示了中国悠久的历史文化、优秀的民族传统和当代主流文化精神，并全面地展示与宣传中华民族的伟大历史进程与辉煌文化，介绍世界文明与优秀文化。通过高水平的历史学、考古学、文物学、博物馆学研究，不断丰富和深化公众对历史文化的理解和认识，推动博物馆事业发展。国家博物馆还是首都中心区供公众进行高品位的文化享受的重要场所。中国国家博物馆是收藏中国古代、近代文物资料及研究历史科学和有关学术问题的机构，馆藏文物藏品 62 万件，并有一支专业的文物保护、修复队伍和国际一流的仪器设备。国家博物馆拥有水下考古、田野考古和航空遥感摄影考古的专门机构。水下考古研究中心是中国唯一的水下考古专业机构,有专业的水下考古队伍和具有世界先进水平的技术设备。

中国国家博物馆于2007年进行改扩建工程,博物馆的西、南、北三面整体保留,进行了加固改造和维修。扩建的新馆部分镶嵌在老馆中间并向东延伸,建筑风格与老馆保持一致。工程于2010年完工。目前,博物馆内800平方米至2 000平方米的展厅达到49个,藏品数量超过105万件。

改扩建工程完成后的中国国家博物馆主要由文物保管区、展陈区、社教区、学术研究区、公共活动区、休闲服务区、行政业务办公区等部分组成,各项设施进一步完善、配套和现代化。无论从文物藏品、展览规模、硬件设施还是从人员组合上都达到了与其相配的规模和水平,成为具有国际先进水平的博物馆。

(七) 国家大剧院

国家大剧院位于北京人民大会堂西侧,是中国最高表演艺术中心。

1958年,周恩来提出建设国家大剧院,并批示地址"以在人民大会堂以西为好",国家大剧院的建设被列入"十大国庆工程",但由于受当时经济条件限制,这一工程未能实施。

1990年,文化部提出兴建国家大剧院,并成立了筹建办公室。1996年10月,中国共产党第十四届六中全会上提出2010年前要建成两个国家重要文化工程:国家大剧院、国家博物馆。1997年10月,中央决定在人民大会堂西侧尽快兴建国家大剧院。

1998年1月8日,中央决定成立国家大剧院建设领导小组,确定建设规模12万平方米,分别由一个2 500个座位的歌剧院、一个2 000个座位的音乐厅、一个1 200个座位的戏剧场和一个300~500个座位的小剧场四大部分以及艺术展廊、表演艺术研究交流部、艺术商店、快餐厅、咖啡厅和地下停车场等配套设施组成。建设领导小组要求国家大剧院的设备配置水平与世界发达国家的国家剧院标准相当。

国家大剧院工程于 2001 年 12 月 13 日开工，于 2007 年 9 月建成，由法国建筑师保罗·安德鲁主持设计，占地面积 11.89 万平方米，总建筑面积 21.75 万平方米（包括地下车库 4.66 万平方米）。国家大剧院主体建筑为独特的壳体造型，高 46.68 米，地下最深 32.50 米，周长达 600 余米。壳体表面由 18 398 块具有柔和色调和光泽的钛金属板和 1 226 块超白玻璃巧妙拼接，前后两侧有两个类似三角形的玻璃幕墙切面，整个建筑漂浮于人造水面之上，行人需从一条 80 米长的水下通道进入演出大厅，营造出舞台帷幕徐徐拉开的视觉效果。

大剧院造型新颖、前卫，构思独特，是传统与现代、浪漫与现实的结合。国家大剧院庞大的椭圆外形在长安街上像个"天外来客"，显得十分抢眼。这座"城市中的剧院、剧院中的城市"如一颗献给新世纪的"湖中明珠"出现在人们视野中。剧院周围是面积达 3.55 万平方米的人工湖及由大片绿色植物组成的文化休闲广场，不仅美化了大剧院外部景观，也体现了人与自然和谐共融的理念。

国家大剧院

国家大剧院北入口与地铁天安门西站相连，在入口处设有售票厅，走过波光粼粼、梦幻仙境般的 80 米水下长廊，从橄榄厅乘扶梯而上便进入了大剧院内部的公共大厅，三个专业剧场展现于眼前：中间为歌剧院、东侧为音乐厅、西侧为戏剧场，三个剧场既相对独立又可通过空中走廊相互连通。歌剧院2 398 席（含站席），主要演出歌剧、舞剧等；音乐厅 2 019 席（含站席），用于演奏大型交响乐和民族乐；戏剧场 1 035 席（含站席），以上演戏曲、话剧等为主。

在国家大剧院内，除了三大专业剧场和一个试验小剧场以外，还设有水下长廊、展厅、图书资料中心、新闻发布厅、天台活动区、纪念品店、咖啡厅等为丰富大众文化生活而创造的活动区域，全方位展现了大剧院的无限魅力。徜徉其中，可以使人感受艺术的陶冶，获得精神上的愉悦。

三、文物古迹

（一）劳动人民文化宫

劳动人民文化宫位于北京天安门东侧，曾是明、清两代皇室家庙，旧称太庙，是封建王朝皇室供奉祖宗牌位、年节大典祭祀先人的地方，也是保存最完整的明代建筑群之一。中华人民共和国成立后，太庙被移交北京市总工会管理，辟为职工群众的文化活动场所。

太庙呈南北方向的长方形，总建筑面积为 14 万平方米。为了突出祭祖的主旨，整个建筑布局颇具匠心，三道红墙及层层松柏衬托起金碧辉煌、错落有序的建筑，营造出一种神秘肃穆的气氛。整个太庙采用中轴对称式布局，琉璃门、汉白玉石拱桥、戟门、三大殿依次排列在中轴线上，整个建筑群的中心是三座重檐庑殿顶的宫殿。

戟门，坐落于前殿对面（南面），面阔五间，进深二间，黄琉璃瓦单檐庑殿顶，屋顶起翘平缓，檐下斗拱用材硕大。汉白玉绕栏须弥座，台阶九级，中饰丹陛。正门两侧各有一黄琉璃瓦单檐歇山顶的旁门，门内外原有朱漆戟架八座，共插银镦红杆金龙戟 120 条，1900 年被入侵北京的八国联军全部掠走。

前殿（也称享殿）为祭殿，是明清两代皇帝举行祭祖大典的场所，始建于明永乐十八年（1420 年），是整个太庙的主体。后虽经明清两代多次修缮，但基本保持明代规制。黄琉璃瓦重檐庑殿顶，檐下悬挂满汉文"太庙"九龙贴金额匾。前殿面阔十一间（长 68.2 米），进深六间（宽 30.2 米），坐落在三层（高 346 米）汉白玉须弥座上，殿高 32.46 米。殿内梁栋饰金，地设金砖，68 根大柱及主要梁桥为金丝楠木，是中国现存规模最大的金丝楠木宫殿。清代皇帝祭祖、婚丧、登极、亲政、册立、征战等国家大事都会到此祭祀。殿内陈设金漆雕龙雕凤帝后宝座及香案供品等，举行大典时，仪仗肃穆、钟鼓齐鸣、韶乐悠扬，是中华祭祖文化的集中体现。太庙是中国现存最完整的、规模最宏大的皇家祭祖建筑群，是古代最重要的宗庙建筑，堪称"天下第一庙"。1988 年 1 月，太庙被列入国家重点文物保护单位。

太庙

中殿是寝殿，为黄琉璃瓦单檐庑殿顶，面阔九间（长 62.31 米），进深四间（宽 20.54 米），殿高 21.95 米。石露台与享殿相连，汉白玉须弥座，周绕石栏，望柱交错雕以龙凤，台阶中饰丹陛，清代在此供奉历代皇后的牌位。

后殿是祧庙，始建于明弘治四年（1491 年），黄琉璃瓦单檐庑殿顶，面阔九间（长 61.99 米），进深四间（宽 20.33 米）。是供奉皇帝远祖牌位的地方。

中华人民共和国成立后，经周恩来提议、第一次政务院会议批准，将太庙移交北京市总工会管理，辟为职工群众的文化活动场所，"北京市劳动人民文化宫"匾额由毛泽东主席命名并亲笔题写，于 1950 年 4 月 30 日揭幕，5 月 1 日正式对外开放。

北京市劳动人民文化宫自成立以来，成为首都乃至全国职工文化活动的中心，开展了丰富多彩的文化活动，培养了大批各方面人才。同时，作为党和国家举办重大活动的重要场所，这里经历了许多重大的历史事件。

为了迎接新千年的到来，以 2 400 年前的曾侯乙编钟为原型设计制造了一座青铜编钟，于 1999 年 11 月安放在太庙享殿，称为中华和钟。和钟高 3.8 米，宽 21 米，重 17 吨，三层编钟共 108 个。上层 34 个纽钟代表中国 31 个省、自治区、直辖市和香港、澳门、台湾；中层 56 个甬钟代表中国 56 个民族；下层 18 个镈钟，中间 16 个代表中华民族的 16 个历史时期，两侧两个象征当今世界的主旋律"和平"与"发展"。在中央镈钟上镌刻着江泽民题写的"中华和钟，万年永保"的鎏金铭文。中华和钟音域宽广，既可和多种民族乐器配合，又可以与大型管弦乐队合奏，是世界上最大的舞台演奏双音编钟，已经被列入吉尼斯世界之最，被誉为"编钟之王"，堪称国之重宝。

（二）中山公园

北京中山公园位于天安门西侧，与故宫一墙之隔。它是明清两代的社稷坛，与太庙（今劳动人民文化宫）一起沿袭周代以来"左祖右社"的礼制建造。

中山公园现占地 23 万平方米，原为辽、金时的兴国寺，元代改名万寿兴国寺。永乐十八年（1420 年）明成祖朱棣兴建北京宫殿时，按照"左祖右社"的建制改建为社稷坛，成为明、清两代成为皇帝祭祀土地神和五谷神的地方。1914 年辟为中央公园，为纪念孙中山先生，1928 年改名为中山公园。

现在的中山公园，既是一座古老的园林，又是首都人民经常举行重大政治、文化活动的场所。

公园的主体建筑是社稷坛，位于公园轴线的中心，坛呈正方形，为汉白玉砌成的三层平台。坛上铺着由全国各地进贡来的五色土：中间为黄色土、东面为青色土、南面为红色土、西面为白色土、北面为黑色土，以表示"普天之下，莫非王土"的意思，并象征土、木、火、金、水五行，古人认为五行乃是万物之本。坛台中央原来有一个方形石柱，称为"社主石"，又称"江山石"，有象征"江山永固"之意。石柱半埋土中，后来全埋入土中，1950年被移走。坛四周建有四色琉璃墙，东蓝、南红、西白、北黑，四面各立汉白玉棂星门一座，显得格外庄严肃穆。皇帝把"社稷"看作国家的象征，并自认为受命于天，为了祈祷丰收，每年二月、八月两次来此祭祀，凡遇出征、打仗、班师、献俘、旱涝灾害等也要到此祈祷举行仪式。

社稷坛北侧的"拜殿"又名享殿或祭殿，是一座宏大的木构建筑，面阔五间，进深三间，黄琉璃瓦，单檐庑殿顶，白石台基，梁架和斗拱绘和玺彩画。这是保存最完整的明代建筑。1925年此殿曾经停放孙中山先生的灵柩，现称中山堂。

中山堂

社稷坛外西南面有神厨、神库、宰牲亭等附属建筑。东侧在苍松翠柏中的掩映下坐落着长青园,园内有松柏交翠亭、投壶亭、来今雨轩等。西边的唐花坞是培育各种名贵花木的温室花房,花房为红柱绿额,蓝色亭檐,十分美观。1977年荷兰赠送的39种郁金香都陈列在此处,直到今天这里每年都会举行郁金香花展和各种专题花展。

唐花坞以西是著名的"兰亭碑亭"与"兰亭八柱",原为圆明园四十景之一,是1917年迁至此处的。亭为重檐蓝瓦八角攒尖顶,立在中间的石碑上刻有"兰亭修禊曲水流觞图"和乾隆帝所写的有关"兰亭"的诗作,八根石柱上分别刻着历代书法家临摹的王羲之的兰亭帖,是十分珍贵的石刻文物。

公元10世纪时,北京曾是辽代的陪都"南京",中山公园当时是兴国寺所在位置,有几株形态各异的古柏挺拔参天,就是辽代时种植,公园内古柏成林,迄今已逾千年,其中一棵古柏周长最大处有一丈九尺多。还有一对威武的石狮是北宋时雕刻,1918年从河北大名的一座古庙废墟中发掘并迁来。这对石狮子为蹲坐式,直背挺胸,姿态雄伟。20世纪60年代,为了保护石狮,公园员工将其埋藏起来,直到1971年这对石狮子才重新与游客见面。

(三)金水桥

金水桥分为内外金水桥,始建于明永乐年间,我们在长安街上能够直接看到的是外金水桥,共7座,建于清康熙二十九年(1690年)。7座桥上的玉石栏杆不尽相同,中间5座造型别致、雕刻精美的石桥分别与天安门城楼的5个门洞相对应。正中间的桥是蟠龙雕花柱,桥面最宽,被称为"御路桥",只能天子行走。"御路桥"两旁的叫"王公桥",只许宗室亲王行走。"王公桥"左右的叫"品级桥",准许三品以上的文武大臣行走。至于在太庙(现称劳动人民文化宫)和中山公园门前的称为"公生桥",则准许四品以下的官员行走。从桥的使用对象、建制和装饰可看出封建社会的等级制度是多么森严。不过我们现在看到的"公生桥"已经不是往昔的样子了,为了保障众多游客的通行安全，中华人民共和国成立后扩建了"公生桥"，将桥身加宽到11.8 米。

金水桥的设计者是谁至今没有准确的定论，但众多历史学者都认为其原型是借鉴了元代宫城的周桥。据文献记载，周桥的设计师和主持建造者是一位普通石匠——元代河北曲阳的杨琼。曲阳盛产玉石，石雕技艺自唐宋以来就一直闻名于世。杨琼出身于石工世家，他的石雕"每出自新意，天巧层出，人莫能及焉"。1276 年，为修建元皇城崇天门前的周桥，很多人画了图送上去，都未被选中。而杨琼的设计方案使元世祖忽必烈十分满意，下令督建。《故宫遗录》中记有：这周桥"皆琢龙凤祥云，明莹如玉，桥下有四百石龙，擎戴水中；甚壮"，可见周桥为皇城增色不少，因而明皇城的建造者把它照样搬来，用以营造金水桥。

金水桥

据《明英宗实录》卷五十四记载：明初，（天安门）城门桥为木桥，正统年间才开始改建石桥（诏曰："九门旧有木桥，今悉撤之，易以石。"），但直至明代宗景泰三年（1452 年）才告完工。关于金水河石桥的建成还有一个有趣的故事。据焦竑所著《玉堂丛语》中记载："金水河桥成，诏宣有德行者试步。"明代宗朱祁钰这一建议得到众多的大臣拥护，大家公推礼部尚书杨翥第一个试步过桥。这个故事不仅肯定了杨翥宽以待人、严于律己的高尚德行，而且也可以看出金水桥在明代君臣中的地位。

（四）华表和石狮

在金水桥的南面矗立着一对汉白玉的华表。华表周身雕刻精致，高耸挺拔，上端两层略为粗大部分为"承露盘"，盘上有只蹲兽，即"犼"。盘下横向对插着两块云纹长石板，显得华表整体更加端庄稳重。华表粗壮的石柱体上，雕满层层回环不断的朵云，云中又盘绕着一条巨龙。龙为四足，每足五爪，雕工精美传神，能使人真正体味到"矫若游龙"之含义。华表下面是八角形的须弥座，底部为方形石栏，四角有石柱，每根石柱上各有一蹲立的小石狮。映衬在蓝天白云下的华表，显得分外醒目，与雄伟壮丽的天安门城楼一起构成了一幅绝美的图画。

华表为中国文化特有之物，并且具有悠远的历史传承。相传早在原始社会的尧舜时代华表就已经出现了，不过那时是用木头做的，叫作"华表木"或"恒表"。表，即标的意思，就是标示道路的木桩，犹如现在的指路标一样，这也是"华表木"出现之初最主要的作用。史籍中有这方面的记载，传说大禹带众人砍伐树林，留下树干，作为测量山川地势的标记。

演变到后来，"华表木"还有一个重要的作用，就是让人们在上面刻写自己的意见，因此又被称作"诽谤木"。这里的"诽谤"一词可不是今天造谣诬蔑的意思，而是指议论是非、指责过失，也就是现在的提意见。由于华表木都设立在交通路口，行人过往较多，容易在此议论问题和交换意见，君主若是在这里设置"华表木"，就能广泛而迅速地听到民众的呼声，以利于补察时政。但是随着原始社会的瓦解、阶级社会的出现，普通百姓就再也不能在"诽谤木"上刻写什么"谏言"了。曾经可以自由议政的柱身被雕刻上象征皇权的云龙纹饰，安置于皇宫或帝王陵寝之前，作为皇家建筑的一种标志。

天安门前后各立有一对华表，关于华表也流传着一个耐人寻味的古老传说。

人们把天安门前华表顶上那对面向南方的蹲兽，叫"望天犼"。因为它们经常注视着帝王出外时的行为，职责就是劝诫帝王，叫帝王不要荒淫游幸。当帝王外出久久不归时，犼就会告诫道："君王呀！你不要在外面游逛了，赶紧回来处理朝政吧！"为此，人们又给它们起了一个好听的名字"望君归"。而天安门内那对面向北方的蹲兽，由于是朝着宫殿的方向，据民间传说讲，这两只犼经常注视着深居宫禁的帝王的行动，并劝诫帝王说："君王啊，你不要老是待在宫殿里，只顾和后妃取乐，你也该经常出来到民间走一走，了解一下民情。"所以，人们便把这两只犼叫"望君出"。这个流传在民间的故事，既表达了人民企盼明君的愿望，也表现出对昏君治国的不满。

今天天安门前那对华表所矗立的位置，并非明清时代安放的位置。当时，它们的位置比现在更偏南一些。1950年，天安门广场需要扩展，长安街需要拓宽，因此需要将华表后移6米。可这对华表重达2万多公斤，且在搬动时又不能使它精美的雕刻受到损伤，根本没有现成的起重设备能完成这个任务。于是，如何移动这对华表便成了一个大难题。建筑部门在宫中的档案材料里发现了搭材匠徐荣。徐荣15岁入内务府宫造司房库，编入"包衣"（奴籍），他祖上五辈都为宫廷建筑搭架子，这些架子使皇宫安上了高大的梁枋。工作人员根据档案材料提供的线索找到徐荣。徐荣听完来访者的意图后，非常爽快地答应了，他早就想为中华人民共和国的建设出点力。第二天，徐荣来到华表前，他靠搭材匠、石匠、木匠等人灵巧的手，用简单的杉篙杆子、麻绳和吊链就使偌大的两个华表换了地方，而且式样和原先不差分毫，安装得十分合榫。

在天安门前有两对汉白玉狮子，一对在金水桥北，一对在金水桥南。东边的雄狮，用右爪在玩耍着绣球，西边的是雌狮，用左爪在戏弄小狮子。左右雄雌成对，互相对应。据《中国狮子艺术》一书记载："这两对石狮雕刻于明代永乐十五年（1417年），高2.5米，加上底座总高近3米，头顶13个疙瘩，按当时规制，是最高等级的石狮。"

这两对石狮雕刻比例协调，瞪着大眼睛，微微侧歪头，半咧着嘴，鬣毛工整地缠卷成涡旋状，前腿上有一个不大的"圆钱"纹，身披璎珞盘结锦带，胸绶带上有环铃和璎珞穗坠，显示出高超的雕刻工艺。石狮的用材是一种灰白中夹带着均匀浅灰绿色斑的石头，抗自然风化能力强。石狮用整块料石雕凿而成，造型、尺寸和刻工都一样，体现了明代的雕刻工艺水平，是北方石狮的代表。

据说明末，李自成率兵杀进北京城，跨马冲到承天门前，抬弓搭箭，射中承天门匾额上的"天"字，众军卒齐声喝彩，李自成挺枪跃马站到金水桥上，忽然一只石狮张牙舞爪，凶猛地挡住去路，李自成大怒，挺枪直刺，戳到石狮的腹部，火花四溅。石狮见势不妙，哀号着退回原位，却在肚皮上留下一个深深的疤痕。现在，如果有细心的游客去仔细观察金水桥南面西侧的石狮子，的确能看到狮子腹部有一个小洞，但这是否就是"枪戳"的痕迹，就需要您自己判断了。

天安门前的石狮

这 4 尊石狮经历了近 600 年自然风化和社会变迁的洗礼，局部地方进行过小的修补。原金水河南的华表和石狮在千步廊的尽头，1950 年拓宽长安街路面时，将石狮连同华表一起向北移了 6 米，就是现在金水桥南的位置。为了更好地保护这两对明代石狮，1999 年，有关部门在石狮周围增设了护栏。

（五）正阳门

正阳门是明清时期北京城的正门，坐落在北京城南北中轴线上。始建于元世祖至元四年（1267 年），其位置在今天长安街稍南。明永乐十七年（1419 年）明成祖朱棣营建北京城，将大都城南的城垣向南拓展了近 1 公里，丽正门迁到了今天正阳门的位置，起初只有城楼，仍沿用丽正门之名。明正统元年（1436 年）至正统四年（1439 年），增修了月城、箭楼、左右闸楼，因古人以南为正，以南为阳，因此改名为正阳门，取"日者众阳之宗""人君之象"之义。又因其位于紫禁城的正前方，故俗称前门。

明清时期，北京城分为外城、内城、皇城和宫城 4 层，每一层都有厚厚的城墙保护。内城有 9 个城门，每个城门的使用都有严格的规定。正阳门为正门，也是 9 门中位置最为显要、规格最高的门，专为皇帝出巡或郊祀时使用，皇帝大婚时可以启用此门，若是皇帝驾崩也不能从此门出入，因此正阳门只进喜，不出丧，又被称为"喜门""吉门"。其他 8 个城门，崇文门走酒车，宣武门走囚车，阜成门走煤车，西直门走水车，东直门走木材车，德胜门走兵车，安定门走粪车，朝阳门走粮车。各门分工明确、秩序井然。

正阳门集城楼、箭楼与瓮城为一体，是一座完整的古代防御性建筑体系。据地方志上记载：当时的城楼、箭楼规模宏丽，形制高大；瓮城气势雄浑，为老北京城垣建筑的代表之作。

正阳门城楼坐落在砖砌城台上，城台上窄下宽。城楼为阁楼式建筑，灰筒瓦绿琉璃剪边，重檐歇山三滴水结构，门洞为拱券式，开在城台正中。有檐柱、老檐柱、金柱三层柱子，四面都有门，面阔七间、进深三间，上下有回廊，上层为菱花格隔扇门窗，下层为朱红色砖墙，城楼两端设有斜坡马道。整座城楼通高 43.65 米，是北京所有城门楼中最高的。

箭楼为砖砌堡垒式建筑，城台高约 12 米，门洞为拱券式。箭楼为灰筒瓦绿琉璃剪边，重檐歇山式结构，上下 4 层，南面开箭窗 52 个，东西两侧各开 21 个箭窗，三面共有箭窗 94 个，此外还架设有火炮，箭楼可以防御外敌攻城、保卫皇城安全。然而有一次却让明代最后一位皇帝——崇祯帝朱由检险些丧命于此。一日，朱由检身着便装带了 400 名亲兵骑马朝正阳门方面前行，守城的官兵因为事先没有收到皇帝要来的消息，不知京城里发生了什么事，误以为是要来夺取城门的叛军，于是向这队人马开了炮。这可吓坏了崇祯皇帝，急忙策马躲闪，这才免遭大炮的袭击。

此外，正阳门城楼还有一个特殊的作用——示警，每当有敌人要攻入京城，城楼上就会悬灯示警。悬 1 盏灯表示敌人已接近城下，悬 2 盏灯表示战斗异常激烈，悬 3 盏灯则表示城防即将失守。明朝末年，政治腐败，封建统治者横征暴敛，百姓走投无路，处于水深火热之中，于是各地相继爆发了农民起义。李自成率领的部队迅速壮大，一路势如破竹，于崇祯十七年（1644 年）3 月到达北京。3 月 18 日，农民军攻破了彰仪门，并迅速控制了外城，开始猛攻内城，正阳门城楼上挂上了 3 盏灯。皇宫中的崇祯皇帝赶紧召集文武百官，但是竟然没有一人前去，他知道大势已去，便带领太监王承恩出了神武门来到煤山（今景山公园），在东麓的一棵歪脖树上自尽身亡。

正阳门城楼与箭楼规模宏大，规制在 9 门中最高，城楼与箭楼之间形成了一个巨大的瓮城，南北长 108 米，东西宽 88.65 米，内有空场。四个方向各开一扇门，均为拱券式门洞，北面为实榻大门，在宏伟的城楼之下，东南西为吊落式闸门，南门在高大的箭楼之下，东西门在瓮城两侧的闸楼之下。

正阳门饱经沧桑，在朝代更迭和岁月风雨的消磨中几毁几修，仅存城楼和箭楼，是目前北京城内唯一保存较完整的城门。1949 年 2 月 3 日，中国人民解放军和中共北京市委的部分领导人登上箭楼检阅中国人民解放军入城仪式。从此，古城北京解放了！

正阳门城楼

　　人民政府非常重视这个象征着北京的古代建筑，于 1952 年拨专款对正阳门进行了大修。1963～1966 年拆除了正阳门东西两侧的城墙。1976 年唐山大地震后，箭楼损毁严重，1977 年北京市文物主管部门对城楼、箭楼又进行了全面大修，并将其划入天安门广场的总体规划中。修复后的城楼与箭楼与天安门广场的所有建筑交相辉映，浑然一体，构成了一幅动人的壮丽图景。

正阳门箭楼

1990 年 1 月 21 日，正阳门箭楼正式对外开放；1991 年 6 月 29 日，城楼开始对外开放。站在古朴的城楼上，既可以看到大栅栏商业街的繁华与热闹，也可以尽情领略天安门广场的庄严与神圣。在城楼上还可以参观与老北京文化艺术、民俗风情等有关的系列展览，那些图片、照片、模型、民间工艺品会带着游客重温昔日老北京普通民众的生活。

四、消失的建筑

站在广场上，游客们现在已经很难想象当年的皇家禁地的原貌到底是一个什么模样。特别是从原来的长安左门到长安右门"天街"那一段，许多曾经是赫赫有名的建筑都湮没在飘然远去的历史长河当中，我们只能翻开历史档案材料，从一张张已经泛黄的老照片中领略它们往昔的辉煌了。

（一）大明门（清代称"大清门"、民国时期称"中华门"）

在天安门广场前中轴线上的正南方，现在毛主席纪念堂附近的位置，过去是京都皇城的正南门，明代称大明门，李自成攻占北京后将大明门改为大顺门，清代称大清门，1912 年改名为中华门，1954 年扩建天安门广场时被拆除。

按照周朝礼制，在进入皇帝寝宫前，要经过五重大门，大明门的位置相当于第一重门。大明门是沿用元大都宫门的名称，元代宫中的主殿叫大明殿，殿前有大明门，明永乐重建时沿用了大明门的旧称。

作为皇城与市井的分界，大明门的建筑风格庄严厚重，具有很高的规制。明永乐年间该门建成时，朱棣命大学士解缙题门联，缙书古诗："明光天德，山河壮帝居"。据《大清会典》记载："大清门，三阙上为飞檐崇脊，门前地正方，绕以石栏，左右狮各一，下马石碑各一"。按照建筑分类，大明门是一座单檐歇山顶的砖石结构建筑，面阔 40 米，门高 21 米，正中开三券门。类似的规制在明十三陵、清东陵和清西陵的大红门均有采用。

在大明门与正阳门之间，明代这里曾是闹市街道，清朝时，大清门至正阳门之间用石栏杆围成的一个方形广场，俗称"棋盘街"。门内东西两侧有千步廊向北环抱形成中轴御路，通向皇城正门承天门。步进大明门，迎面所见的雄伟城楼就是皇城正门——天安门，在两大皇城中门之间，四周被高大红墙包围的广场就是天安门广场，过去这里是皇宫禁地，严禁黎民百姓闲杂人等出入。由大明门开始，自南而北依次有文武台、千步廊、车辇房、长安左右门、太庙门、社稷门、御路、华表、金水河、玉带桥、守桥守门石狮、天安门等布局严整、左右对称的重要建筑，这些建筑表达了封建宗法礼教与帝王的无上权威，充分体现了我国古代建筑的独特风格。

大明门是皇帝、宗室参加重要庆典出入之门。明清时期，每年冬至皇帝祭天，夏至祭地，孟春祈谷，以及到先农坛亲耕等，午门、端门、天安门、大明门豁然洞开，皇帝头戴金冠身穿龙袍坐着御辇，威风凛凛地由此门出行去参加祭祀典礼。1912 年，封闭了几百年的中华门开放，任民众自由通行。在门前的公告牌上写着"由此往北只许行人往来"，这可以说是北京的第一条"步行街"了。

在能够找到的 20 世纪初的老照片上，我们还可以清晰地看到大清门门洞上方镶嵌着一块汉白玉石匾，上有满、汉两种文字——大清门。

关于这块门洞上方的牌匾，还有一个流传颇广的故事：民国初年时有人提议，大清已经覆灭了，就不该叫大清门了，于是当时的"中华民国"决定改叫中华门。刻有"大清门"字样的牌匾自然也应该摘下来，换上"中华门"的牌匾，但是这块旧匾是一整块石头雕成的，又大又重，一时难以找到合适的新的石料。有人建议把那块旧的牌匾摘下来，翻个面，刻上"中华门"三个字，既省工又省料，于是大家都赞成。等到把旧匾摘下来一看——匾的背面清清楚楚地刻着三个字——大明门。原来，早在两百多年前的清朝就已想到了这个办法，于是只好重新赶制了一块木匾，由京兆尹王冶秋题写"中华门"匾额，挂于檐下。如此戏剧化的情节由于没有直接的实物证据，所以无法确认是否真有其事。不过，根据后人的相关考证、分析，这个故事十有八九是后世文人杜撰出来的。因为即使是故事中的京兆尹王冶秋，历史上也查无此人。能够查到的史料中，当时的京兆尹（相当于北平市长）名叫王治馨，山东莱阳人。《莱阳县志》（1935年版）卷中《人物志》有载："清副贡，保举道员。民国任北京外城警察总监，顺天府尹，正蓝旗副都统。"王治馨是民国首任内务总长赵秉钧的心腹，协助其创立近代警察制度。后因牵连到宋教仁遇刺案，被袁世凯命令逮捕，于1914年10月被处决。后世史料中的京兆尹王冶秋，是否是为了避讳王治馨的"恶劣"名声以讹传讹就不得而知了。

（二）千步廊和长安左门、长安右门（清代称"东长安门、西长安门"）

千步廊是皇宫前御街两侧的廊庑，具有组织空间和衬托高大的主体建筑的作用，造成相当开朗而又主次分明的效果。自金到明清，皇宫前面御街均有"千步廊"。明清时期，在"T"形的天安门广场两侧，各有东西向廊房110间，又东、西折有向北廊房各34间，东接长安左门，西接长安右门，皆连檐通脊。千步廊是中央政府机关的办公之地，主要是六部、五府和军机事务的办公场所。办公按文东武西的格局，文官在东千步廊，武官在西千步廊。

长安左门位于大明门内东北角（今劳动人民文化宫正门前稍东），长安右门位于大明门内西北角（今中山公园正门前稍西），取长治久安之意。长安左门和长安右门是皇城通往中央官署衙门的总门，门三阙，券门，汉白玉石门槛，单层歇山黄琉璃瓦顶，红墙，基座为汉白玉石须弥座。门前竖立一座巨大石碑，上面刻有八个大字——"官员人等，到此下马"，并有禁军站岗。平日文武百官上朝要分别从长安左门、长安右门进入，但无论官居几品，爵位多高，都要下马下轿，步行进长安门，经天街（今长安街），上金水桥，入承天门，继而进午门，到皇宫大殿上朝。

千步廊除了是中央政府官员日常办公之地外，还有一些特殊的用途。明清两代，由于实行"殿试"的科考制度，所以每3年一次在京都举行科考，时间是春季阴历三月份。地方各省的举人皆可进京应考，但进京应考的举人，必须首先集中在大清门内东侧的千步廊，待朝廷礼部经会试考中为贡士之后，再由贡士经殿试考中者，才能被皇帝赐为进士。殿试名列第一者，名曰"状元"；殿试名列第二者，称之为"榜眼"；殿试名列第三者，叫作"探花"。这些取得功名的学子们，从此开始步入仕途，进入掌握国家命脉的官僚机构，脱离平民百姓的身份。凡考取进士的人，都要在殿上传呼姓名，然后把姓名写入"黄榜"，捧出午门，在鼓乐御杖导引下，经承天门穿过"T"形广场，转出长安左门，张挂在临时搭起的"龙棚"内。状元率领新进士看榜后，随即由顺天府尹给状元插花、披红绸，新状元骑上御赐的高头大马，走过天街，以显示"皇恩浩荡"，这也是唯一被允许在长安街上骑马的时候。参加殿试的进士被接到顺天府衙（位于今安定门内大街西边的东公街）饮宴祝贺，这就是被称为"金殿传胪"的仪式。由于参加科举的读书人一旦金榜题名，便如"鲤鱼跳龙门"，马上成为"一举成名天下知"的新权贵，因此长安左门又被称作"龙门"。而西侧的千步廊和长安右门，其用途与东侧的千步廊和长安左门截然不同。朝廷规定：每年各省在秋季以前，必须将平时判处死刑并未立即执行的案件上报京都朝廷的刑部。具体而言，各省上报的案件，首先集中于广场西侧的千步廊，由刑部会同负责审查案件的官署大理寺等进行审核之后，奏请皇帝裁决。皇帝的裁决亦由天安门送出长安右门，公布于众，名曰"秋审"，即将胆敢侵犯"王法"的重犯押出长安右门宣明"正法"。这样，囚犯一入长安右门如入虎口，凶多吉少，故老百姓将长安右门称之为"虎门"。

民国时期，因政府机构职能和办公地点的变迁，天安门广场两侧的千步廊失去了存在的必要。1915年，为便利通行，在时任交通总长朱启钤的命令下，将长安左门、右门的汉白玉石槛拆除，东西长安街得以贯通，天安门广场自此对普通百姓开放。

中华人民共和国成立后，伴随着天安门广场的改造，北京市政府决定拆除长安左门和长安右门，遭到一些人的反对。如梁思成认为，城门和牌楼、牌坊构成了北京城古老的街道的独特景观，长安左门与长安右门是北京旧城的精华——建筑中轴线不可或缺的部分。主张拆除者认为，每年有几十万人民群众组成雄壮的队伍要到天安门接受毛主席的检阅，如果不拆除就会妨碍这样重要的活动。在1952年8月举行的北京市人民政府委员会会议上，大多数工农兵代表以及当时的市政府领导都认为应该拆除，最终会议决定拆除长安左门、长安右门。至此，人们就只能在老照片中寻找长安左门、长安右门和千步廊的影子了。

第五章 "两轴"的历史文化内涵

一、中轴线的历史文化内涵

在北京中轴线上，自北至南依次分布着一些重要的建筑设施，主要有钟鼓楼、景山、皇城、千步廊、太庙和社稷坛、东苑与西苑、日坛与月坛、正阳门、天坛与先农坛、永定门等。其他对称排列的还有东四牌楼与西四牌楼、东单牌楼与西单牌楼，等等。这些重要的都城建筑都代表着特定的文化内涵，有着重要的政治意义。

在北京中轴线的最北端，从元代开始，就设置有钟楼和鼓楼（笔者认为，元代钟楼、鼓楼与今钟楼、鼓楼的位置大致相同）。在此之前的历代都城中，钟楼和鼓楼往往设置在皇城前面，东西对称而设。元大都的规划设计者把钟鼓楼从皇城的前面迁移到皇城后面，而且南北一线坐落在中轴线上，同时又位于全城的中心，显然是一种新文化理念的体现。新建造的钟鼓楼当时又被称为齐政楼，表明建造者对这座建筑格外重视。

北京旧城中轴线体现的文化内涵是中正、和谐、包容与厚德。其中，中正是最显著的特征。一座城市和一个人一样，有其内在的气质和文化素质。北京城的气质是什么？文化内涵是什么？通过对北京城市历史文脉的梳理，笔者认为中正、和谐是北京城市的气质；包容、厚德是北京城市的文化内涵。

（一）中正

对北京旧城中轴线研究后，可以发现"中正"的思想最突出。例如，在刘秉中规划元大都城的时候，首先将城市中轴线确定在城市中心点上，使整座城市坐北朝南，呈方正形状。由此，确定中轴线为城市左右的中心，成为城市的脊梁；其次将皇宫放置在城市中轴线上，使皇宫与中轴线正中相交，形成中国的"中"字独特的城市景观。明清时期北京城继承了这一传统，使北京旧城依然保留这一城市景观。

列入国家出版基金项目的中国红丛书中《北京中轴线》在开篇中就认为："中华上下五千年，中心的思想、中正的意识深入人心。而中心、中正、对称则是人们常说的'中式'的重要内容。在中国古代都城的建设中，很早就引入了这一传统设计思想。而北京城的建设，则最充分地体现了中心、对称的思想和观念"。①

"中正"包括中心、核心、左右对称。北京城中轴线的一个显著特征是方位明确，中心、核心突出。北京城坐北朝南，中轴线呈南北走向，占据城市正中。皇宫不仅规划在中轴线上，而且占据中轴线中心位置，皇帝的金銮宝殿又占据皇宫的核心位置。中华人民共和国开国大典后，天安门及广场被改造成为新的城市中心。这一切都与北京城中轴线的存在有密切关系。

今日北京城中轴线奠基于元大都城。元大都城是先有规划，而后建城。这一特点决定了北京城不同于大连、天津、青岛、上海、广州等城市。元大都城市以及街道东、南、西、北、中五个方位非常明确。城坐北朝南，中轴线呈现南北走向，雄居城市正中间，犹如城市的脊梁。在中轴线核心位置，是大内也就是皇宫；在皇宫正中间位置，是皇帝的金銮宝殿；在金銮宝殿正

---

① 林山编著：《北京中轴线》，黄山书社2013年版，第1页。

中间是皇帝的宝座。皇帝的宝座可以说是古代人认为的天、地、人三才的正中间，占据着最主要的方位。由此，中、中心、中正成为北京城中轴线的灵魂，成为北京作为都城发展的命脉。明清时期北京城市发展有所创新，但是基本继承了中轴线"中正"的发展理念。

北京城中轴线"中正"还体现了古代北京人"象天法地"的理念，即以古人认知的天象在人间大地上效仿。古人认为，天有三垣，正中为紫薇垣，高居中天永恒不变，是最崇高的境界。由此，北京城作为帝王的都城，也应该仿照天象，是大地的中心，以体现帝王是天子，是人间至尊。故宫在当年修建时称"紫禁城"，就是仿照紫薇垣修建的，位置不仅在北京城市正中，而且在南北走向的城市中轴线核心位置，成为城市中最神圣的地方。古人认为天上有28星宿，分别在东、南、西、北四个方位；东为青龙，西为白虎，南为朱雀，北为玄武。由此，在中国文化中，青龙、白虎、朱雀、玄武既是天上星宿的象征，又是地上东、西、南、北四个方位的标识。北京故宫也是这样布局的，正中间是皇宫，建筑在高台阶上，台阶为"土"字形，表示金、木、水、火、土五行中土为正中；南面的城门为朱雀（午门），北面的城门为玄武（神武门原称"玄武门"，因避讳清圣祖玄烨而更名），东面的文华殿为青龙，西面的武英殿为白虎。

"中正"是中华民族根深蒂固的观念。古人认为，中国位于天下之中，北京城位于中国之中，中轴线位于北京城之中。清康熙年间绘制了《皇舆全览图》，是中国绘制的比较早的世界地图。这张图是以北京城为中心，以北京城中轴线为绘图的子午线。在中国古代人的心目中，北京城就是天地之中，天下的万物都是围绕北京城中轴线运转的，城市建筑布局与空间分配也要围绕中轴线展开。古代北京城是帝王的都城，是首善之区，更应该遵循这一法则。综观北京旧城，天坛在南，地坛在北；日坛在东，月坛在西；还有风、雨、雷、云等庙宇，都是以北京城中轴线为依据布局的，也都是以皇宫为中心的。中轴线像天地之间、自然之中的指针，随着天地日月、风雨雷云的变化在运转。

北京城还有一大特点，就是名称和建筑讲究对称。这种对称是有中心的，这个中心就是北京城中轴线。以中轴线为中心，形成"中心明显，左右对称"。而左右对称，又进一步烘托中轴线的中正。北京旧城外城以永定门为南城墙正中之门，也是中轴线南端的起点，在城门布局中出现左安门与右安门、广渠门与广安门、东便门与西便门对称；北京内城以正阳门（俗称前门，位于中轴线上）为南城墙正中之门，崇文门与宣武门、朝阳门与阜成门、东直门与西直门对称。这种对称在北京旧城可以说是比比皆是，从文化上讲，先是左、右（东、西）对称，然后是文、武对称，仁、义对称，日、月对称，春、秋对称，凸、凹对称，核心是阴阳对称，目的是突出中轴线的中正。这种对称最早源于《周礼·考工记》记载："匠人营国，方九里，旁三门，国中九经九纬，经涂九轨，左祖右社，面朝后市，市朝一夫"。《周礼·考工记》成书于我国春秋战国时期，是中国古代帝王最为理想的都城设计蓝图，也是比较早的城市规划布局思想写照，其中，专门提到"左祖右社"。"左祖右社"就是在坐北朝南的城市规划布局中，祭祀祖宗的太庙要建在城市左边（东边）；祭祀江山社稷的社稷坛要建在城市右边（西边）。元大都城就是这样设计安排的，太庙在城市东面的齐化门内，社稷坛在城市西面的合义门内。到了明代修建北京皇宫的时候，要进一步突出中轴线和皇宫的中正，在承天之门（今天安门）左右安排了太庙和社稷坛，就是我们今天看到的天安门东西两侧的劳动人民文化宫和中山公园。这种将"左祖右社"紧凑安排的布局是明代进一步突出"中正"的创新和贡献。

中正还是一种文化理念。中正也是端正，讲究做人、做事要大气、公正。大气就是光明正大，正气凛然，不徇私舞弊，也就是北京人常说的要堂堂正正做人、公公正正做事；公正就是不偏不倚，坚持原则，按规矩做人、做事。

（二）和谐

在北京城中轴线上突出了和谐的文化理念。从皇城天安门到紫禁城前朝三大殿都突出了"内和外安"的文化理念。

明朝初年，天安门叫"承天门"。为何叫承天门？这是想表明，皇权是"奉天承运"和"受命于天"。由此，在紫禁城大殿的命名上也称"奉天殿"，承天门与奉天殿在文化上是一脉相承。到了清朝初年，统治者将这种文化理念作了调整。清顺治二年，将紫禁城三大殿改名为太和殿、中和殿、保和殿。清顺治八年，也就是紫禁城三大殿改名后仅6年，承天门重新修建落成，清政府便将承天门改名为天安门，同时将北安门改为地安门，加上皇城东安门、西安门，正好形成"内和外安"的文化理念。研究北京文化的学者认为，在北京城中轴线，皇宫三大殿突出的是和谐之音，而皇城四门（天安门、地安门、东安门、西安门）突出的是平安之乐，合在一起，是"内和外安、天下太平"的有机组合。

在突出"内和外安"文化理念中，中轴线还集中讲述了"和"文化的精髓——太和、中和、保和。

何谓太和？在中国文化中，太和是一种境界，讲的是形成天地万物的原本之气——元气，是由阴、阳二气会合，这种会合是一种"冲和"，不是相互破坏，而是矛盾的对立统一，是和谐的，是你能承受我，我能承受你，然后是你中有我，我中有你，和谐共生。中国道家文化中的阴阳鱼就形象地表达了这种思想。其中，白色代表阳气，黑色代表阴气，两者相交形成冲和，用"S"线表示，虽然有冲突，但是能承受，组合在一起形成既对立又统一的状态，是为"冲和"。更可贵的是在白色中的黑色鱼眼，在黑色中的白色鱼眼，也是对立统一，表明你中有我，我中有你，可以共生共赢，这就是中国的"和"文化。在当今世界上，中国"和"文化主张不同国家、不同地区、不同民族，包括不同肤色的黑人、白人、黄种人都可以和平共处，互利互赢，从而奠基了中华人民共和国和平共处的外交原则。

体现阴阳和谐的道家"阴阳鱼",右边文字为"道法自然",左边文字为"天人合一"。正中的"阴阳鱼"展现阴阳相交,你中有我,我中有你,只有和谐相处,才能共生共赢。

《易经》在乾卦中说:"保和大和,乃利贞。"这里"大和"与"太和"在古字中相通,意思是说"太和"为吉祥之照,利于万物生长。"太和"的另外一种解释就是"天下太平"。

什么是"中和"或"致中和"?"中和"讲求和谐至中,不偏不倚,恰到好处。也就是我们前面讲过的"中正"思想,孔子提倡的"中庸之道"。

什么是保和?就是讲求和谐到圆满的境界。

"太和、中和、保和"是对和谐最圆满的追求,是和谐的最高境界。

中华"和"文化有着丰富的内容。"和"文化还包括"包容"与"宽容"。孔子提出的"和而不同"是中华和谐文化的重要升华,也是和谐文化发扬光大的生命所在。然而,和谐还有最高境界,这个境界就是"天人合一"。"天人合一"的精髓是提倡人与自然的和谐,其本质是人敬畏自然、尊重自然,按照客观规律行事。敬畏、尊重自然,不是否定人对自然的改造,而是强调人在改造自然过程中尊重自然,按自然规律行事,改造的目的是让人与自然更加和谐,而不是通过人的主观能动性去改造、去征服自然。北京城中轴线在建筑布局上，非常突出的文化理念就是天、地、人的和谐关系。例如，中轴线南有天坛、北有地坛，南有天桥，北有地桥（万宁桥）；在皇宫内，前（南）有天（乾清宫），后（北）有地（坤宁宫），东有日（日精门），西有月（月华门）。讲究的就是天地文化，强调的就是在天地之中是人，人即是天地间的生灵。同时，人有相对独立活动能力，但从根本上讲，人依赖于天地生存。我们常说，有天才有地，有地才有家，有家才有你。讲的就是这样一个本源的道理，人离不开天地自然的变化，人的生存依赖天地自然的变化。这种把人与自然融为一体的现象在北京城多处可见。例如，天坛是敬天的建筑，明代的祈年殿分三种颜色，即上青（蓝色）、中黄（黄色）、下绿（绿色），表示天、地、人和谐地成为一体。到了清代，乾隆皇帝为了使祭坛建筑的颜色更加和谐，将祈年殿统一为蓝色，更突出了人对天的敬畏和建筑的美观。天坛的圜丘坛也是人与天对话的地方，只是这种对话在中国封建社会让皇帝一个人独占了，皇帝站在圜丘坛正中的中心石上对天祷告。现在，一般民众也可以站在中心石上与天对话了。人们还认识到与天对话不过是声学回声的原理。封建迷信破除了，但是古人留给我们的人与天地（自然）要和谐相处的思想对我们今天强调社会经济协调发展，建立和谐宜居的社会环境是一种有益的启迪。古人还认为，"天行健，君子以自强不息；地势坤，君子以厚德载物"这也是强调天地与人的关系。清华大学校训就来源于《周易》的这两句话，表明北京的最高学府尊重中华文化这一传统。而实际上，整个中华文化圈也崇尚这一境界。

在中轴线上所展示的和谐文化有人归纳为是一种祥和。即在正阳（正阳门）的天气里，天下安定（天安门、地安门、东安门、西安门），人们遵守礼法、社会秩序井然（端门），朱鸟展翅飞翔（午门，又称朱雀门），天子统治下的北京城充满和谐（太和殿、中和殿、保和殿），这样的景象应该万年春（景山中峰建筑有万春亭）。这是多么美好的和谐意境啊！清代北京城市中轴线上建筑名称的变化，既反映了清政府对统治秩序稳定的追求，也表明了希望社会安定的愿望。这种文化观念的提升显然比简单地否定前朝（明朝）政权受命于天，而说自己是真命天子的做法要高明得多，以至 300 年来没有人再提出更好的名字来改变紫禁城三大殿的名称。

（三）包容

"包容"是说北京城市历史文脉具有海纳百川的魅力。在北京城市历史文脉发展过程中，包容了元、明、清乃至民国和中华人民共和国各个时期的历史文化。中国古代城市有中轴线的历史非常悠久。最早的中轴线是通过王宫中主要建筑布局来体现，然后扩展到城市南面正中的城门。据历史学家和考古专家推断，从二里头夏文化宫殿遗址就能看到这种现象。北京城中轴线也经历了这样的过程。北京现存旧城中轴线奠基于元大都城，其城市中轴线贯穿皇宫主要宫殿建筑，同时向南到达南城正中的丽正门，向北到达城市中心阁，全长大约 4 公里。明初修建北京城，进一步突出了都城"中正"的特色，不仅承袭了元大都城中轴线，又向南拓展了 1 公里，到达今日前三门中的正阳门。明嘉靖年间，修建外城，中轴线又继续向南延伸，到达永定门，达到7.8 公里，成为中国古代都市最长、最壮观的城市中轴线。明代对中轴线的另一个创新是利用"挖湖堆山"的手法，增加了皇宫（紫禁城）的靠山，也就是今日景山（当时称"万岁山"），目的是保佑皇宫（紫禁城），也就是大明江山万岁、万年。在增加这个美好的意愿同时，又增加了北京城市平面的制高点，使紫禁城"前有照（金水河的水），后有靠（万岁山）"，形成倚山向阳的布局。

清代没有再延伸中轴线的距离，但是，在文化和意境上包容的特点十分明显，进一步加强了宗教文化积淀。其中，最重要的一笔是对明代万岁山作了文化理念的升华。具体表现在：第一，将"万岁山"改名为"景山"；第二，在景山五座峰顶包容了藏传佛教内容，增加了五座亭式建筑。从东向西五座亭式建筑名称分别为"周赏""观妙""万春""辑芳""富览"。五座亭式建筑内供奉五方佛。五方佛为密宗，也称"五方赞"。赞礼东方，为阿閦佛，也称药师佛；赞礼南方，为宝生佛，也称多宝佛；赞礼西方，为阿弥陀佛，也称无量寿佛；赞礼北方，为不空成就佛，也称释迦文佛；赞礼中央，为毗卢遮那佛，也称大日如来佛。五方佛坐北朝南，保佑着紫禁城的江山社稷。1900 年八国联军入侵北京城时对五方佛进行了掠夺和文化景观的破坏。进入 21 世纪，北京市开始在景山五座亭式建筑中恢复宗教景观，在万春亭内已经恢复了毗卢遮那佛的庄严与神圣，高大的佛像供游人瞻仰。

包容还体现在北京旧城中轴线是中华文化的集结点，中华上下 5 000 年经过历朝历代总结、提炼的经典城市建筑、都市建筑、皇宫建筑都浓缩在中轴线上，包括建筑的空间安排与处理，包括不同宗教、信仰的建筑组合在一起。时空上，一条中轴线包容了元代、明清、民国和中华人民共和国的不同历史阶段。作为宗教建筑，有道教天一门、钦安殿，由藏传佛教五方赞，有满民族信奉的萨满教等。在建筑形式上，有城楼、箭楼、瓮城、皇城、宫城、宫殿、桥梁、道路、河流等。

北京旧城布局也是一种包容，因为北京城是典型的移民城市，而且是散杂居的形式，在北京城这个平台上，无论城市规划布局、建筑形式、生活习俗，都必然形成中华民族多元一体的文化特征。北京旧城奠基于元大都城市文脉，这种文脉在形成过程中体现了中原农耕文化与西北草原文化的结合；到了明、清则是东南沿海文化和东北山林文化的进一步补充。在北京文脉形成的过程中，形成了多民族的交往，多民族文化的碰撞与融合，这种融合体现了北京城市包容的显著特征。尤其是北京城市布局形成的街道、胡同以及各具特色的地名也是多民族文化融合的结晶。在北京城这个舞台上，各民族的文化相互碰撞、交流、融合、升华，成为北京文化，成为都市文化，成为首善文化，然后经典的文化和精神又被带到各地，这就是北京文化博大精深的来源，也是北京城市历史文脉包容特征的体现。其中，在清中叶形成的京剧就是一个典型的例证。京剧，顾名思义是北京产生的剧种，但它的来源却不在北京，而是在清中叶进入北京的徽、汉两个地方戏曲的基础上，同时吸收了昆曲、梆子等地方戏的某些特点逐渐演变而成。在形成过程中，与北京城市文脉有密切关系，也与在中轴线保留的各种戏楼、戏院有着密切关系。戏院主要集中在正阳门前的大栅栏和鲜鱼口，对称分布在中轴线两侧；戏楼，特别是大戏楼主要集中在皇宫（紫禁城）内，也是分布在中轴线两侧。

（四）厚德

北京是六朝古都，城市历史文脉还凸显道德教化，秉承"厚德载物"的理念。北京旧城对"德"的追求，首先是对天子的要求。据说，明代修建皇城后，明成祖朱棣让大学士谢缙为皇宫大门题写对联。谢缙用的是一幅传统对联"日月光天德，山河壮帝居"。这里"日""月"合在一起是"明"，讲的是大明王朝要突出"德"，而这种"德"首先要体现在天子身上，正所谓"有德者得天下，无德者失天下"，这也是一种文化传统。在北京故宫太和殿还有一副对联"龙德正中天，四海雍熙符广运""凤城回北斗，万邦和谐颂平章"突出天子之德。据说，明朝大将徐达攻占元大都后，迅速将北城墙收缩5里，重新筑北城墙和城门，依旧开两门，其中将元大都北城门"健德门"改名为"德胜门"，突出大明王朝是以德取胜，是大明王朝的"有德"战胜了元朝的"失德"。

天子有德，然后教化于官、于民，这是北京城市厚德的脉络。对于天子来讲，要"敬德保民"，对臣子来讲要"忠君报国"。北京的胡同、四合院不仅是城市的"肌理"，还体现道德教化，讲究主次分明、长幼有序、男女有别、尊老爱幼等传统道德观念。

二、长安街的历史文化内涵

长安街，其中心点作为共和国的象征，具有极其重要的政治意义。而长安街作为北京城两轴中的一轴，则具有象征与时俱进的现实表征意义。长安街在共和国前期、改革开放以后、新世纪以后的变化基本上体现了共和国每一时期的变化。长安街在北京乃至全国的地位十分重要，而中国的象征——天安门和天安门广场就在长安街上，这条街汇集了许多中央机关和文化机构，是中国政治和文化的形象代表，那些不同时期、不同风格的建筑默默地见证着中国的过去、现在和未来。

（一）北京走向国际大都市的一个象征

历史上的北京城是一个经过认真规划的城市。自元大都以来，形成了以城市南北中轴线为核心的格局，中心突出、东西对称、起伏有序。民国以后，随着长安街的贯通，一条与中轴相垂直的横轴开始出现，成为同样重要的东西轴线。随着时代的变迁，以天安门为核心的北京城在古今、中西交会的时代观念和两轴的空间结构中逐渐形成多元融合的态势，以故宫为代表的中轴线上的建筑，展现着具有 5 000 年历史和文明的风采，以长安街为东西轴线的横轴体现着一定的现代意识。

中华人民共和国成立后，许多国家与中国陆续建交，根据周恩来总理"把使馆从城里迁出，集中建馆"的指示，从 1955 年开始，在建国门外位于长安街延长线的北侧建设了使馆区。首批使馆于 1955 年 7 月开工，1957 年 3 月竣工，建筑面积共 26 277 平方米，分别提供给哥伦比亚、斯里兰卡、越南、芬兰、埃及、阿尔及利亚的驻华机构租赁使用。1957 年 7 月，紧邻这批使馆区开始兴建北京第一批外交公寓，共 11 栋，总建筑面积约 5 万平方米。为了方便外宾购物，还于 1972 年 8 月建成了友谊商店，位于建国门外大街路北。

改革开放以后，北京作为国际化大都市的特点更加突出，一大批为国际交往服务的写字楼、宾馆、饭店在长安街及延长线上如雨后春笋般矗立起来，有些还挤进了京城的核心地带，如坐落于东长安街东单与王府井之间、门牌号为东长安街 1 号的东方广场，占地 10 万平方米，总建筑面积达 80 万平方米，2002 年的首都规划将发展目标定位为世界历史名城和现代国际化大都市，可以说，以故宫为代表的中轴线显示了世界历史名城的走向，长安街这条东西轴线则代表了现代国际大都市的方向。

长安街的东延长线穿过了中央商务区（CBD）的核心，CBD作为现代国际化大都市的象征，集中了城市的经济、科技和文化力量，同时具备金融、贸易、服务、展览、咨询等多种功能，也是长安街作为现代国际化大都市的一个重要组成部分。而位于西长安街北侧的金融街，已经成为对中国金融业最具影响力的金融中心区，多家企业总部及知名国际机构向金融街聚集，其国际化程度不断提高。东、西两个经济核心区的国际影响力日益扩大，它们的成长不仅引领着北京的经济发展，也使得北京的国际影响力特别是经济影响力日趋广泛，进一步促进了北京加速迈向国际化大都市。

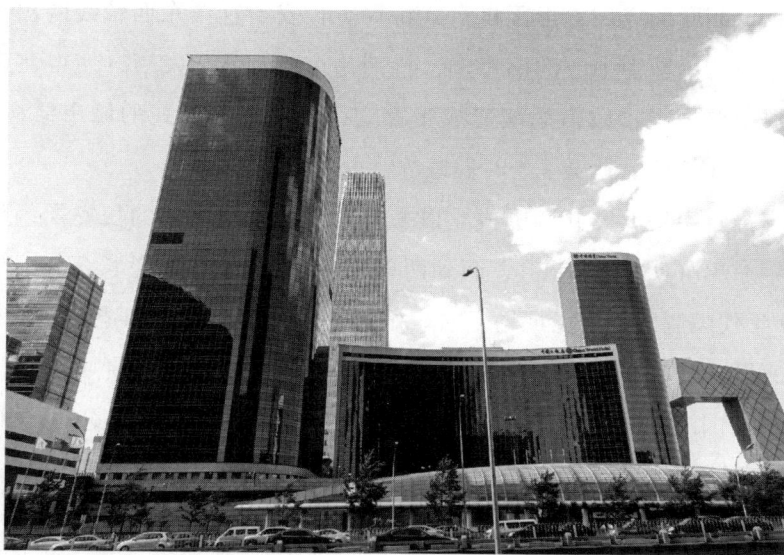

国贸大厦

2010年获得批准并随后开始实施建设的长安街西延工程，需要跨越永定河建一座大桥，为此北京市首次采用桥梁设计全球招标，包括美国哈德斯蒂汉诺威公司、AECOM集团、英国WSP科进顾问集团、迈进工程设计咨询

（北京）有限公司4家国际公司在内的11家设计公司共提出了31份设计方案，经过多轮的暗标评比，来自北京市市政工程设计研究总院的"和力之门"方案最终胜出。在市政建设上采用国际招标方式，不仅意味着北京具有更加开放的心态，而且也证明了北京真正具有成为国际大都市的经济实力和国际视野。

（二）与时俱进的东西轴线

原本北京城东西走向的主要街道几乎都是平行的，宽度大体在20米之内，即元代形成的胡同六步阔、小街十二步阔；南北走向的主要街道几乎都与南北中轴线平行，一些较宽的所谓大街达二十四步阔，这些街道与东西走向的小街、胡同形成长方形围棋盘式格局。长安街这条东西轴线的出现，突破了北京以紫禁城为中心的旧格局，特别是东西轴线的发展，使得北京城市空间格局由单一中轴线格局演变成十字交叉、纵横交错式的城市结构系统。长安街上的建筑也呈献出了与时俱进的特色。

长安街自中华人民共和国成立以来一直在延长。最初的长安街，是由天安门东到东单（叫东长安街），西到西单（叫西长安街），总长3.7公里。20世纪50年代编制的长安街规划，向东延长到建国门（1958年打通），向西延长到复兴门（1956年打通），虽然前者叫建国门内大街，后者叫复兴门内大街，但从建国门连通到复兴门的整条街都叫长安街，全长6.7公里。20世纪80年代编制的规划，东从建国门延伸到大北窑，西从复兴门延伸到公主坟，全长约13公里，这一长安街延长工作在1999年中华人民共和国50周年前夕最终完成。紧接着第二年即在具有历史标志意义的2000年，长安街再度延长：东从大北窑延长到通州镇，增加20公里，西从公主坟延至首钢东门，增加12公里，这时长安街全长45公里。2010年6月，长安街西延道路工程规划方案获得批准，长安街再向西从首钢东门延长到门头沟的三石路与规划中的石龙西路相接处，共延长6.4公里。这样，整个长安街共长51.4公里，至此

"百里长街"开始名副其实。长安街经过 5 次扩展，扩展里程约为原来的 14 倍，路宽也从最早的 15 米宽石板路拓宽到现在中心区 100～120 米、两侧延长线宽 50 米以上的交通主干道。

20 世纪 50 年代的东长安街

20 世纪 50 年代的西长安街

　　观察长安街沿线的建筑，更能触摸到北京城市发展的脉络，因为长安街及其延长线上分布着各个年代设计建造的上百个形式各异、功能不同的建筑，也可以说长安街上了保存了历史的缩影。长安街沿线上的一些著名建筑比较集中地反映了当时国家的政治、经济、文化形态。除了明清时期的古建筑之外，建于20世纪初期的北京饭店（老楼）、东交民巷地区具有异国风情格调的各式老建筑，反映了那个时代北京还处于现代化的起步阶段。国民党统治时期和日伪时期的建筑遗存在长安街沿线基本已经找不到了，这也从另一个角度说明那个时期的城市建设乏善可陈。到了20世纪50年代，人民大会堂、革命历史博物馆、民族文化宫、北京站等入选当时的"十大建筑"，这些建筑融合了中国传统建筑风格和苏联建筑风格，反映了那个热火朝天建设中华人民共和国的特定历史时期。20世纪六七十年代，只建设了毛主席纪念堂、北京饭店东楼、长话大楼，反映出当时的经济困难使城市建设处于低潮。20世纪80年代以后的改革开放，从长安街沿线建筑样式的多样化上即可体现。90年代以来，长安街沿线建筑的数量与式样之多，更是历史上从未有过的，建筑风格也大多受西方的影响，追求时尚，但不少建筑很快又显得过时，既反映出国力的强大、技术的进步，同时也反映出市场经济的影响日益加深和建筑主体的多元化逐步确立。进入21世纪，以国家大剧院为代表的建筑更加凸显国际化的潮流，而以人为本的理念逐步渗透到沿街的配套市政建设中，证明长安街乃至北京市城市建设的脚步从未停歇。

（三）演绎中国开放、全球化印记

　　作为中国政治的主动脉，长安街与中国改革开放迈出的每一步都紧密相连。40多年来，从人民大会堂、天安门城楼对普通民众敞开大门，到国贸中心、东方广场大规模兴建，再到麦当劳、"巨蛋"在这条街上出现，中国从1978年后的开放程度在长安街上被一一体现出来。

　　改革开放伊始，长安街首先对内开放。

1979 年 7 月 15 日，人民大会堂正式对普通参观者开放。其实早在 1959 年，人民大会堂正式竣工后，除了党和国家的政治活动外，每周都设有一两天的开放日，让普通的老百姓可以走进这个神秘的殿堂一饱眼福。不过，1966 年以后，人民大会堂却被封闭起来，只用于举行大型会议和中央领导人办公、接见活动，不再对外开放。1978 年，在中共十一届三中全会上，人民大会堂封闭的做法遭受质疑。1979 年 1 月 27 日晚，中断了 15 年的首都群众春节联欢会在人民大会堂举行，中共中央政治局委员邓颖超代表党中央宣布："人民大会堂将向各界群众开放。"人民大会堂对外开放后，每天至少接待三四千名游客进入参观，从 1979 年 7 月 15 日到 2004 年 10 月底，25 年间共接待海内外参观者 5 040 多万人次，每年承办各类大小会议、演出活动等 3 000 多场次。人民大会堂的解禁，被誉为释放了"中国改革开放的重大信号"。

1988 年 1 月 1 日，北京国际旅游年的第一天，天安门城楼正式向国内外游客开放，当天约有 2 000 名游客登上天安门参观游览。与人民大会堂对公众开放不同，天安门城楼从中华人民共和国成立那一刻起其政治意义就极为特殊，甚至可以说是国家的象征。这样一个庄严、神圣的场所向普通百姓开放也经历了一个曲折的过程。早在 1980 年，中共中央副主席李先念就提议，是否可以将天安门城楼也向群众开放，但当时由于思想观念和客观条件都不成熟，这个想法被搁置了下来。1984 年 9 月，一封群众来信再次响起"开放天安门城楼"的呼声。这封信受到胡耀邦和中央多位领导人的重视。在多位领导人圈阅后，时任中办主任的王兆国批示："请北京市提出具体意见，报中央审批。"1986 年 5 月 1 日，天安门城楼开始有组织地接待参观者。当时的参观者主要是中央或驻京部队一些会议的与会者、人大代表或劳动模范。1987 年，因为次年恰逢农历龙年，北京市旅游局就把 1988 年定为"北京国际旅游年"。于是，经中央批准，1988 年 1 月 1 日天安门城楼正式对外开放。

位于长安街东端的友谊商店始建于 1973 年，是中国首家大型涉外零售企业，主要经营中国传统工艺品以及从西方进口的物品。最初，友谊商店只对外国人、外交官和极少数的政府官员提供服务，只接受外汇兑换券作为结算货币，人民币并不能在店内使用。在物质生活十分匮乏的年代，这座商店里却摆满了大量市面上见不到的东西。对于计划经济时代的中国人来说，能够出入友谊商店是一种身份的象征。在友谊商店里买一件其他商店里没有的东西，是当时许多人梦寐以求的事情。1991年，长期只许外国人和极少数中国人进入的友谊商店对普通群众开放。

北京友谊商店

长安街上"一礼堂、一城楼、一商店"的先后开放，无疑成为国家改革开放最浓缩的诠释。

伴随着观念的更新和经济、政治体制的发展，长安街沿线建筑格局的演变也同样成为中国对外开放和全球化的最好诠释者。20世纪80年代以前，长安街沿线的建筑除极个别外基本上以政治意味浓厚的办公建筑、展览馆为主。1984年，国贸中心开始在东长安街延长线上兴建，它的投资方是一家具有港资背景的合资企业，标志着经济领域逐步在长安街上崭露头角。1992年，横跨王府井和东单两大黄金地段、距天安门广场仅一公里远的东方广场项目启动，后来长安街上 160 家单位、1 800 户居民为此拆迁搬走，项目规模之大、牵涉面之广在长安街历史上实属罕见。进入新世纪，在长安街落户的一枚"巨蛋"——中国国家大剧院成为这条街道开放的最新标志。这座文化建筑的前卫和新颖程度，足以与世界各国的顶级建筑相媲美。

（四）"政治长街"

由于长安街位于城中心，又与南北中轴线相交，自然而然成为历次政治活动的主要舞台。作为一条"政治大街"，它见证了中国百年来的重大事件甚至具有划时代意义的事件，它时刻记录、诠释着中国的政治走向。

1919 年 5 月 4 日在北京爆发的"五四运动"，是中国革命史上划时代的事件，是中国旧民主主义革命到新民主主义革命的转折点。为了阻止北洋政府在丧权辱国的《协约国和参战各国对德和约》上签字，北京高校 3 000 多名学生冲破军警阻挠，云集天安门，举行抗议集会。游行队伍经由东长安街，直奔赵家楼胡同三号，烧了卖国贼曹汝霖的住宅。学生们还聚集在西长安街新华门请愿，得到广大市民的支持。6 月 3 日，数以千计的北京学生又涌向长安街等街道，开展大规模抗议活动，引发军警大规模逮捕学生，进而更大规模的抗议活动在全国各地如火如荼开展起来。

1935 年 12 月 9 日，北平大中学生数千人举行抗日救国示威游行，反对华北自治，反抗日本帝国主义，掀起全国抗日救新高潮。游行队伍由新华门出发，经过西单、东单、王府井大街、南池子等，在天安门举行了集会。这是中国共产党领导的一次大规模学生爱国运动，很多运动的参与者、领导者后来成为中国共产党的重要领导人。

1949 年 10 月 1 日，30 万军民聚集在天安门广场上举行了开国大典，毛泽东主席在天安门城楼上向全世界宣告中华人民共和国中央人民政府成立，并亲手按下电钮升起了第一面五星红旗，随后代表着 54 个民族的 54 门礼炮齐鸣 28 响，代表着中国共产党领导中国人民英勇奋斗了 28 年，最终取得了新民主主义革命的胜利。毛泽东主席还宣读了《中华人民共和国中央人民政府公告》，紧接着举行了盛大的阅兵式和群众游行。

1976年1月，周恩来总理去世，数十万北京市民自发地从天安门广场沿长安街到八宝山送总理，之后发生的清明节前后的四五运动事件，为"文化大革命"的结束和"四人帮"的覆灭奠定了群众基础，在中国当代历史上具有划时代的意义。

体现长安街政治内涵的除了上述提到的历史事件之外，不能不提到一个持续了半个多世纪的动态展示——国庆典礼上的阅兵式。截至2018年，长安街上共举行了14次盛大的国庆典礼、阅兵仪式和群众游行，见证了共和国辉煌的成长历程。阅兵式是国家实力的象征，是体现一个国家的国威、军队的军威和民族精神，彰显综合国力、国防实力和增强民族自豪感的重要形式，每次阅兵式都蕴含着深刻的政治意义在内。历数共和国的数次阅兵，较为著名的、影响较大且具有重大意义的阅兵式要数开国大典、中华人民共和国成立10周年、35周年和50周年几次最为典型和突出。

1949年10月1日的开国大典，标志着中国从此进入了一个新的历史时期。而在开国大典之后举行的阅兵式，同样是人民解放军建军后最盛大、最庄严的首次庆典。为圆满完成这一盛况空前的重大礼仪，设立了阅兵指挥机构，开国元勋朱德总司令亲自挂帅，担任阅兵总司令，聂荣臻代总参谋长任阅兵总指挥，第20兵团司令员杨成武、华北军区司令部参谋长唐延杰等任副总指挥。杨成武、唐延杰主持起草了《阅兵典礼方案》，内容包括受阅部队的选调、编组、阅兵程序、阅兵礼乐及受阅前的训练等。最终，首次阅兵式确定分两个部分：检阅式——受阅部队在静止状态下，接受阅兵司令员的检阅；分列式——受阅部队在行进状态下，接受党和国家领导人、各界人民代表的检阅。受当时政治、军事形势以及客观现实条件、经济能力的制约，当时开国大阅兵的地点如何选择曾让开国领袖们颇为踌躇，最终经过再三斟酌和权衡，周恩来提出阅兵地点以天安门前为好。因为，不仅天安门本身的建筑结构及其所处的天安门广场是群众集会、举行阅兵式得天独厚的最佳场所，而且天安门 500 年沧桑变迁的厚重历史积淀，天安门广场发生过的历史事件也决定了它在中国人情感上占据着极其重要的位置，具备数百年风雨中浸染出的政治上的象征意义。在阅兵分列式上，首先通过天安门广场的是年轻的人民海军，随后跟进的是步兵、炮兵、摩托化步兵、装甲步兵、坦克兵和骑兵师。在步兵行进的同时，年轻的人民空军各型战机飞临天安门上空接受党和国家领导人及各界人民代表的检阅。此次受阅官兵 1.6 万余人，火炮 119 门，坦克和装甲车 152 辆，汽车 222 辆，飞机 17 架，军马 2 344 匹，整个阅兵历时两个半小时。开国大阅兵是人民军队诸军兵种合成的海陆空首次亮相，受阅部队展示的武器装备均是来自战场缴获的"万国牌"武器，这可以说是这次阅兵的一大"特色"。

1959 年中华人民共和国成立 10 周年阅兵规模比以往历年规模都大，准备工作开始得也比较早，毛泽东、刘少奇、周恩来等党和国家领导人亲自审定了阅兵方案。为保证国庆十周年庆典的安全，首次使用了包含地空导弹在内的全新防空系统。阅兵式中取消了骑兵、三轮摩托车和口径 100 毫米以下的地炮、高炮方队，为适应改造后变宽的长安街，徒步方队横排面增至 24 人，恰好比开国大典的方队增加了 1 倍。接受检阅的部队共 15 个徒步方队、14 个车辆方队和 6 个空中梯队组成，合计 11 018 人。本次受阅部队装备的 56 式冲锋枪、56 式半自动步枪、59 式坦克、歼 - 5 型歼击机等国产新式武器闪亮登场，阅兵时所展示的轻重武器装备绝大部分都实现了国产化，标志着人民军队现代化、正规化建设已经起步并取得了重大成就。此外，阅兵式上还出现了一支特殊队伍——"首都民兵师"，充分体现了"全民皆兵"运动的深入开展和国防力量建设向纵深化、梯度化发展的新方向。这次阅兵虽然规模比往年大，但整个阅兵用时却只有 58 分钟，表明阅兵组织工作比往年更周密、更细致、更成熟。

1959 年之后，受国际国内政治经济形势影响，原定的"五年一小庆、十年一大庆，逢大庆举行阅兵"的国庆制度并没有真正落实，1969 年和 1979 年的国庆都没有举行阅兵仪式。直到 1981 年，根据邓小平的提议，中共中央、中央军委决定恢复阅兵。

1983年12月10日，时任中共中央书记处书记的万里在中南海主持召开了35周年国庆会议，成立阅兵领导小组，总参谋长杨得志任组长，北京军区司令员秦基伟、总后勤部部长洪学智、副总参谋长何正文为副组长。12月27日，成立了阅兵总指挥部，秦基伟任总指挥，北京军区副司令员马卫华、参谋长周衣兵任副总指挥。在本次阅兵中，受阅部队10 370人，各种作战飞机117架，导弹189枚，坦克装甲车205辆，火炮126门，汽车2 216辆，组成46个方队，其中地面方队42个，空中梯队4个。每个徒步方队为14个排面，每排25人，比国庆10周年阅兵增加了4个排面、110人。由于参加受阅的摩托化、机械化部队数量大、军兵种多，技术装备复杂、物资保障要求高，过去采用的分散驻训方法已不适应，阅兵总指挥部决定，分别在北京沙河、通县、南苑3个机场按正规化要求修建临时驻训区，实行集中驻训。本次阅兵是在全面改革开放和现代化建设取得巨大成就的形势下举行的，是中国自改革开放后的首次国庆阅兵，向祖国人民、向世界展示了人民军队加速现代化、正规化建设取得的进展和成就。国内外人士都以好奇、兴奋、期待的目光聚焦中国军队在改革开放后的第一次公开亮相。在这次阅兵中，所有的武器装备全部是国产现代化兵器，受阅的28种武器装备中，部分达到世界先进水平，充分反映了我国国防现代化建设的新成果。而压轴的海军导弹方队、空军地空导弹方队和战略导弹方队尤为引人注目，特别是战略导弹是首次向全世界公开亮相，成为当时世界上最具有轰动性的新闻。

1999年，中华人民共和国迎来了50年华诞，在即将告别20世纪的时刻，中国以隆重的阅兵写下了自己对民族百年历史的总结。这次阅兵又称"世纪大阅兵"，是中华人民共和国成立以来军兵种最齐全、武器装备最先进、科技含量最高的一次展示。本次阅兵领导小组组长是总参谋长傅全有，阅兵总指挥为北京军区司令员李新良上将。根据我国武装力量构成的变化，为体现现代兵种合成、军种联合的特征，新增加的兵种如陆军航空兵、海军航空兵、海军陆战队、武装警察特警部队、预备役部队等都是首次参加阅兵，空中梯队也由 1984 年的 4 个变为 10 个，加上地面方队总计 52 个方队接受检阅。本次阅兵式受阅部队展示的武器装备种类比 1984 年增加了近 1 倍，95% 都是新装备，显示了人民军队逐步实现从数量规模型向质量效能型，从人力密集型向科技密集型的转变成果。战略导弹部队继 35 周年阅兵式首次亮相之后，又进一步展现了其核常兼备、远中近配套的双重打击能力和威慑力。

长安街的政治内涵还表现在方方面面，特别是历史积淀最为厚重的沿线建筑，更加直观、深刻地反映出中国的政治特色和政治走向。对绝大多数中国人来说，长安街上标志性的建筑物，人们从小就会牢牢印在脑海里。翻开 20 世纪七八十年代的小学课本，天安门、人民英雄纪念碑、五星红旗……从认字开始，所有中国人就知道了北京有个天安门，天安门前的广场上最醒目的建筑是人民英雄纪念碑和高高飘扬的五星红旗。很多时候，这些符号化的建筑几乎就成为政治的代名词。或许，从这些建筑诞生的那一刻开始，就已经与政治结下了不解之缘。

虽然历史上长安街一直被皇权所笼罩，与权力、政治中心有着千丝万缕的联系，但其真正体现出政治长街的作用，还是在中华人民共和国建立后才越发明显。中华人民共和国成立后，随着北京成为全国的政治文化中心，长安街作为体现首都政治、文化和外事功能的国家大道日益焕发生机。生活在 21 世纪的北京人，也许很少有人会意识到，历史上长安街也有可能沿着另一条轨迹发展下去，能够更多地保留其历史原貌。当时，中华人民共和国刚刚成立，城市的建设还没有真正开始，一切都处于百废待兴的阶段。关于国家行政中心到底置于何处有着与现在的选择截然不同的方案，即梁思成、陈占祥在 1950 年 2 月发表的《关于中央人民政府行政中心位置的建议》中提出：将行政中心建在三里河附近，最大限度地保留北京古城，发展新城。如果这个建议得到实施，我们会见到一个与现在完全不同的北京城，也会见到一个与现在完全不一样的长安街。不过，历史选择了另一条路，国家行政中心最终设置在了旧城中心，一切建设都重新规划、实施了起来，长安街的风貌也随之迅速发生了变化，逐渐演变成我们今天看到的样子。长安街上一砖一石、一草一木的变化，折射出当代中国政治历史进程的变迁。

长安街上集中了丰富的政治、经济和文化资源，长安街两侧的建筑体现出政治长街的性质。如全国人大常委会、军委、公安部、商务部、铁道部（2013 年 3 月，铁道部实行铁路政企分开。将铁道部拟定铁路发展规划和政策的行政职责划入交通运输部；组建国家铁路局，由交通运输部管理，承担铁道部的其他行政职责；组建中国铁路总公司，承担铁道部的企业职责）、交通运输部、广播电视部（2013 年，国家新闻出版总署与国家广播电影电视总局合并为"国家新闻出版广电总局"）、中国海关、中华全国妇女联合会、中国纺织进出口总公司、国家海洋局、中国国际贸易促进委员会、中华全国总工会等部级机构办公设施。

坐落在北京西长安街西段的新华门是党中央、国务院所在地。新华门原名宝月楼，建于清乾隆二十三年（1758 年），民国初年改建为中南海南门，称新华门。这是一幢古典风格琉璃瓦顶雕梁画栋的二层明楼，一对巨型石狮分列左右。门外场地正中矗立着高悬五星红旗的大旗杆，两旁八字墙上镶着两条红地金边白字的大标语："伟大的中国共产党万岁""战无不胜的毛泽东思想万岁"。进门迎面是一堵青砖到顶的大影壁，镌刻着毛泽东同志手书的"为人民服务"五个金光闪闪的大字，昭示了中国共产党及其领导的人民政府的根本宗旨。

位于复兴路 7 号的八一大楼，俗称"国防部大楼"，1997 年 3 月动工，1999 年 8 月建成。大楼西邻中国人民军事博物馆，南与铁道部办公楼相对，总建筑面积 90 255 平方米，由总参工程兵第四设计研究院设计。主体建筑地下 2 层，地上 12 层，南面为举行检阅仪式的八一广场，北面为 12 600 平方米的集中绿地。该楼原定为中央军委办公场所，现主要承担军事外事活动，重要政治地位不言而喻。

八一大楼

位于东长安街南侧的中国海关大楼，是国家海关总署和北京海关合用的办公大楼，1990年竣工。大楼坐南朝北，由上部互相连接的两座塔楼组成，连接处镶嵌着"中国海关"4个金色大字。整幢建筑立面呈"门"字形，象征着中国的大门向世界开放。

这些具有政治象征性地标式建筑，庄严肃穆，具有强烈的政治色彩，进一步将一条"政治大街"的形象深植人心。

（五）文化长街

长安街汇聚了国家博物馆、首都博物馆、国家大剧院、北京音乐厅、长安大戏院等极具分量的文化机构。

长安街两侧矗立着一批在国内乃至国际上具有重要影响和地位的文化设施和建筑。大街两侧有一批有代表性的博物馆，其中有些属于不同时期的十大建筑。首推的是国家博物馆，始建于20世纪50年代，时称中国革命博物馆和中国历史博物馆。2003年2月"合二为一"组建国家博物馆，以历史与艺术并重。2007年3月至2010年底，进行了改扩建工程，馆舍总建筑面积19.19万平方米，藏品数量为100余万件，硬件设施和功能为世界一流。

长安街西侧的民族文化宫兴建于20世纪50年代，基本陈列有《中国少数民族传统文化系列展》，藏有大批珍贵少数民族文物、文献。文化宫被国际建筑师协会第二十届大会推选为20世纪中国建筑艺术精品之一。

西延长线上的中国人民革命军事博物馆，是中国唯一的大型综合性军事历史博物馆。

中国人民革命军事博物馆

与军事博物馆紧邻的是20世纪末为了迎接新千年而建的中华世纪坛，占地4.5公顷，总建筑面积3.5万平方米，由主体结构、青铜甬道、圣火广场、过街桥、世纪大厅、艺术大厅等组成，回廊有青铜铸造的40尊"中华文化名人"肖像雕塑，承担着世界艺术收藏、展示、研究等任务。

还有2001年12月奠基兴建、2006年5月18日正式开馆的首都博物馆新馆。建设用地面积24800平方米，总建筑面积63390平方米。展览构成包括基本陈列、精品陈列和临时展览，展陈的核心是恢宏壮丽的北京文化及不断提升并走向辉煌的都城发展史。

　　长安街两侧还有一批有代表性的演出场所，如 1994 年在东长安街建国门内大街重建的长安大剧院，1985 年建成的位于西长安街六部口西南侧的北京音乐厅，2007 年建成的位于西长安街以南的中国国家大剧院，1999 年为迎接中华人民共和国成立 50 周年大庆建成的西单文化广场，等等。

　　由上观之，如果说传统的中轴线代表的是北京城市灿烂的历史文化遗产，那么东西轴线代表的就是中华人民共和国首都文化中心文化成就的缩影。

　　长安街上还有一些名胜古迹，虽然现存的并不多，但任意提出一个都可以挖掘出其背后深厚的历史文化信息。无论是天安门、天安门广场还是中山公园、劳动人民文化宫、新华门，甚至是已经消逝了的东单牌楼、西单牌楼、双塔寺，都可以说是集中华文化之大成的精品，这些古建筑是现代长安街发展的根基，古老的东方文明在新的时代仍然焕发出耀眼夺目的光芒。

　　长安街还记录了中国成功举办 2008 年奥运会的梦想。2001 年 7 月 13 日，国际奥林匹克运动委员会主席萨马兰奇先生在莫斯科宣布，北京成为第 29 届夏季奥运会的主办城市，百年的奥运梦想终于变成现实。获得消息当晚，约有 40 万人自发地涌向天安门广场，人们用狂欢来表达自己激动喜悦的心情。从这一刻起，长安街就与奥运会结下了不解之缘。2007 年 7 月，由东城区体育局制作的一面长 105 米、高 4 米的介绍北京奥运会火炬传递路线的大型图片展板，出现在东单体育中心运动场紧邻长安街一侧的围网上。展板通过 44 张制作精美的图片，展示北京奥运会火炬传递所经过的国家、地区以及城市的概况和风光。作为主办城市，北京市为奥运会提供了 31 个比赛用场馆，其中长安街沿线分布有 5 个：位于五棵松的北京奥林匹克篮球馆、北京五棵松体育中心棒球场和位于老山的自行车馆、山地自行车场和小轮车赛场。另外，马拉松赛的起点位于天安门广场东侧路，并分别经过东、西长安街。

　　2008 年 3 月 31 日，北京奥运会圣火欢迎仪式暨传递启动仪式在北京天安门广场启动。国家主席胡锦涛在众人的注视下，用火炬点燃圣火盆，并将火炬交接给了中国飞人刘翔。仪式结束后，北京奥运圣火启程前往哈萨克斯坦城市阿拉木图，开始火炬接力活动。在奥运会的开幕式上，29 个巨大的焰火脚印，沿着北京的中轴线，从永定门出发，经过前门、天安门、故宫等地一步步走向奥运会主会场，象征着第29届奥运会一步步走进中国、走进北京。

（六）经济长街

长安街西有"中国的华尔街"——金融街，东有生机勃勃的中央商务区（CBD）；东单、西单、王府井三大商圈和秀水街市场闻名海内外。

东西轴线还体现了北京作为经济重心的城市性质和功能，为人们熟知的首先是位于长安街东西两侧的王府井和西单。

位于东长安街北侧的王府井，是北京乃至全国最著名的一条商业街，距今已有700多年历史，享有金街的美誉。中华人民共和国成立后，一批名店、老字号由上海等地迁入王府井，以"新中国第一店"百货大楼和东安市场为中心，开创了王府井辉煌的发展时期。王府井商业街以其商品比较全、品位比较高而享誉海内外，成为首都商业的标志。尤其是历经三次整体升级改造后，这条具有独特地位和特殊意义的商业街作为中国商业对外形象展示的窗口，其作用得到淋漓尽致的发挥。

位于长安街西侧的西单，是北京经济最繁荣、历史最悠久的三大商业购物区之一。其规模、设施配套程度、业态分布结构、社会认知程度、发展前景等都已具备现代商业区的特征。西单商业区的历史可追溯到明代。据有关史料记载，当时，这里是通往京城西南广安门的主要路口，从西南各省陆路而来的商旅和货物，都要由卢沟桥往东到外城广安门，经菜市口向北进入内城宣武门，再经过西单进入内城各处。由此，西单一带兴建起了各种店铺、酒铺、饭馆、文化场所等。明清之际，西长安街附近的大理寺、太仆寺、太常寺、刑部、都察院、銮仪卫等衙署多到西单周围采办购物，推动了这里的商业发展，促使西单成为长安街上的一处热闹的商业中心。建成于1999年的西单文化广场，是长安街上唯一的大型绿地广场和集购物、康体、娱乐、休闲为一体的多元化商业地带；位于西单西北角的中国银行大厦，是当代世界建筑设计大师贝聿铭为北京设计的第一件作品，成为北京城市的一个窗口性地标。

近年来，随着首都经济的发展，东西轴线上两大重要板块——中央商务区（CBD）和金融街逐渐成为北京经济重要的新支点。据普华永道和纽约合作组织联合发布《机遇之都（2012）》研究报告称，北京经济影响力跃居全球之首。在北京获得第一的经济影响力指标中，包含"世界500强公司总部的数量""金融和商业服务领域的就业形势""吸引外商直接投资新建项目的数量及资本投入额"等指标，其中的一些指标水平在东西轴线上得到印证。

东长安街延长线上坐落着北京中央商务区（CBD），东起西大望路、西至东大桥路，北起朝阳路、南至通惠河。这里是摩托罗拉、惠普、三星、德意志银行等众多世界500强企业中国总部所在地，以及国内众多金融、保险、地产、网络等高端企业的所在地。CBD作为一张新的"城市名片"和国际大都市的一个重要标志，正在成为首都对外开放的重要窗口和率先与国际接轨的商务中心，成为首都现代化新城区和国际化大都市风貌的集中展现区域。

西长安街连接着占地2.59平方公里的金融街。这条街上聚集了中国人民银行、中国银监会、中国证监会、中国保监会等国家金融决策和监管机构，以及金融机构、要素市场、企业总部1 000余家。经过20年的发展，北京金融街已经成为全国高端产业聚集度最高、税收增长最快、人民币资产流量最大的区域。2012年前三季度，金融街实现金融业增加值840.2亿元，占北京市金融业增加值的45.7%；共有各类金融机构1 000多家，金融从业人员17.4万人；金融机构资产规模超过60万亿元，占全国金融资产总额近50%。[①] 2012年世界500强企业中的79家中国企业中，有18家总部设在金融街。目前，金融街区域外资金融机构和国际组织已经发展到100余家，其中包括高盛集团、摩根大通银行、法国兴业银行、瑞银证券等世界顶级外资金

---

① 李焱：《西城特色功能区迸发活力》，载《投资北京》2013年第3期。

融机构。金融街保持着对金融要素和金融机构强大的集聚能力，金融中心功能和国际影响力与日俱增。

（七）交通大动脉

长安街作为纵贯东西的一条主线，作为京城"两轴"中的一条，在进行城市规划时，首先需要考虑的是交通功能。作为东西、南北交通的要冲，长安街承担疏散人口和车辆的功能责无旁贷。同时，长安街还服务首都，承担国家、政府大型政治活动、集会、游行等，成为这些活动的场所。另外，长安街的旅游功能也不容忽视，因为它本身就是一条游客观光的黄金线路。所有这些，都离不开交通这一基本要素。

中华人民共和国成立初期的北京城区，涵盖范围大致不超过今天的二环路，城市内部主要街道并不多，而且机动车也不过几千辆，因此以长安街为代表的几条交通干道基本上承担了80%以上的交通流量。随着城市范围的扩大和机动车保有量的增加，交通需求迫使长安街不断地扩宽、延伸。尽管北京目前的城市道路建设已经可以说是路网密集、四通八达，多条城市主干道纵贯东西，但长安街仍然可以称得上是城市交通大动脉。

1978年的长安街还很冷清，在为数不多的车辆中，天天行驶在长安街上的1路公交车特别引人注目，因其线路长、车型大和经过路线的地理位置重要而被人们亲切地称为"大1路"。那时的1路车是捷克进口的斯柯达，红车身黄车顶，颇具皇城特色。这种车是柴油车，一次能拉四五十人，时速可达60公里，是当时最先进的大客车。但由于当时我国石油匮乏，为了省油司机们想出了各种方法。有的司机开车时只穿鞋底很薄的鞋，就为了踩油门时能更好地感觉油门的深浅。当时公交1路车的线路是从公主坟到八王坟，全长14.82公里，途径整个长安街，包括京西宾馆。

20世纪80年代初的北京只有100多条公交线路，私家车和出租车是那个年代的稀罕物，人们出行除了骑自行车就是搭乘公共汽车。每条线路的满载率都在九成以上,长安街上跑着的公交车挤得像沙丁鱼罐头。一到站,司机和售票员都跑下车去,用力把堆在车门口的乘客"推"上车。1984 年 1 路车使用的是黄河大通道汽车,经历了由蓝白道到红黄色外观的改变,换了颜色的 1 路车线路并没有变,还是照常行驶在长安街上。1997 年,长安街开辟了全国第一条公交专用车道,从公主坟到八王坟,全长 15 公里,只允许公交车走,正点率一下子提高了。

1999 年,为迎接中华人民共和国成立 50 周年国庆,公交公司引进了绿色的清洁燃气车,国庆前夕新车亮相长安街,打头阵的就是 1 路车。"戴红花"的 1 路车途经天安门的历史时刻留在了人们的记忆深处,也体现了公交车车辆的又一次变迁。后来充当过 1 路车的还有黄海客车。

随着城市建设的发展,1 路车的线路也发生了很大变化,由原来的公主坟西延至老山公交场站,由八王坟东延至四惠。曾在 1 路车队工作过的张艳玲说:"我们就是一个流动的窗口,不仅是一个体现服务的窗口,还是乘客了解北京公交的窗口,是外地游客了解首都的窗口,更是外国游客了解中国的窗口。"①

同时,位于长安街沿线的北京站、北京西站更是四通八达的铁路交通枢纽,每日迎来八方宾客,将首都与全国各地更加紧密地联系在一起。

另外,在长安街宽广、平坦的柏油路面下方,还有着另一个交通大动脉——北京地铁 1 号线。地铁 1 号线西起苹果园站,东至四惠东站,绝大部分线路与长安街重合。其中公主坟至复兴门一段以及现在归属 2 号线的复兴门至北京火车站一段是北京、也是中华人民共和国最早的地铁线路,始建于 1965 年,1969 年建成通车。因最初的规划是以军事用途为主,所以早期不对外开放。1971 年起开始试运行,逐步承担起市政交通的角色。经过前后近 30 年的整合,地铁 1 号线区间不断变动,最终形成现在全长 31.58 公里,设 23 个站点和 2 个车辆段的交通大动脉。长期以来地铁 1 号线作为北京市唯一的

---

① 黄凤娟:《探访"国门第一路"》,载《人民公交》2010 年第 2 期。

一条东西走向的主要线路，沿线又运载了国贸、王府井、公主坟、北京西站等地区的大量旅客，客运量长时间保持各线之首。2012年情人节当日，1号线更是创下了全天运送150.03万人次的纪录。① 直到2013年，由于6号线的开通和10号线环线贯通，才让出了客流量的头把交椅。

地铁1号线

（八）为首都功能的提升提供了延伸的空间

如果说原来的十里长街定位在政治功能上，那么百里长街就被赋予了与首都功能完全契合的功能，世界城市和国际化大都市的目标也开始展现出来。同时，东西轴线也肩负起宜居城市的功能，开始具有象征走向世界的符号意义。不断延伸的长安街，不仅从空间上拓展了首都的功能，还从政治、经济、文化等诸多方面强化了首都功能，带动了首都的进一步发展。

长安街的进一步延伸，使得东部的通州和西部的门头沟都纳入了北京城

① 徐志伟：《低头族与缝隙化阅读：一种新媒体技术对都市空间的重塑结果》，载《中华读书报》2015年6月17日。

东西轴线的范围。按照新的城市总体规划"两轴—两带—多中心"的城市空间结构布局，通州新城是东部发展带的重要节点和北京重点发展的新城之一，是北京未来发展的新城区和城市综合服务中心；门头沟新城是西部发展带的重要组成部分，发挥引导发展文化娱乐、商业服务、旅游服务等功能。这两个地区按照规划的要求，又是北京城区人口重要的疏散地，其功能的增加为当地的人民生活提供了便利。

通州区正在加快建设中心城，使之成为城市化的龙头。新城规划中心城面积达 115 平方公里，能容纳 90 万人口。投资百亿元加强以道路交通、供热、燃气、生态环境等为主的城市基础设施建设。[①] 目前，新城基本框架初步形成，公共服务设施不断完善，众多优质教育、医疗资源相继落户，城市服务功能不断增强，为实现宜居城市创造了条件。门头沟原本以产煤闻名遐迩，近几年来，结束了上千年的小煤窑开采历史，大力实施永定河全流域生态修复综合整治和景观建设，形成了永定河 88 公里河道、清水河 28 公里河道百里亲水走廊，建设湿地 120 万平方米。总投资 20 亿元的"一湖多园五水联动"景观体系已经展现。还启动了最大的民生工程——采空棚户区改造。建设安置房 200 万平方米，解决棚户区 3.1 万户、8.5 万人的住房问题。[②] 总之，长安街及其延长线两端的宜居功能开始显现出来。

按照新的北京市城市总体规划，长安街延长线的西部为综合文化娱乐区，其中最为重要的是位于东西轴线西端的首钢厂区搬迁以后的利用。在编制其改造规划中，把首钢旧工业区的功能定位为北京西部综合服务中心和后工业文化创意产业区，工业文化遗产保护区、工业主题游览区、行政办公商务区、休闲旅游区等设想均被纳入《首钢旧工业区改造规划》。规划总用地约 8.63 平方公里，总建筑规模约 1060 万平方米。整个服务区呈"L"形，从西北往东南依次是工业主题园、文化创意产业园、综合服务中心区、总部经济区和

---

① ② 谭烈飞、张宁：《北京城东西轴线的地位与影响》，载《北京联合大学学报（人文社会科学版）》2013 年第 3 期。

综合配套区。长安街延长线从文化创意产业园和综合服务中心区中间横穿。沿永定河的一侧，还有一条从东南贯穿向西北的综合生态休闲带。

随着时代的发展，北京城市的优势已经大大突破政治、文化方面的内容，经济的、社会的、多方面功能都体现出来，涵盖了国际化和现代化大都市的诸多特点。而作为北京城市的东西轴线，既从本身而言得到多方面的反映，将自身的优势、特点与时俱进地反映出来，也成为北京城市发展变化的重要缩影，对其的研究和关注可有一窥全豹之功用。

第六章 "两轴"在发挥北京全国文化中心示范作用中的地位与影响

一、北京作为全国文化中心的形成过程

文化，泛指人类在社会历史发展过程中所创造的物质财富和精神财富的总和，是人类文明发展到一定阶段的成果展现。而人口密集的城市集中了绝大多数人类创造的物质财富和精神财富，自然而然成为文化的中心地带。

北京有着3 000多年的建城史、860多年建都史，其历史文化名城的地位毋庸置疑。特别是在中国历史上，都城往往集中了当时国家的物质与文化精华，是文明的集中体现。《史记·儒林列传》中即有"故教化之行也，建首善自京师始，由内及外"。意思就是首都为全国的模范，有着示范和推广传递文化信息的作用。

回顾北京的城市发展历程，"两轴"作为北京城的形象代表，在诸多方面都发挥出了中心示范作用。

1. 先秦至辽南京

此时期，北京逐渐成为区域文化中心，"两轴"尚未出现，但南北轴线的建筑实践已经成型。

从春秋战国时期的燕文化，到两汉及魏晋南北朝、隋唐时期燕蓟之地的学术发展兴盛，北京地区的文化影响力对周边地区的作用越来越大。五代时期，燕云十六州被石敬瑭割让给辽，辽代设立了五京（上京临潢府、中京大定府、东京辽阳府、南京析津府、西京大同府），辽上京是其政治中心，而辽南京则是其文化中心。

虽然当时北京城现址区域还没有建城，"两轴"更是无从谈起，但据史料记载，南北轴线的建筑实践已经出现，其最早的建筑雏形是隋炀帝在涿郡筑行宫——临朔宫。据专家考证，临朔宫南北中轴线规划了北、中、南三个空间区域，均是以"金台"（今景山主峰）为中心点，依据古礼制确定了城垣、宫殿、城门的位置，建筑充分彰显了皇权的"九五之尊"，各空间规划和建筑尺度体现出周易、河洛、阴阳、五行、天人合一的思想。

辽在唐幽州城基础上改建辽南京城时，借鉴了临朔宫的南北轴线规划，北起拱宸门、南至丹凤外门，形成了以"九重门""三大殿"和通衢组成的贯穿南北的轴线。

作为北方少数民族建立的政权，辽南京城的规划建设已经体现出了明显"汉化"的迹象：大城、子城、外罗城的"三重城"的规划设置，南北轴线上城门、宫殿、通衢的规划设置，轴线北段通衢两侧称为"北市"的规划设置，都符合中国传统的都城建造理论。一方面，统治者用这种方式证明自己"君权神授""奉天承运""替天行道"的合法性；另一方面，也通过彰显"天人合一"的中华文化精髓来显示自己统治的合理性。

2. 金中都

金代，北京从区域文化中心向全国文化中心过渡，都城建设更加完备，太宁宫继承了临朔宫的南北轴线。

辽之后，金兴起。贞元元年（1153年）海陵王完颜亮下令迁都燕京，改称中都，北京正式建都。据《金史·张浩传》记载，金迁都不久，时任平章政事的张浩奏请金主："请凡四方之民欲居中都者，给复十年，以实京师"，短时间内，金中都就成为一座人口超过百万的古代城市。女真人逐步学习并接受了汉族的文化、风俗习惯，多民族文化激荡、碰撞，民族融合为北京成为全国的文化中心奠定了基础。

金中都在辽南京城的基础上向西、南、北三面扩展而成，以宋汴京为蓝图营建"四重城"（由内而外为宫城、皇城、内城、大城）。而且，改造后宫城、皇城以及南北中轴线大体位于大城中部（稍稍偏西），而辽南京城皇城位于西南角，显得"不中不正"。金中都则真正体现了帝都的规制。

金中都的南北轴线沿用了辽南京的南北轴线，所以原有的宫阙建筑继续为金所用并有所增加。宫城南面的南皇城区域完全仿效宋汴京皇城规制，中间设御道，御道两侧为千步廊，千步廊南端两侧东有文楼、来宁馆（供各地来京官员临时居住），西有武楼、会同馆（供各国使节来京临时居住）。千步廊北端与宫城之间的区域形成了"T"形广场。

临朔宫毁于隋末农民起义，金世宗完颜雍决定在遗址上重建"太宁宫"。太宁宫是宫、苑、园结合的离宫，因位于金中都东北郊，故也被称作"北宫"或"北苑"。太宁宫中轴线空间规划完全继承了隋临朔宫的规划设置，只是重建了宫殿和门阙并重新命名。例如，将宫城南面的朱雀门命名为端门，将外朝宫阙命名为大宁，内廷宫阙命名为紫宸，将北面的玄武门命名为拱宸门。"大宁"寄托了统治者希望天下安宁的心声，"紫宸"则宣扬了"君权神授""天人合一"的"天命观"，以体现自己统治的合法性。

3. 元大都

元代，北京正式成为全国的文化中心，成为最接近周礼规制的帝都，南北轴线由此确立，东西轴线的前身显露端倪。

元代最初是以上都（位于今内蒙古自治区锡林郭勒盟正蓝旗草原）为都城，但上都位置偏北，对控制中原地区不利，1267 年，忽必烈决定迁都燕京，并改名为大都（突厥语称汗八里，帝都之意）。从此，元大都成为继唐长安城之后新的、唯一的全国政治文化中心。由于金中都毁于战火，因此忽必烈命博学多才的太保刘秉忠选择都城新址并负责规划设计。刘秉忠将新都城选址在金中都东北郊，并依据《周礼·考工记》设计规划了"前朝后市""左祖右社"的格局，确定了城垣位置、大街小巷的规制，以金太宁宫中轴线为大都城的中轴线，并在中轴线上规划了35座建筑物，以象征河洛的"三五之数"。由于是先规划设计、后施工建设，所以元大都成为中国封建社会历代都城中最接近周礼规制的帝都。之所以称接近，而不是完全符合，是因为刘秉忠利用金太宁宫的原址规划了皇城、宫城，因此元大都也成为汉代以后唯一一个宫城位于城市中轴线偏南的古都（金中都宫城位于城西南，属例外）。

北京作为元朝的帝都，历史上首次成为全国统一政权的都城，在其政治核心地位的影响下，促成了北京作为全国文化中心的形成。1285～1294 年，有 40 万～50 万名居民自金中都故城迁入大都，其中不乏当时全国各地甚至是相邻诸国的优秀人才。元朝统治者为了稳定统治，极力推动儒学传播，仿照宋制设立太极书院，作为儒学传播的常设机构，从全国选拔各类人才汇聚大都，并施行科举取士，其会试及殿试两项均在大都举行，由此大都成为全国范围内最高层次的人才培养与选拔地点。

自元之始，北京南北中轴线的空间经线位置没有再发生变化，主体建筑基本确定。同时位于南城垣北侧的顺城街也见诸记载，东西轴线的纬度也基本确定。

4. 明北京、清京师

明清时期，北京作为全国文化中心的地位日益突出，都城规划有所增减，现代北京城轮廓彻底确定，"两轴"政治地位的提升为此后文化中心地位的定鼎奠定了基础。

明代建立之初定都南京，洪武元年（1368 年）八月，徐达、常遇春领兵攻克元大都，设立北平府。靖难之役后登基的朱棣考虑各种因素后决定迁都，从江浙等地大量移民充实北京人口，同时积极开通漕运、调集人力物力，方便运输物资，在元大都基础上重新营建北京城。城内的宫城（也称紫禁城）、外围的皇城位置没有变化，但由于都城北城垣南移，明中期南面又加修了外城，因此宫城、皇城真正成为北京城的中心。清代基本沿袭了明北京城的建制，仅个别建筑有所变动，城市格局没有变化。

明、清两代仍沿用了元代开科取士的人才选拔制度，从全国各地广泛吸纳高级人才。同时兴建了全国规模最大、规格最高的教育机构——国子监，学生总数甚至可达上万人，也形成了庞大的人才储备库。明代在北京还设有四译馆，专门培养蒙、藏、维、傣、缅甸、梵文等语种的翻译人才，以备对外交流时从事翻译工作。数百年的积累，使得北京政治文化中心的地位日益巩固，形成了独具特色且臻于成熟的京师文化：包括上层宫廷文化，士大夫文化，官、民相融的商业文化以及下层民众的市井文化等。辉煌灿烂的故宫代表着成熟的政治文化；承担漕粮转运的大运河、商贾云集的前门大栅栏是古代经济文化的杰作；长城代表古代军事文化；颐和园、圆明园则是古代园林文化的代表。

明、清北京南北中轴线的政治地位和作用进一步提升，无论是建筑规制、还是建筑名称的更迭无一不体现出"天人合一"的理念。在传统建筑礼制中，并没有东西中轴线的概念，但是作为天安门前"T"形广场的一部分，长安街的名字由此诞生并延续至今。

5. 1912~1949 年的北平

民国时期，北京成为向近代文化转型的代表性城市，失去首都地位的北京打破了原有的规制，"拆除""改造"成为城市建设的主要手段，"两轴"开始发生嬗变。

从清末开始到民国时期，伴随着封建政治文化的急剧衰落以及近代西方文化的强烈冲击，中国文化也步履蹒跚开始了近代化的进程。以北京为代表的一批城市成为近代中国文化转型的急先锋。

清末，西方教育理论已经开始在北京广泛传播，新式教育制度逐步建立，教育方式也开始了变革。京师大学堂（现北京大学的前身）是我国第一所新型大学，是近代高等教育发展的里程碑。民国时期，一批最先接受了西方民主思潮的革命人士汇集北京，发动并领导了五四新文化运动。1915 年陈独秀创办《青年》杂志，标志着新文化运动的开端。1916 年杂志改名为《新青年》，其文化影响力越来越大，成为新文化运动的主要阵地。新文化运动是一场前所未有的思想改革和解放运动，直接促成了最先在北京爆发的"五四运动"。此后，马克思主义迅速在激进的知识分子和青年学生之中传播，在与各种社会思潮的论争中，逐步形成了马克思主义思潮运动并引领了近现代中国的社会变革。

由于新文化运动的主旨是"弃旧扬新"，加之"国民政府"定都南京，改名为北平的北京城建设不再是举全国之力的"中心"，更不幸的是日本侵华后对北京城的肆意破坏，直至中华人民共和国成立前将近半个世纪的时间里北京逐渐失去了往昔的辉煌。旧的城市格局、建筑规制陆续被打破，具有1 300 多年规划历史的北中门被拆除了，有近 500 年历史的千步廊和正阳门瓮城被拆除了，皇城城垣也陆续被拆除……

民国时期南北中轴线上的主要建筑大都幸存了下来，但由于是推翻了皇权，建立了"民主共和国"，因此作为所谓"龙脉"的中轴线所处的境遇自然一落千丈。而长安街正好相反，过去的皇家禁地被废除了，封闭的空间被打破，东西贯通的格局使得其具备了最先接纳近现代文明的基础。北京市内最早的有轨电车就途径西长安街一线。

6. 中华人民共和国的北京

北京快速演变成现代化、国际化的大都市，城市规模日益扩大，"建设""保护"是城市发展永恒的主题，"两轴"成为北京城的"名片"。

中华人民共和国成立后，经政治协商会议代表决议确定北京为中华人民共和国的首都，由此北京再次成为全国政治文化中心，城市建设也走上了"快车道"。截至 2015 年，北京市的常住人口已经超过两千万，是中华人民共和国成立初期的 10 倍以上，市区面积也从 60 多平方公里扩大到 700 多平方公里。北京的城市发展也不是一帆风顺的，受限于当时历史条件的限制，特别是物质基础的匮乏和人们文化保护意识的欠缺，旧城的整体格局被破坏，大量新时代建筑替代了原有的古朴、厚重的旧建筑：为了修建环城路，城墙被拆除；为了拓宽街道，妨碍通行的东西三座门、双塔寺被拆除，牌坊被移走；随着时光逝去，大量的四合院、胡同也不见了踪影。当人们逐渐意识到自己曾经拥有的文化瑰宝正在面临生存危机的时候，保护意识的兴起改变了城市演化的走向，传统的理念再度回归。永定门得以复建，中轴线作为一个整体开始进行世界非物质文化遗产的申报工作，长安街沿线清理过度商业化的开发……作为有着悠久历史的文化名城，同时又具有包容、开拓精神的现代化、国际化大都市，如何协调好建设与保护的关系是现在的北京城面临的挑战。

最新的北京城市规划中，南北中轴线和长安街作为重中之重，承担着北京成为历史文化名城的"名片"作用。伴随着北京城市面积的扩大，"两轴"也不断延伸，南北中轴线原来不到8公里，最新规划的北段、中段、南段中轴线合计将近25公里；长安街更是从原来的"十里长街"演变成"百里长街"。

二、"两轴"在北京作为全国文化中心的
历程中所起到的独特作用

北京自元大都后至今一直是全国文化中心，近八九百年来中国文化的精髓在此孕育、发展，可以说是集中国封建文化之大成。近代以来，更是开文化转型之先河，直接影响了近代中国的历史进程。中华人民共和国定都北京之后，北京的政治中心地位、文化中心地位仍然没有下降，成为全国各民族、各地区文化的交流荟萃之地，成为中华文化与国际文化交往、融合、互动的最佳舞台，成为中华民族伟大复兴过程中文明复苏的展示窗口。

"两轴"在北京城的发展史中一直处于特殊的地位,其重要性不言而喻。封建王朝时期,作为"龙脉",南北中轴线的地位达到顶峰,因为它一方面代表了帝王与"天"对话,另一方面则代表了皇权,表明自己是"地"之正统。封建制度瓦解之后,长安街的地位与日俱增,因为它是旧文化与新文化连接的纽带,同时自身的包容性、成长性又具有得天独厚的条件;而天安门广场作为无可替代的"两轴"交会的中心区,更是位于中华文化这座"金字塔"塔尖的位置,是中华文明的"掌上明珠"。

1. 政治中心是文化中心的前提

"两轴"能够体现文化中心特征的基础是其承担了政治中心的使命。

中国历史上,为了促进和保证封建王朝的兴旺发达、巩固皇权的统治地位,统治者想尽各种办法加强中央集权,因此政治中心往往同时兼具文化中心、军事中心,甚至经济中心的功能。这样做,不但保证了政令通畅和有效,而且对于政治秩序的建设和稳固十分有利。同时,文化、经济和军事等各种人才的汇集,强有力地保障和支撑了统治阶层维护其核心利益的有效性。反过来,文化、经济、军事等各行各业的繁荣也增加了政治权力中心的"向心力"。

以北京为例,如果没有成为首都,就不可能取得政治中心地位,更不会成为全国文化中心;反之,没有北京作为全国文化中心的巨大影响力,或者是影响力不够,那么地域辽阔、多民族差异显著的封建王朝就不可能维持长久的团结、统一的局面。单就文化来说,即使到了 21 世纪,老北京的"皇城根儿"文化仍然可以从方方面面找到蛛丝马迹,不得不承认这是数百年来封建王朝的政治中心带来的巨大影响。

封建王朝时期,"两轴"当中的南北中轴线地位更加突出,正是因为其具有至高无上的政治地位。中轴线上"左祖右社""天子居中""前朝后市"的设置所表现出的祭祀文化、庙堂文化和市井文化,都是从属于政治表达的需要。中轴线所体现出的"阴阳平衡""天人合一"的哲学理念也是来自需要其代表"天子"来"沟通天地""承接天意"的政治需求。近代以来长安街的崛起，也离不开其在历史上曾经发挥出的巨大政治影响力。"五四运动""开国大典""国庆阅兵"……既是重大的历史事件，同时也体现了强大的政治表现力。

2. 华夏文明精髓的具体体现

中华文明历史悠久、源远流长，又历经2 000多年的封建统治，既保留了辉煌灿烂的传统文化，同时也使得封建统治的文化制度发展到了登峰造极的地步。

北京现存的文物古建有不少都代表了封建文化的辉煌成就，例如长城、颐和园、北海、圆明园、国子监、日月坛等，而中轴线上这样的建筑更是比比皆是：故宫、天安门、天坛、社稷坛、景山、钟鼓楼……均是封建文化的典型代表。

汉代以降，儒家思想成为中国封建统治的理论核心，经过宋代程朱理学的发展，到明代已十分成熟。清代虽然是少数民族政权，但统治者也同样继承了这套封建礼教以巩固其统治。北京作为封建帝都的时间有八九百年的历史，因此必然要打上深深的封建文化烙印。无论是有形的城市格局、建筑型制，还是无形的礼节风俗、思想意识，都充分而集中地体现出封建的等级制度、官僚制度、宗族制度、礼法制度。包含"两轴"在内的旧北京建筑从各个细节都可以找到对应的"规矩"，大到建筑的方位、体量、材质，小到房檐上的小兽个数、雕梁画栋的图案纹饰甚至是柱础石（承受屋柱压力的奠基石）的雕刻样式，都有不可逾越的规制。

近代以来，受到西方文化的剧烈冲击，旧的封建传统文化被迫转型，北京更是成为各种思潮、文化理念激烈碰撞、激荡的中心，新文化运动由此发源。从清末到中华人民共和国成立前，短短半个世纪的时间，北京城经历了天翻地覆般的变化，无论是城市格局、建筑样式，还是人们的行为举止、思维方式，变化之大是此前数千年难以比拟的。"两轴"的变化就充分地体现出了这样的时代特征：紫禁城不再是禁地，人们可以近距离接触昔日的皇宫帝苑；长安街贯通，过去需要绕行的禁区被车水马龙代替。

中华人民共和国成立后，中华民族踏上了伟大复兴的新征程。传统文化的精髓得以保留、恢复和发展，同时新的理念、新的知识迅速融入传统文化中，不断创新出更加灿烂辉煌的中华文化。北京城的规划也与时俱进，崭新的、现代化的国际大都市逐渐成形。"两轴"的发展演变就体现了这种不断创新、不断突破、勇于进取的理念：南北轴线、东西轴线的不断延伸，新建筑、新地标不断涌现，尊重历史、开放包容、人与自然协调发展的理念贯穿始终。

3. 文人学士荟萃之地

科举制度是中国封建时期国家通过考试选拔官吏的一种制度，从隋朝一直延续到清末，持续了 1 300 年。这种不论出身、平等竞争、标准统一、结果公开的选拔方式扩大了统治阶层的执政基础，对维护封建统治、维持社会安定发挥了重要作用。同时，科举制度对隋唐以后中国的社会结构、政治制度、教育、人文思想都产生了极为深远的影响。

到了明清时期，科举制度已经发展得极为完备，正式的科举考试分为乡试、会试、殿试三级，每三年一次。逢子、卯、午、酉年在南京府、顺天（北京）府和各地方布政使司举行乡试，录取者被称作举人；次年在京师由礼部主持全国举人参加的会试，考中者称贡生；会试后当年由皇帝在太和殿亲自主持进行殿试，钦定进士。

科举制度促进了知识的普及和民间的读书风气，同时考试"标准"和"教材"的统一，也使得全国各地方的文化和思想保持了统一，增强了文化向心力。而且每三年一次，来自全国各地的学子会集京城，考试之后又各奔前程，也极大地促进了文化交流和传播，使北京成为全国各地域文化交流的枢纽和集散地。

位于东长安街建国门附近的中国社会科学院旧址，就是明清时期的贡院，它既是全国举人会试的考场，同时也是顺天府（北京）乡试的考试地点。现今这个区域内还有贡院东街、贡院西街、贡院头条、贡院二条、贡院三条等路名和地名存在。可以说这里见证了科举制度的兴衰。

而天安门广场前东侧的千步廊，则是举人们在参加会试前的集中地，十年寒窗苦读，能否一举中的、鱼跃龙门就在此一举。贡生们在太和殿前参加完皇帝主持的殿试后，一旦能够"金榜题名"，那更是身价百倍，前程似锦。通过"金殿传胪"、状元披红带彩骑马走过天街（长安街在天安门前的一段）等一系列取得"功名"后才能够获得的无上殊荣，极大地激发了学子们读书做官的愿望。这种示范作用甚至到了今天还能够找到相应的痕迹，考试取得第一名的学子仍被称为"状元"。

4. 北京城历史变迁的缩影

中华人民共和国成立初期，被确定为首都的北京城百废待兴，一方面，需要尽快使城市具备行政管理职能，以便巩固政权、完成国家统一；另一方面，常年的战乱、濒于崩溃的国民经济对于经营北京这座包含200万人口的消费性城市产生了极大的负担，市民也期盼新生的政权能够改善人民生活；还有就是新政权亟须发挥强大的号召力、影响力，重新凝聚起中华民族团结统一的向心力。因此，北京城市规划中提出要建设政治、经济、文化中心，这既符合当时的客观实际要求，同时也得到了从上到下广泛的赞同和支持，城市建设迅速发展。由于采取了在旧城中心规划行政中心的方案，因此包含以天安门广场为中心的"两轴"进行了大规模改扩建，中央办公机关入驻中南海，长安街沿线分布了多个部委机关办公楼。为了改善交通状况、促进经济发展，旧的城墙、牌楼、房屋建筑等很多进行了拆除、改建。天安门广场周围被改造成新的国家形象中心，北京饭店、友谊商店等对外交往设施和电报大楼、长话大楼、民族文化宫等文化设施分立在东西长安街的两侧。

改革开放后，经济建设被提高到了国家发展战略的中心位置，从而影响了城市规划和建设的方方面面，北京城市范围的迅速扩大、"两轴"空间的延伸发轫于此时。在 1993 年编制的北京城市规划中，鉴于北京城中心区的人口密度过高造成交通拥堵及人民的生活质量难以有效改善，重工业、化工、制药等生产企业对城市环境、资源消耗带来的沉重压力，强调市区不再扩大规模，而是要在外围建设卫星城发展产业、迁移人口，同时规划中用独立的章节提到了北京作为历史文化名城的保护与发展，最能体现北京历史文化特征和现代文化特征的"两轴"成为规划的重点区域。单位和个人从文物古建范围内腾退，重要古建筑恢复原有风貌，划定文物保护区，改造天安门广场，国家大剧院、中央音乐厅、长安大戏院、中华世纪坛、西单图书大厦等文化设施引入长安街……"两轴"的文化展示、宣传功能逐渐清晰，文化"引领"功能渐成气候。

进入 21 世纪，伴随着申奥成功，北京城迎来了新的发展契机。在最新的城市规划中，"两轴—两带—多中心"的方案逐渐形成共识，北京的城市目标明确为"国家首都、国际城市、文化名城、宜居城市"，疏解非首都功能、强化首都功能是城市发展的必然选择。这一过程中，"两轴"的文化内涵进一步加深，外延继续拓展，文化引领、辐射作用进一步加强。国家博物馆重新整合，军事博物馆翻新改造，首都博物馆新馆落成，文物保护、文化研究展示功能不断与时俱进；中轴线北端的奥运中心区建设、南中轴线的永定门重建、天安门广场国家符号的强化等，都使得"两轴"在北京城文化中心建设过程中占有举足轻重的地位，同时也进一步提升了北京在全国、在全世界的文化影响力和城市形象。

三、"两轴"成为北京全国文化中心建设的主战场

纵观中华人民共和国成立后历次的北京城市建设总体规划，北京承担建设成为全国文化中心这个任务在其履行国家首都职能的诸多要素中地位越来越重要、作用越来越突出。这不仅符合社会、经济发展的客观规律，是北京

必须承担的历史使命，而且加快国家文化中心建设、提升北京的全国文化中心地位、发展北京特色的首都文化，成为广大北京市民、北京市政府对新时期北京转变文化发展方式、推动城市发展转型的迫切要求。

习近平总书记在中国共产党第十八次全国代表大会中提出，人民对美好生活的向往，就是我们的奋斗目标。而要实现中华民族的伟大复兴，要实现国家强盛、人民幸福、社会持续进步，文化的发展是最直接、最有说服力的指标。当前，文化竞争力已经成为一个国家、一个地区的核心竞争力。在北京市"十二五"规划纲要中，将首都文化发展提升到了前所未有的战略高度，为此市人大常委会开展推进全国文化中心建设专题调研，由200多位代表组成11个调研组，进行了50余次实地调研，考察了100多个文化企事业单位，召开各类研讨会、座谈会80多个，听取市委、市政府近20个部门的汇报和150多位专家学者的意见和建议，形成了《北京市人大常委会关于推进全国文化中心建设的建议》（以下简称《建议》）和10个专项报告。报告当中，把全国文化中心建设与北京要承担传承中华文化、传播中华文明的使历史命，要承担促进全国文化建设的责任，要承担引领价值风尚、提升精神境界、推动社会文明发展的文化导向功能联系在一起。

《建议》中提出，北京作为全国文化中心的功能定位，一是和国家首都的城市性质相融合，是国家首都功能的一个重要组成部分；二是和全国政治中心的功能相互依存，相辅相成；三是和国家的国际交往密切相连，具有开放性和国际化的特点；四是具有唯一性，是国内任何其他城市不可替代的。《建议》中还特别指出，北京要发挥好代表展示、向心凝聚、首善辐射、示范带动、服务保障五个基本功能。首都的文化建设要全面落实科学发展观，坚持以人为本；要充分发挥北京的优势，大力发展体现首都功能、具有首都特点的文化；要深化文化体制机制改革。《建议》中用独立章节专项提到了关于保护历史文化名城和传承名城的历史文化，指出要充分认识和深入研究历史文化名城蕴含的历史文化价值，要把保护历史文化名城和保护传承名城历史文化有机统一起来，要加大历史文化名城保护和重点文物修复工作的力度，要探索创新旧城街区整体保护和利用的机制。

第一,"两轴"的历史文化遗存和优秀的现代建筑具备唯一性,具有不可替代的历史文化价值和现代文化价值,是代表和展示中国国家文化形象的最佳载体。

北京保存了相对完整的皇城文化,南北中轴线的主体建筑格局错落有致、富有韵律,充分体现了北京的历史文化脉络,天坛、故宫等古建筑精华更是浓缩成为国家传统文化符号;天安门广场的改造充分继承并发展了传统的左右对称格局,并突出了"人民至上"的价值取向,人民英雄纪念碑、毛主席纪念堂、人民大会堂等一系列现代建筑升华为国家形象符号;东西走向的长安街升级为"神州第一街",国家博物馆、国家大剧院、民族文化宫、长安大戏院等当代文化设施成为展现当代中国文化精髓的窗口;中轴线北端的奥林匹克公园整体规划建设既反映了传统建筑对称、和谐的特点,又有建筑造型的突破和创新,将北京文化中心开放、包容的特质展示得淋漓尽致。

第二,"两轴"浸透着北京乃至中国的历史发展脉络,展示着中华文明所取得的辉煌成就,搞好"两轴"建设,有利于提升民族自尊心、自信心和自豪感,有利于增强国家凝聚力、多元一体的中华民族向心力,经营好"两轴"这个文化品牌,也就是打造好当代中国的文化品牌,有利于塑造具有中国特色的社会主义国家形象。

即使是在文化生活较为匮乏的年代,到北京旅游的人也大多要做一件最重要的事——在天安门前照张相。这个现象的背后,是人民对国家的认同、对今后美好生活的向往。到了现在,人们已经不满足于只是照张相了,还可以在国家博物馆徜徉,学习了解中华 5 000 年灿烂辉煌的文明史;在人民大会堂驻足,感受人民当家做主行使权力的氛围;登上天安门城楼,回顾领袖们指点江山的风姿。更高雅些的,还可以到国家大剧院欣赏世界顶尖水准的音乐;到长安大戏院领略国粹大师们的风范……首都文华的内涵与外延在不断加深、加厚,不断拓展、延伸,给北京市民和来自全国各地、世界各地的游人们提供丰盛的精神食粮,而"两轴"所提供的恰恰是这道文化大餐上的

"主菜"。

第三，作为世界著名的古都和现代化国际大都市，北京独特的文化魅力是不可或缺的关键要素之一。"两轴"是维系和发展北京地方文化的基准点、"定盘星"。

中国境内的古都有不少，都城布局有中轴线的历史也十分悠久，但是正如前北京市副市长汪光焘在出席"中国—欧洲历史城市的保护和发展"国际会议时指出的，"全城有一条纵贯南北的中轴线……长达8公里，构成城市的脊梁。在中轴线上，主要建筑均是对称布置，虚实相间，节律有序，其气势和规模在世界城市中亦不多见"。世界上的名城有很多，许多国家的中心城市也大多会有一两条著名的街道，但要是提到历史最悠久、功能最多元、长度和宽度更是首屈一指的，非号称"神州第一街"的长安街莫属。"两轴"兼具，是其他任何一座城市都无法复制和替代的优势，也是北京地方文化发展的最佳资源优势所在。

第四，"两轴"为北京加快文化产业的升级、转型提供了理想的发展空间，深入挖掘"两轴"蕴含的文化内涵、把北京建设全国文化中心的愿景落在实处，进而促进经济发展方式的转型和城市发展模式的转变，是城市规划和建设者们必须要做好的一道"作业题"。

文化本身不是物质，是无形的，但它又是包含一切有形物质的综合体。建设全国文化中心，涵盖了对这个命题的认识理念、建设观念、解决思路、运行机制、资源调配乃至人才培养、技术进步、经济保障等诸多方面的衔接与协调。而且，这个过程也是长期的，需要在实际操作中不断总结经验、创新实践。从清朝结束到现在，已经过去100多年了，"两轴"的文化内涵被不断挖掘、文化外延被不断拓展，随着时代的变迁，这种变化今后还会持续。众所周知，白纸上面好作画，而"两轴"已经有了数百年雄厚的文化积淀，在这个基础上如何能更进一步，让文化继续传承并发扬光大，是规划建设者们亟须解决的难题。

参 考 文 献

1. 石雷等编著：《神州第一街》，世界知识出版社 1992 年版。

2. 曹子西主编：《北京通史》，中国书店 1994 年版。

3. 侯仁之主编：《北京历史地图集》，北京出版社 1988 年版。

4. 《北京城市建设规划篇》，北京市城市建设档案馆 1998 年版。

5. 齐心主编：《图说北京史》，北京燕山出版社 1999 年版。

6. 尹钧科选编：《侯仁之讲北京》，北京出版社 2003 年版。

7. 北京市规划委员会、北京城市规划学会主编：《长安街——过去现在未来》，机械工业出版社 2004 年版。

8. 树军编著：《天安门广场备忘录》，西苑出版社 2005 年版。

9. 李建平著：《皇都京韵——走进北京城》，北京燕山出版社 2005 年版。

10. 吴伟、马先军著：《天安门广场断代史》，新华出版社 2007 年版。

11. 北京市正阳门管理处编撰：《北京正阳门》，北京燕山出版社 2009 年版。

12. 刘晓东著：《亮阵——共和国大阅兵》，中央文献出版社 2009 年版。

13. 张妙弟、李洵、张帆编著：《图说北京城》，北京大学出版社 2011 年版。

14. 沈方、张富强著：《北京中轴线历史文脉》，金城出版社 2011 年版。

15. 郭欣著：《当代北京道路史话》，当代中国出版社 2013 年版。

16. 郭欣著：《当代北京天安门史话》，当代中国出版社 2014 年版。

17. 北京市文史研究馆编著：《古都北京中轴线》，北京出版社 2017 年版。

18. 李建平著：《北京文脉》，天津出版社 2017 年版。

19. 李建平主编：《北京城市历史文脉研究》，经济科学出版社 2017 年版。

20. 凡平：《长安街的变迁》，载《城建档案》1994 年第 4 期。

21. 郑孝燮：《东长安街是北京最重要的近代历史带》，载《城市发展研究》1995 年第 1 期。

22. 李翔：《长安街：规划之争》，载《民主与法制》2001 年第 21 期。

23. 李路珂：《北京城市中轴线的历史研究》，载《城市规划》2003 年第 4 期。

24. 张妙弟：《刍议北京城中轴线研究十要点》，载《北京联合大学学报》2011 年第 3 期。

25. 李卫伟：《北京中轴线及两侧建筑分布特色探》，载《北京规划建设》2012 年第 2 期。

26. 刘文丰、张景阳、宋海欧：《消失的北京中轴线建筑》，载《北京规划建设》2012 年第 2 期。

27. 张富强：《北京城的中轴线》，载《北京档案》2012 年第 3 期。

28. 谭烈飞、张宁：《北京城东西轴线的地位与影响》，载《北京联合大学学报》2013 年第 3 期。

29. 张宝秀、张妙弟、李欣雅：《北京中轴线的文化空间格局及其重构》，载《北京联合大学学报》2015 年第 2 期。

30. 王岗：《北京中轴线的历史文化内涵与当代政治意义》，载《北京联合大学学报》2015 年第 2 期。

31. 朱祖希：《北京城的中轴线》，载《北京观察》2016 年第 12 期。

32. 孔繁峙：《北京中轴线的历史文化意义》，载《北京观察》2017 年第 10 期。

后　记

　　北京中轴线吸收了历代都城建设的精华，是中国古代都城的巅峰之作，实现了《周礼·考工记》对于都城的规划建设思想，把中国历代都城建设的理想变成了现实。民国时期，长安街贯通，中华人民共和国成立后经过多次拓宽、改造，长安街成为从东到西的通衢大道，作为城市轴线的作用日益显著。长安街因其特殊的地理位置成为中国的政治中心和文化中心，在这条街上集中了许多中央机关和文化机构，是中国政治和文化的形象代表，因而又被誉为"神州第一街"。一横一纵两条轴线把古老的北京和现代的北京紧密地联系在一起。

　　中华人民共和国成立近70年来，北京发生的天翻地覆的变化，是中华民族建设发展史上前所未有的，"两轴"则是北京发展变化的一个缩影，也是新中国建设的一个缩影。"两轴"像厚重的历史书，铭刻着北京和中国成长、变迁的记忆，值得我们认真品味。"两轴"的结合点——天安门广场是新中国的象征，也是世界上最大的城市中心广场。天安门广场还是无数重大政治、历史事件的发生地，是中国从衰落到崛起、北京从历史文化名城向世界城市迈进的见证。天安门广场以厚重的历史内涵，记录了中华民族不惧流血和牺牲，争取独立自由的勇气和坚强；写下了新中国诞生的光辉一页和中华民族走向强盛的壮丽诗篇；是无数中国人心中神圣的殿堂，也是最美北京的见证。通过系统梳理和深入探讨北京的"两轴"及其价值，以史鉴今，总结经验教训，对于实现首都城市的转型发展和科学发展，建设人文北京、科技北京、绿色北京和中国特色的世界城市，发挥全国文化中心的示范作用具有重要的意义。

　　在本书的写作过程中，得到北京市哲学社会科学规划办公室原副主任、北京史研究会会长李建平研究员，北京市地方志编纂委员会办公室原副主任、北京史研究会副会长谭烈飞编审以及北京市文物局文史资料中心陈晓苏编审的指导与大力协助，他们对本书的写作提出了许多宝贵的意见。此外，本书还参考了相关书籍，并引用了个别书籍、论文中的有关材料，在此一并向给我提供帮助的各位老师和本书参考文献所列书籍、文章的作者、出版者表示诚挚的谢意！不当之处敬请批评指正。

郑　珺

2019 年 5 月